"十四五"教育部高等学校电子商务类专业教学指导委员会规划教材

21 世纪经济管理新形态教材·电子商务系列

电子商务商业模式及案例

E-commerce Business Models and Cases

程絮森 杨 波 王刊良 陈 姚 编著

U0360494

清华大学出版社

北京

内 容 简 介

《电子商务商业模式及案例》为"十四五"教育部高等学校电子商务类专业教学指导委员会规划教材。

本书针对电子商务发展的现实需要,在介绍电子商务支付、跨境电子商务等理论的基础上,引入互联网医疗、人工智能、数字经济、数字化转型等新兴的电子商务商业模式以及我国本土的电子商务案例,从理论、商业模式到案例,多视角开展教学,旨在培养学生电子商务全流程的认知能力和实践能力。

本书满足各层次电子商务课程的系统化教学,能够为普通高等院校电子商务类、信息管理与信息系统、大数据管理与应用等相关专业的专科生、本科生、研究生以及高职高专院校学生的专业学习提供教学内容,同时也适合广大电子商务研究者与爱好者阅读参考。

图书在版编目(CIP)数据

电子商务商业模式及案例 / 程絮森等编著 . —北京:清华大学出版社,2021.12
21 世纪经济管理新形态教材 . 电子商务系列
ISBN 978-7-302-59464-2

Ⅰ . ①电⋯　Ⅱ . ①程⋯　Ⅲ . ①电子商务—商业模式—高等学校—教材　Ⅳ . ① F713.360

中国版本图书馆 CIP 数据核字(2021)第 217228 号

责任编辑:徐永杰
封面设计:汉风唐韵
责任校对:王荣静
责任印制:曹婉颖

出版发行:清华大学出版社
　　　　网　　　址:http://www.tup.com.cn, http://www.wqbook.com
　　　　地　　　址:北京清华大学学研大厦 A 座　　邮　编:100084
　　　　社 总 机:010-62770175　　　　　　邮　购:010-62786544
　　　　投稿与读者服务:010-62776969, c-service@tup.tsinghua.edu.cn
　　　　质量反馈:010-62772015, zhiliang@tup.tsinghua.edu.cn

印 刷 者:北京富博印刷有限公司
装 订 者:北京市密云县京文制本装订厂
经　　销:全国新华书店
开　　本:185mm×260mm　　**印　张:**16.75　　**字　数:**286 千字
版　　次:2022 年 2 月第 1 版　　**印　次:**2022 年 2 月第 1 次印刷
定　　价:59.80 元

产品编号:094440-01

前　言

近年来，电子商务（electronic commerce）在促进我国社会经济快速发展中发挥着重要的作用，正成为扩大内需和加速传统产业优化升级的新引擎与新动力，它不仅重塑了企业的生产经营方式，而且也极大地改变了人们日常消费、娱乐和休闲方式。尤其在互联网、大数据、人工智能（artificial intelligence，AI）、物联网、区块链等数字化技术迅速发展与智慧化赋能的背景下，电子商务行业不断地涌现出新业态、新模式。从新零售到共享经济，再到互联网教育和互联网医疗，这些新兴的商业模式无疑向我们证明了电子商务的巨大潜力。

中国电子商务20余年的快速发展，不仅增加而且迭代了企业对于前沿复合型电子商务人才的需求，培养一批既熟悉电子商务前沿模式知识又符合企业发展需求的电子商务人才迫在眉睫。与此同时，也对高等院校的电子商务课程教学工作提出了挑战，在教学过程中，不仅要注重学生对于电子商务基础知识的理解，更要注重对学生互联网思维、创新能力和实践能力的培养。

本书内容既包括电子商务商业模式、电子商务物流（electronic commerce logistics）、移动支付与互联网金融、跨境电子商务等基础理论体系，又包括新媒体与网络营销、平台经济（platform economic）与共享经济、互联网医疗、互联网游戏、人工智能和电子商务与数字化转型等新兴领域的新发展，并在每章引入相关案例，以便学生能更好地掌握章节知识。

本书的特色在于基于全流程的电子商务知识、商业模式与案例的介绍。考虑到我国电子商务发展已处于世界前列，本书紧密结合我国电子商务发展实际和发展现状，注重与时俱进，通过引入我国本土电子商务发展前沿和最新案例，有效地解决现有教材陈旧、知识老化、案例过时、注重理论等问题，具有选题前沿、知识系统、内容充实、案例新颖等特点，全面、系统、清晰地介绍了当今电子商务学生应具备的专业知识。

　　本书的主编是中国人民大学信息学院教授程絮森，他负责起草教材大纲和全书统稿定稿工作；中国人民大学信息学院案例中心主任杨波负责提供和修正了部分案例；中国人民大学商学院教授王刊良对第 1 章、第 5 章、第 6 章和第 8 章内容的修改和补充提供了众多宝贵意见；中国人民大学创业学院执行副院长陈姚对全书的内容和案例进行了补充与核对。全书共 10 章。第 1 章由杨波、王刊良和梁子宜编写；第 2 章由程絮森和苏晓伟编写；第 3 章由程絮森和黄晓雯编写；第 4 章由程絮森和张晓萍编写；第 5 章由杨波、王刊良、张芯蕊和胡越编写；第 6 章由杨波、王刊良和高玥琳编写；第 7 章由杨波、唐君林和北京理工大学经管学院王文岩编写；第 8 章由程絮森、王刊良和刘瑜编写；第 9 章由北京瑞友科技股份有限公司研究院朱玮和胡越编写；第 10 章由程絮森和刘瑜编写。张晓萍、黄晓雯和关云天对全书的语句表达、文字、图表等进行了检查和校正。

　　在编写本书的过程中，我们参阅了国内外著名学者和专家的电子商务相关著作和译著，也参考了许多有价值的学术论文与网络案例资源。本书的编写灵感与部分内容，一部分来源于编者团队 10 余年来在国家一流本科专业电子商务专业以及国家一流本科专业信息管理与信息系统专业的建设经验，另一部分来自一线课程教学的多年教改实践与企业产学研合作经验，以及组织指导学生参加各类"互联网 +"、电子商务与创新创业大赛的育人启发。本书在编写的过程中还得到了教育部高等学校电子商务类专业教学指导委员会（以下简称"教指委"）副主任委员陈进教授的支持，在此致以诚挚的谢意！也感谢教指委各位专家的认可，本书有幸被评选为"十四五"规划教材。由于电子商务是一门与时俱进的学科，且作者水平有限，书中难免存在疏漏之处，恳请各位专家、同行、读者批评指正。

编者

2021 年 8 月于中国人民大学

目　录

第 1 章　电子商务商业模式

 本章学习目标

1. 了解电子商务。

2. 掌握电子商务商业模式。

3. 理解 B2C、B2B、C2C、O2O 模式的概念。

4. 掌握各模式的特征和业务流程。

本章思维导图

🔍 案例导入

饿了么：外卖 O2O 商业模式分析

随着移动支付（mobile payment）技术的出现，O2O（online to offline，线上与线下）逐渐升级为包含商品、下单、支付等流程的新型电商模式，并不断向传统各行各业渗透。饿了么作为中国早期的外卖 O2O 平台应运而生。外卖 O2O 迎合餐饮 O2O 大趋势下更细分价值的诉求，是电商的一部分，本质依然是以互联网为手段的商品交易，包含信息通道、支付通道和物流通道三块内容。

饿了么 2009 年 4 月上线，是国内上线较早的在线外卖订餐平台。饿了么将餐饮商家和消费者进行线上对接，让消费者的挑选、下单、支付等行为都能在平台上完成，然后由商家或平台进行配送，将餐品送达消费者，大大提升了消费者的用户体验。

饿了么为线下商户提供了基于互联网技术的一体化运营解决方案，建立了完善的外卖商业生态体系，搭建了完美物流配送网络，现在覆盖全国 260 多个城市，用户数量 2 000 万，加盟餐厅近 20 万家。商户加盟饿了么平台，获取订单，可以自己配送或者选择与饿了么合作进行物流配送。

饿了么的目标顾客主要包括高校大学生、企业白领和社区用户。饿了么在成立早期，主要针对高校大学生进行推广，因为高校大学生的人口密度大，对新事物的接受程度高，且信息传播速度较快，可以迅速打开市场，但大学生群体的消费能力有限，对价格较为敏感，压缩了企业的盈利空间。为了进一步开拓市场，饿了么将推广的重点转向企业白领，因为企业白领的生活节奏快、消费水平高，对价格的敏感度相对较低，并且追求餐饮的服务与质量，于是饿了么向这部分群体推出了中高端的产品与服务。随着外卖市场的发展，饿了么不断扩充自己的目标客户群体，逐渐向社区用户推广，这些用户具有更高的消费能力和忠诚度。

在软件方面，饿了么为入驻商家自主研发了后台管理软件。饿了么在大多数地区推广的前期都会免费为入驻商家提供这套软件，借助这套软件，商家可以实现网上接单、订单管理和网上收银等操作。

在物流方面，饿了么于 2015 年自主研发了蜂鸟配送系统，形成了一套独立的自物流配送体系。蜂鸟配送系统最重要的功能就是实现订单的信息化，通过定位每份餐品，帮助用户实时追踪订单配送情况，配送体系的完善化大大节约了送餐时间，提高了平台的使用率和顾客的忠诚度，提升了用户体验。

饿了么的盈利来源主要包括管理费用、月租费用、增值收费和广告收入。其中，为了吸引商家入驻平台，对商家免收入驻费用，当商家的销售额达到一定金额后，将收取固定的管理费用。将平台最前面的一些铺位作为广告铺位，根据商家的竞价，收取一定的月租，帮助门店进行品牌推广。此外，平台定期会开展活动，鉴于短期流量的增值效应，会向参与商家收取一部分增值费用。最后是广告收费，包括线下的宣传单广告和线上的横版广告。

虽然外卖行业一直宣称用补贴培养客户的消费习惯，但是用补贴转化来的客户流失率非常高，高补贴带来的客户反而有不好的体验。此外，在主流外卖平台的佣金成本压力下，不少连锁餐饮大牌早已开始自建渠道之路，餐饮行业未来线上和线下的业态与竞合将发生变化。

资料来源：唐安. 外卖 O2O 商业模式分析及发展建议——以“饿了么”为例，有删改。

1.1　电子商务概述

1.1.1　电子商务的概念

电子商务是 20 世纪信息化和网络化的产物。从本质上讲，电子商务是人类追求商务交易效率，促使商务活动无纸化和信息化的必然结果，是一种新型经济形态。随着信息技术（information technology，IT）的迅猛发展，电子商务已演变为一种基于 IT 进行经济活动的网络经济。

拓展阅读 1.1

电子商务指在互联网上进行的商务活动。电子商务包含两个方面，一是电子方式，二是商务活动。其中，“电子”解决怎么做的问题，“商务”解决做什么的问题。从狭义上讲，电子商务特指利用电子化手段进行的线上商务交易活动，涉及企业与企业间（business to business，B2B）、企业与消费者之间（business to customer，B2C）的商务交易，是各方交易主体借助计算机网络技术进行的商务活动，亦称为电子交易，包括电子商情、电子合同签订、电子广告、电子购物、电子支付（electronic payment，又称 e-payment）、电子转账、电子交易、电子结算、电子银行等在内的不同层次的电子商务活动。从广义上讲，电子商务涉及社会各种行业领域、各种业务的电子化和网络化，亦称为电子业务，包括电子商务、电子军务、电子教务、电子政务、电子公务、电子医务、电子家务等。

目前，业界对电子商务尚没有一个全面的、统一的定义，许多社会组织、企业组织和学者根据自己的实践经验提供了自己的观点。美国通用电气公司（General Electric Company，GE）将电子商务定义为商业交易的电子化，包括商家与消费者间的电子商务和商家与商家间的电子商务，商家与消费者间的电子商务建立在互联网服务基础上，实现消费、服务提供和付款方式的电子化；商家与商家间的电子商务以电子数据交换（electronic data interchange，EDI）为核心技术，以增值网和互联网为基础，实现企业间业务流程如从生产、库存到流通等各环节的电子化。美国学者瑞维·卡拉科塔和安德鲁·B.惠斯顿在其专著《电子商务的前沿》中指出："广义地讲，电子商务是一种现代商业方法。这种方法通过改善产品和服务质量、提高服务传递速度，满足政府组织、厂商和消费者的降低成本的需求。"实际上，电子商务就是基于互联网所进行的商业活动的总和。

自 21 世纪初，互联网兴起，人们更多地接触到互联网，电子商务在互联网平台的支撑下开始迅速发展，随着电子商务规模的不断扩大，电子商务在各国基础经济发展中已经变成中坚力量。全球经济一体化将逐渐消除世界在经济发展中的差异，在国家政策的支持下，在互联网技术和金融市场的支撑下，市场经济下的电子商务带给了我们一种新的思维方式，一种在信息技术和计算机技术方兴未艾的背景下产生的具有深刻意义的思维模式，这就是互联网思维。

随着互联网技术的发展，互联网成为关联各行业的一个网络体系。互联网思维作为一种新的思维方式，体现了客户至上的营销思维。利用网络系统将电子商务用户和其享受的服务，如安全服务、配送服务、购物服务及支付服务相关联，共同提升用户的使用体验。

1.1.2　电子商务平台的组成要素

电子商务平台的基本组成要素包括互联网思维、网络系统、用户、安全认证中心、配送中心、商家、网络银行等，如图 1-1 所示。

1. 互联网思维

电子商务必须以互联网思维为依托。从发展的角度看，互联网思维是从市场、用户、产品、企业价值等角度重新思考，借助电子商务平台来实现电子商务网络营销，通过企业的发展战略、主要业务和组织架构的互补，将电子商务的供给、研发、生产和销售四个过程结合起来成为一个价值链条，改变了传统商务的商业

图 1-1　电子商务平台的基本组成要素

模式，提高了贸易效率，减少了贸易过程中的成本支出。随着现代科学技术的应用以及市场经济理念的不断创新与渗透，互联网思维主导下的电子商务发展将进入一个新的阶段。从互联网技术看，随着人工智能技术、机器视觉技术、大数据技术等相关技术的大力发展，海量数据收集和数据分析技术得到广泛应用，企业通过市场数据进行产品优化，让客户定制化和个性化需求成为可能。从用户角度看，对企业来说，产品应该以客户为中心，互联网思维是需要迎合客户需求的思维，电子商务与互联网思维的结合能更好地为企业的目标用户服务，让用户在电子商务平台上感受企业的产品，让企业更好地提升用户体验。

传统的商务具有很强的区域性，割裂了产品市场化的属性，互联网思维推动下的电子商务打破了这种局限，产品销售的线上化让商务避免被地域所限制，而且形成覆盖全国乃至全球的销售网络。另外，互联网思维让产品和服务形成一个整体，产品的质量和相关的服务同等重要。企业的产品通过互联网平台来扩大其市场覆盖面积，依靠互联网大数据，及时调整企业发展战略，更灵活地面对用户需求。以全新的思维观念应对电子商务的竞争，让电子商务的发展更加广阔。

2. 网络系统

计算机网络系统主要包括互联网、内部网（intranet）、外部网（extranet）。其中，互联网是电子商务的基础，是传送商务信息和业务信息的主要载体；内部网是互联网技术在企业内部的应用，是企业内部活动的场所；外部网是公用互联网和专用内部网之间的桥梁，也是使企业与其他企业或其他客户相连起来实现共同目标的合作网络，被视为企业之间进行商务活动的纽带。

3. 用户

电子商务用户可以分为个人用户和企业用户。这些用户能利用计算机网络进行一系列的商务活动，如在线搜索、在线浏览、在线购买、在线支付等。

4. 安全认证中心

电子商务安全认证是以电子认证证书（又称数字证书）为核心的加密技术，它以 PKI（公钥基础设施）技术为基础，是电子商务的核心环节，可以通过数据加密解密、数字签名、签名验证等技术确保网上传递信息的保密性、完整性和不可否认性，保证网络交易的安全性。

5. 配送中心

配送中心属于电子商务物流的范畴，其主要功能是提供配送服务。在物流供应链中，配送中心是一处重要的物流节点，为下游零售商、经销商、客户进行货物配送。具体来说，配送中心利用流通设施和信息系统平台对货物进行倒装、分类、流通加工、配套、设计运输路线和运输方式，以实现节约运输成本和保障客户满意度的目标。

6. 商家

商家是电子商务中产品所有权的拥有者，可能是企业，也可能是消费者，他们愿意以合理的价格向买方转让商品。

7. 网络银行

网络银行又称在线银行、网上银行，是指银行利用互联网技术向客户提供开户、查询、对账、转账、信贷、网上证券、投资理财等传统金融服务项目，能够在任何时间、任何地点，以任何方式为电子商务交易中的商家和消费者提供付款及收款等金融服务。

1.1.3　电子商务的商业模式

"现代管理学之父"彼得·德鲁克指出，"当今企业之间的竞争，不是产品之间的竞争，而是商业模式之间的竞争"。成功的商业模式既有共同点又相互区别。它们的共同点在于创新地实现内部资源、盈利模式、运营模式和外部环境等的有机结合，不断提升自身的盈利能力、风险控制能力、协调能力、持续发展能力、行业竞争力和价值等；它们的区别在于在一定条件和环境下取得的成功无法简单地复制，而必须不断地进行修正和调整，才能永葆企业活力和生命力。

那么，何为商业模式？商业模式是指为实现客户价值最大化，将利于企业运行的内外部资源有机结合起来，构建一个完整、高效且具有核心竞争力的运行系统，以最优方式满足客户需求、实现客户价值，同时使系统实现持续盈利目标的整体解决方案。商业模式是任何企业创造价值的核心逻辑。其中，价值的内涵不仅体现在盈利上，还应体现在为客户、员工、股东、合作者提供价值上，以及在此基础上形成的企业持续发展力和核心竞争力。

商业模式分析和设计主要解决提供什么、如何提供、为谁提供、成本多少、收益多少等问题。商业模式画布（business model canvas）能将商业模式设计所涉及的关键要素整合起来，灵活地描绘和设计商业模式。商业模式画布可以帮助企业催生创意、减少猜测，确保它们能够精准地把握目标群体，是一种帮助企业合理解决商业问题的工具。任何企业经营的最终目的就是盈利，而盈利则必须有商业模式的支持。但是，当今时代的商业模式已经无法对其进行简单的思考了，商业模式画布可以让我们思考产品、定位用户时，变得更高效、更有逻辑，确定自身的核心竞争力。

商业模式画布包括四个基础（基础条件、核心价值、客户、财务）和九个关键要素；其中基础条件涉及的关键要素包括关键伙伴（key partners）、关键业务（key activities）、核心资源（key resource）；核心价值涉及的关键要素即价值主张（value propositions）；客户涉及的关键要素包括客户关系（customer relationships）、渠道通路（channels）、客户细分（customer segments）；财务则包括成本结构（cost structure）和收入来源（revenue streams）两项。这九个要素总体可概括为四个视角，即为谁提供、提供什么、如何提供、如何收益。

表 1-1 为电子商务企业商业模式画布。其中，关键伙伴是指企业为了让商业模式有效运作而同企业建立的合作关系网络。电子商务企业的关键伙伴包括供应商、商家、分销商、物流公司等。电子商务平台引进商家，部分还会包含自营商品，其中经营自营商品时需要供应商进行供货。另外，O2O 模式平台还会与门店、

商户等分销商合作。此外，快递运输也是电子商务的重要组成，所以需要与相应的物流公司合作。关键业务描述业务流程的安排和资源的配置。电子商务企业的关键业务即零售行业发展线上资源。核心资源是指企业实施商业模式所需要的资源和能力。电子商务企业的核心资源包括商家资源、物流、仓储、网站系统、品牌资源、线上客服资源等。价值主张是指企业通过其产品和服务能向客户提供何种价值。电子商务企业的价值主张包括极速配达、低价优质、关键意见领袖（key opinion leader，KOL）推荐等方面。

表 1-1　电子商务企业商业模式画布

关键伙伴	关键业务		价值主张	客户关系	客户细分
供应商 大中小商家 分销商 物流公司	电子商务		极速配达 低价优质 KOL 推荐	自动化服务、 推广、运营	消费者 商家
	核心资源			渠道通路	
	商家资源、物流、仓储、网站系统、品牌资源、客服			地推、广告、投放、门店广告、合作、招商、传媒	
成本结构			收入来源		
生产成本、采购成本、运营成本、物流成本、营销成本、人力成本等			投资、销售利润、商家入驻、自营、广告、直播等		

　　价格低、服务优、速度快是零售行业的本质。如今，电子商务平台市场份额基本已经成为定局。电子商务行业的新一轮突破口可能在于以服务为主导的商业模式转变。以相对低价提供更为优质的服务可能会使企业在电子商务市场上占据一席之地。客户关系描述企业和客户之间所建立的联系。C 端客户关系维系方式包括吸引新客户、留住老客户和提升客户价值。B 端客户关系维系主要体现在招商、采购方面。渠道通路是指企业用来向目标客户传递企业价值的各种途径。企业有了与用户接触的渠道，不仅可以通过宣传提升企业品牌的知名度，传递企业的价值主张，让客户体验评估产品并实现最后的购买，还能提供客户进行售后维护的途径。渠道的种类多样，按照所有权可以分为自有渠道和他有渠道；按照形式又可以分为线上渠道和线下渠道，包括地推、广告投放、门店广告、合作、招商、传媒。客户细分和品牌制造中的客户定位异曲同工，指企业经过市场划分后所瞄准的消费者群体，客户细分是任何商业模式的核心。客户细分的本质在于我们正在为谁创造价值。电子商务中的客户群体可分为消费者和商家。在 B2B 电子商务模式下，客户群体主要是商家，即企业与企业进行的交易，而不是企业与个别消

费者之间的交易。在 B2C 电子商务模式下，客户群体主要是消费者，直接面向消费者销售产品和服务。成本结构是指运营一个商业模式所需要引发的所有成本内容。电子商务企业的成本主要包括生产成本或采购成本、市场营销成本、人力成本、仓储和物流成本、平台运营成本等。收入来源是指企业通过各种收入流来创造财务收益的途径。电子商务企业的收入来源主要包括投资、销售利润、商家入驻、直播等多个方面，此外还包括融资投资、自营、广告、直播等利润获取方式。

1.2　B2C 电子商务交易模式

目前，常见的电子商务模式主要有 B2C、B2B、C2C（customer to customer）、O2O 等几种。本书也将主要对这四种电子商务模式进行介绍，其他电子商务模式读者可以自主进行查询。

1.2.1　B2C 模式的概念

B2C 模式，即企业到消费者的电子商务，就是我们经常看到的商家借助电子商务平台直接把商品卖给消费者即"商对客"模式，也就是通常说的商业零售，直接面向消费者销售产品和服务。具体地，B2C 模式是指企业利用计算机网络和信息化传输方式与消费者进行交易等活动，企业可在网上将信息流、资金流、商流和部分的物流完整地连接。企业通常利用互联网面向消费者展开在线零售业务，也可以称为网络零售或者网络销售。

B2C 模式的代表网站有天猫商城、京东商城、苏宁易购、亚马逊、凡客诚品、当当网等。

1.2.2　B2C 模式的主流模式

1. 平台型 B2C 模式

平台型 B2C 模式是专业电子商务平台开发商或运营商搭建电子商务平台，买卖双方在这个集身份认证、支付、安全、客服、渠道于一体的统一平台，提供相关服务，完成交易的一种商业模式。平台型 B2C 模式具有行业跨度广、同类竞争对手多、商家入驻为主、物流由入驻商家负责、货款由商家直接收取等特点。平台型 B2C 模式的优势在于平台知名度高、用户流量基数大和物流渠道选择多元化；劣势包括入驻商家多、入驻商家主控性弱（难以接触用户核心数据）和早期进入者占据较大优势。平台型 B2C 模式的一个典型代表就是天猫商城，其通过对数千个品牌商和制造商进行一体化整合，能够为企业和消费者提供一站式解决方案。

2. 垂直型 B2C 模式

垂直型 B2C 模式是指那些专注于某一领域的电子商务类型，如当当网、亚马逊等都是这类电子商务交易模式的典型代表。市场和客户需求的准确定位是垂直型 B2C 模式最重要的特点。相比于传统电子商务，垂直型 B2C 模式有利于形成自己的品牌影响力，而且这类电子商务企业不需要受制于平台功能，可自行独立开发新的平台功能，更具有专业性和竞争力。但垂直型 B2C 模式开发管理运营成本较高，前期难以向供应商争取有优势的价格。

3. 综合型 B2C 模式

综合型 B2C 模式是较为普遍的一种电子商务商业模式，如天猫、京东商城、当当、苏宁易购都是综合型 B2C 平台。大多数电子商务企业，通常选择通过对经营产品的不断丰富来争夺更多的客户，进而提升自己的竞争力，对用户的各种需求“一网打尽”。综合型 B2C 模式的特点是行业跨度大，有庞大的购物群体、稳定的网站平台、完备的支付体系。目前，国内 B2C 电子商务的发展趋势表现为由垂直型 B2C 模式向综合型 B2C 模式转变，其主要原因在于：用户规模不断扩大，具备向其他行业拓展的能力；综合型 B2C 模式能更好地满足用户的不同需求，提供一站式的产品和服务；将业务拓展到其他产品线，增加收入渠道，从而赢得更可观的利润。然而综合型 B2C 模式也呈现出明显缺点。譬如，网站经营商品种类繁多，导致必须和众多的供应商与厂商建立合作关系，不可避免地增加了运营成本，同时也为仓储、客户服务等工作带来了负担。而且，综合型 B2C 网站中存在着严重的商品同质化，市场竞争极其激烈。

4. 团购型 B2C 模式

团购型 B2C 模式是近几年快速发展的一种新型 B2C 模式，是商家对消费者开展的一种促销团购模式，如美团、拼多多等都是这类电子商务交易模式的典型代表。团购型 B2C 模式的特点是一次销售数量庞大，限时限量超低价，容易在短时间内吸引大量消费者，但同时也存在因单价低而导致的利润低、信誉度低、促销手段单一等问题。

1.2.3　B2C 模式的特征

1. 用户数量巨大

从消费者角度而言，B2C 模式下消费者不受地域和时间的限制，只要注册和登录网站就可以下单购买商品，购物过程方便快捷，加之线上商品价格相对较低，可选择的商品更具多样化，越来越多的消费者开始接受线上购物方式。从卖家角度而言，入驻网上商城可避免线下昂贵的场地租赁费和销售人员成本，而且通过网络技术管理店铺和订单更加简单，还能及时掌握和分析消费者购物行为数据，根据用户行为喜好监测和管理用户行为，能够为商家后续的营销活动提供数据支持，为消费者提供个性化的服务与产品。因此，不少商家选择在 B2C 电子商务平台开设线上店铺。

2. 沟通效率高

B2C 模式下，买卖双方通过互联网开展一系列交流活动，不仅能有效地降低通信成本，还能提高通信效率。由于互联网全球性和无间断的特点，大多数 B2C 网站可以 24 小时不间断地开展业务。随着信息技术的飞速发展，不少 B2C 网站开始植入人工智能技术，通过语音助理等形式为消费者提供即时答复，通过自助购买、自动支付的便捷流程，无须人工客服即可完成线上交易。

3. 商品选择困难

B2C 电子商务平台中存在大量同质产品，但价格却高低不一，甚至相差甚远。由于电子商务场域下买卖双方存在先天的信息不对称性，消费者难以对卖家所售产品的质量进行判断。因此，庞杂的商品目录导致商品信息查找困难，消费者在众多可选择产品中犹豫不决，甚至陷入"选择困境"。

1.2.4　B2C 模式的业务流程

B2C 交易系统分为前台和后台。前台面向消费者，消费者首先在第三方电子商务平台或企业自建平台进行实名注册，登录网站后可以浏览和查找商品。消费者在决定购买某一（某些）商品后，可直接进行付款，也可以加入购物车后再进行付款。付款后，消费者可通过查看订单获得商品物流运输信息，直至签收商品。B2C 模式前台业务流程通常如图 1-2 所示。后台服务于商家，其主要功能是协助商家处理用户订单，安排商品物流配送。后台系统连接着管理信息系统，从而能快速地进行订单处理、进销存管理和更新财务数据。B2C 模式后台业务流程通常如图 1-3 所示。

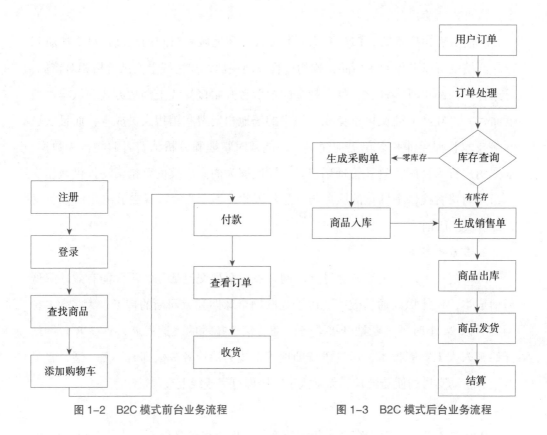

图 1-2　B2C 模式前台业务流程　　　　图 1-3　B2C 模式后台业务流程

1.3　B2B 电子商务交易模式

1.3.1　B2B 模式的概念

　　B2B 模式是指商家与商家建立的商业关系，即企业与企业之间的电子商务模式。企业与企业之间的电子商务模式指企业通过第三方平台或内部信息系统平台将面向上游供应商的采购业务和下游代理商的销售业务有机地联系起来，从而降低交易成本，提高客户满意度的商务模式。B2B 模式有着巨大的需求和旺盛的生命力，是电子商务的主体，也是促进我国电子商务发展的中坚力量。

　　B2B 模式的代表网站有阿里巴巴、环球资源、慧聪网、焦点科技等。

1.3.2　B2B 模式的主流模式

1. 面向制造业或商业的垂直 B2B 模式

垂直 B2B 模式可以分为上游和下游两个方向。制造商或商业零售商可以与上游供应商形成供销贸易关系，如戴尔电脑公司与上游的芯片供应商之间的交易等。制造商和下游分销商也可以形成销售关系，如思科与其分销商之间的交易。这种垂直 B2B 模式让某个行业的生意人汇聚在某一个特定网站，他们在这个网站中找客户、货源及搜寻行业信息，从而让行业里有货源的一方和寻求货源的一方形成供应关系。垂直 B2B 模式面对的大多是某一个行业内的从业者，客户相对集中，也有共性。但也正因如此，客户群体相对有限。

2. 面向中间交易市场的水平 B2B 模式

这种模式将各行业类似的交易过程集中在一个场所，为企业的采购商和供应商提供交易机会。这一类网站既不是拥有产品的企业，也不是经营商品的商家，它只提供一个平台，在网上将销售商和采购商汇集在一起，从而方便进行信息交流、广告促销、拍卖、商品交易、仓储配送等商业活动。水平 B2B 模式能否成功的关键因素在于业务流程的标准化程度、业务和操作流程自动化的专业知识、深度自动化业务处理的能力以及根据行业差异定制业务流程的能力。

3. 自建 B2B 模式

自建 B2B 模式是行业龙头企业基于自身信息化建设程度，构建以自身产品供应链为核心的电子商务平台所采取的电子商务模式。行业龙头企业通过自己的电子商务平台，将整个行业的产业链连接起来，供应链上下游企业通过这个平台实现信息、沟通和交易。这种模式下，B2B 网站和企业在线商店类似，即企业在网上开设虚拟商店，用更快捷、更全面的手段让更多的客户了解自身产品，达到宣传产品的目的，从而促进交易。目前，具有一定规模的生产性企业基本都自建 B2B 网站，供采购商直接下单采购。

4. 关联行业 B2B 模式

关联行业 B2B 模式一般是指客户群体典型的产业为了提升电子商务平台的广泛程度和关联准确性，整合有关联的几个行业而建立起来的跨行业电子商务平台所采取的电子商务模式。关联行业 B2B 模式在关联行业中融入水平 B2B 模式和垂直 B2B 模式，既能集聚人群共性，又能提供更多不同行业的商品信息和资讯。

1.3.3　B2B 模式的特征

1. 交易次数少、交易金额大

第三方 B2B 电子商务平台面向的客户多为企业，为供应商和采购商提供一个交易平台。此类平台多从事大宗商品交易，单笔交易金额巨大，动辄几百万、上千万甚至过亿。大宗商品交易的前提是要解决买卖互信问题。在 B2B 平台上，掺杂使假时有发生，市场波动巨大时违约现象很常见。买方付款后，提不到货或者提货不足，或者遇到货物被他人司法查封，造成钱货两空。送货上门业务中买方不能按时履行付款义务，甚至形成坏账。这些问题也导致 B2B 模式下，交易次数较少。

2. 交易对象广泛

B2B 电子商务平台通过互联网手段完成企业与企业之间的交易，交易对象广泛，在平台上交易的标的可以是任何一种产品，包括原材料、半成品、产成品以及企业服务、食品 / 消费品的批发等，同时平台一般也会整合相关的服务，如仓储、物流、金融、加工以及其他的一些增值服务。

3. 交易过程复杂但规范

与传统的企业间交易相比，B2B 模式的交易操作相对规范化、标准化、流程化，极大地降低了企业的运营成本，缩短了交易时间，并提高了工作效率。但每宗交易涉及的金额巨大，加上交易多属于国际贸易范畴，导致 B2B 模式交易环节较多，包括从建立最初印象、比较快递公司，到议价、签约、送货，直至最终的售后服务，交易过程较为复杂。

1.3.4　B2B 模式的业务流程

B2B 的交易主体涉及买方企业、中介 B2B 网站、卖方企业、金融中介和物流公司。B2B 模式业务交易流程相对复杂，包括商品询价、商品报价、签订订单合同、提货等多个环节。整个 B2B 模式的业务流程可以分为交易前准备阶段、交易谈判和合同签订阶段、支付结算阶段、交易合同履行阶段及售后服务阶段。B2B 模式的业务流程如图 1-4 所示。

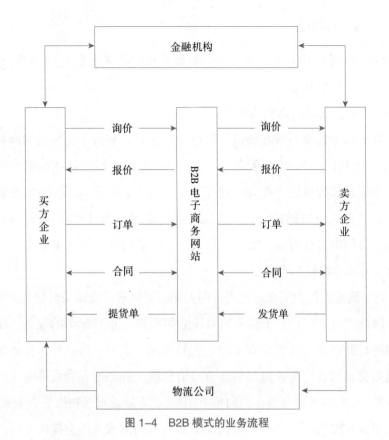

图 1-4　B2B 模式的业务流程

1.4　C2C 电子商务交易模式

1.4.1　C2C 模式的概念

C2C 模式即消费者与消费者之间的电子商务，消费者可以通过电子商务平台进行个人交易。C2C 模式利用网络技术消除了用户中的小微买家和消费者之间的壁垒，为他们搭建了一个"个人对个人"的交易平台，给双方提供了一个线上的交易场所，使每个用户都有机会参与电子商务的买卖。

在 C2C 模式中，买家和卖家通过电子商务平台的信息发布与搜寻联系起来，无须中介方的介入就可以进行商品沟通，因此买家能够最大限度了解商品质量、价格及卖家。这改变了传统需要第三方介入才能完成交易的状态。在现实中较多的是进行网上个人拍卖。网络拍卖的竞价形式有两种，即正向竞价和逆向竞价，其交易模式包括竞价拍卖和竞价拍买两种。

C2C 模式的代表网站有淘宝网、eBay、拍拍网、闲鱼等。

1.4.2　C2C 模式的特征

近几年，我国 C2C 电子商务占社会消费总额的比例逐步上升。C2C 模式的主要特征包括以下几个方面。

1. 为交易双方提供信息交流平台

C2C 电子商务为交易双方提供了信息交流平台，突破了交易的时间和空间的限制。相比较于 B2B 和 B2C 等模式，C2C 模式的最大特点是使得单个用户群体之间的网上交易成为可能。在 C2C 电子商务平台上，任何人都能发布想要进行交易的商品，其他人可以通过平台浏览这些商品信息并与其发布者进行沟通交流，实现了用户之间的直接对话与交易，最大化了信息的展示与交流范围。

2. 为交易双方提供配套服务

C2C 电子商务网站为买卖双方进行网上交易提供信息交流平台仅是一项最基础的服务。除此之外，C2C 电子商务网站还必须提供一系列配套的服务，才能使交易顺利地进行并且最大限度地发挥网上交易的优势。除了信息外，物流配送和资金交付也是交易过程中至关重要的环节。信息流、资金流和物流是电子商务中的最基本要素。C2C 电子商务直接面向单个用户，卖方缺乏对于物流与资金流的保障。为此，大多数 C2C 电子商务平台为满足买卖双方的需求，还会提供专门的支付系统与物流配送体系等配套服务。

3. 用户数量多，但身份复杂

C2C 模式对于人类的日常活动来说，是一种互换有无、互相方便的买卖关系，对人类正常购买行为起到辅助作用，因此 C2C 电子商务的参与者众多，覆盖面广。但由于 C2C 模式下，商家入驻平台门槛较低，个体实名注册后便能在 C2C 电子商务平台上开设虚拟商店，个体既可以是卖家，同时也可以是买家，所以，平台上用户身份复杂。

4. 产品种类和数量极其丰富，但质量参差不齐

在日益活跃的市场经济下，C2C 电子商务积累了庞大的用户群体，平台上产品类别极其丰富，甚至在很大程度上可以引领消费潮流。C2C 电子商务平台上不仅有日用百货等实物产品，也有手机充值、会员、点卡、心理咨询等无形的服务类产品，以及 KTV 包间时段、节目人物角色等特殊商品，同时还有大量二手产品，品类齐全、数量丰富，可以极大地满足客户的多样性需求。然而，由于商品由大量个人用户提供，平台并不会对个体所提供的商品质量等进行严格筛选和监测，因此 C2C 交

易市场中的产品质量参差不齐，新品、二手、正品、仿冒品、大品牌和个人制作
等充斥在 C2C 电子商务平台。

5. 交易次数多，但单次交易额小

C2C 电子商务面向对象为单个用户，交易商品以二手商品或无形商品为主，单
次交易数量少且交易额小，而电子商务平台整体的交易次数多，这也是我国 C2C
电子商务的普遍现象。

1.4.3　C2C 模式的业务流程

C2C 模式的业务流程按照卖家发布商品的方式不同，可分为一口价交易和拍
卖交易两种。一口价交易是指卖家以一口价（固定价格）方式发布和向消费者售
卖商品，拍卖交易是指卖家以拍卖方式发布和销售商品，出价最高的买家最终获
得商品。C2C 模式业务流程如图 1-5 所示。

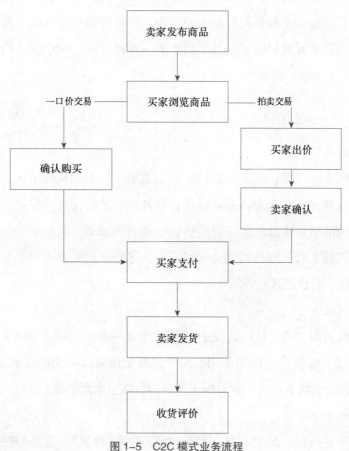

图 1-5　C2C 模式业务流程

1.5　O2O电子商务交易模式

1.5.1　O2O模式的概念

O2O模式是线上渠道和线下渠道有机结合的一种电子商务模式。它是指将线下商务机会与互联网技术结合在一起，让互联网成为线下交易的前台。O2O模式实现的前提条件是企业必须有线下实体店（或体验店），如此线下服务就可以到线上来揽客，消费者可以在线上筛选服务、成交和在线结算，信息流可以全部在网上进行。与此同时，消费者还能进行线下体验。

B2C、C2C等模式是在线购买、在线支付，信息流、资金流在线上完成，购买的商品经包装后通过物流配送给消费者。O2O模式的信息流、资金流与它们一样，都在线上完成，而物流和商流放在线下，让消费者亲自去实体店消费。O2O模式的本质是通过线上营销和线下经营来提升服务水平、改善消费体验。O2O电子商务使信息流和实物流之间、线上和线下之间的联系变得愈加紧密，拓宽了电子商务的发展方向，使电子商务发展进入新阶段。它将帮助传统的电子商务企业走出红海，让众多创业者看到电子商务所衍生的一片新蓝海。O2O模式的代表网站有大众点评、苏宁易购、闲鱼等。

1.5.2　O2O模式的主流模式

1. 线上到线下

线上到线下即"线上社区、线下消费"，这是一种必须到线下进行消费的O2O模式。线上主要进行在线交流互动活动，并开展一定的优惠或促销活动，消费者线下享受相应的服务体验。这一模式是O2O运营的基础，具备较强的资源流转化能力和促进其线上线下互动的能力。现实中，这种模式更加适用于必须亲自到现场消费的宾馆、餐饮及其他领域。

2. 线下到线上

线下到线上即"线下社区、线上消费"，这是一种只在线上销售的O2O模式。线上起到在线交流或开展促销作用，线下主要是面对面的交流互动或现场展示。这种模式适用于无线下门店、仅有线上网店的纯线上电商领域。

3. 线上线下并行

线上线下并行即"线上消费/社区、线下消费/社区"，这是一种线上和线下同时进行销售的 O2O 模式。线上、线下都有交流互动的需求，线上与线下还可以分别开展优惠或促销活动。在这种 O2O 模式下，企业需要搭建两个平台，即线下实体平台和线上互联网平台。其基本架构是：先开实体店，再建网上商城，再实现线下实体店和网上商城的同步运营。这种模式适用于线上有网店且线下有门店的领域，如苏宁等。

1.5.3　O2O 模式的特征

1. 渠道增加

O2O 模式颠覆了传统的宣传营销模式，O2O 工具的出现使得商家营销方式不必局限于寻找媒体资源进行广告投放，商家可直接借助自己的线上平台管理自己的用户和推送消息，节约了大量重复的宣传投入成本。

2. 信息不对称风险降低

O2O 模式允许消费者在线浏览商品、线下体验商品。由于线上和线下世界天然的分割性，消费者难以在线上交易商场中准确判断商品质量以及是否符合个人偏好。而 O2O 模式下，消费者可以在线下环境中体验商品，然后在线上进行交易，能有效降低信息不对称所带来的风险。

3. 在线预付

O2O 营销模式的重点是在线预付。通过 O2O 模式，将线下商品及服务在线上进行展示，并提供在线支付"预约消费"，这对于消费者来说，不仅拓宽了选择的余地，还可以通过线上对比选择最令人期待的服务，以及依靠消费者的区域性享受商家提供的更合适的服务。

1.5.4　O2O 模式的业务流程

想要了解 O2O 电子商务，必须对它的商务交易活动流程进行分析。

O2O 电子商务交易活动的流程主要包括线上处理流程和线下处理流程两部分。线上处理流程包括线上撮合、线上支付，线下处理流程包括线下消费和消费反馈。

1. 线上撮合

消费者通过线上获取商品或服务信息，做出选择并进行评估，做出购买决策。

2. 线上支付

经线上撮合后，消费者通过网络银行或第三方支付等在线支付工具进行在线支付或在线预付购买商品或服务，支付成功后，领取数字凭证。

3. 线下消费

消费者凭借数字凭证或优惠券到线下实体店去消费所购买的商品或服务，实现线下消费。

4. 消费反馈

消费完成后，O2O平台将与交易相关的数据进行实时处理，把分析的消费数据提供给商家，并把商品信息和消费反馈信息准确推送给消费者，这些准确的信息为消费者再次购买商品或服务提供依据。

这样从线上撮合、线上支付到线下消费、消费反馈形成一个完整的O2O闭环交易流程。

 案例讨论

拼多多："杀出重围"的电商模式

拼多多成立于2015年9月，是一个由用户、商家、公司三方构成的电子商务行业平台，采用C2B（消费者对企业）经营模式，即拼多多不参与任何商品的生产经营活动，商家在拼多多上首先上架未生产出的商品信息，然后等用户拼团成功后，再集中向原料商采购原材料，进行批量生产。最终由商家自行管理订单，并直接将产品交付给快递公司进行派送。

在移动互联网快速发展之后，出现了两个大的免费流量场，一个是新浪微博，另一个就是微信。拼多多刚开始发展的时候主要就是依靠于微信平台进行社交裂变，借助小程序在微信以发起团购的模式，以超低价吸引了一大批客户。它最核心的逻辑就是把毛利让出去，作为获取新客户的成本，然后用拼团的方式获得用户之间的传播。通过鼓励用户分享到朋友圈和群，源源不断地用这种裂变去获得新用户。通过拼多多小程序可以在很短时间内积累出庞大的精准客户，并且这些客户都是基于同一个圈子，有着差不多的消费水平。所以拼多多的一个核心的成长逻辑是借助微信的社交裂变大量吸收新用户，并以低价团购的模式留住一大批下沉市场的消费者，从而实现自身的成长。

拼多多和京东不同，它作为不具有自营业务的电商平台，其主要业务不是产品研发和制造，而是基于团购模式，对产品的供给渠道和经销渠道进行整合。

首先，拼多多的团购模式对产品经销渠道有所创新。在电商平台出现前，产品要经过供货商、总生产商、分公司、经销商等供应链节点才能销售给客户。多层次的经销体系使产品的最终价格较成本价偏高，即消费者长期面临着较高的市场价格，而如今拼多多的团购模式使得其能在短时间内获得大批量的订单，以大需求去撬动生产商，打通供应链，减少中间环节成本，避开复杂的经销网络，从而使得产品的价格更加低廉。

其次，拼多多的团购模式对生产供给的流通模式也有所创新。在拼多多出现以前，生产厂商直接对接的是各类超市，为它们提供小批次、大批量的商品，而出货多少完全取决于市场的需求，也就是事先并没有计划，在一定程度上属于完全市场经济；而在拼多多的团购模式出现以后，则可以使集中起来的用户在同一时间内有对同一产品的共同需求，即对供应商提供了确定的需求信息，这可视为半计划经济。此时，在供给侧方面由完全市场经济转变为半计划经济，为厂商带来了更多的发展机会和更好的前景。

资料来源：https://zhuanlan.zhihu.com/p/158929899，有删改。

案例思考

1. 拼多多所使用的电子商务模式和本章所提到的电子商务模式有哪些不同？

2. 拼多多为什么能够在几大主要电子商务模式下突出重围？

思考题

1. 自选某一电子商务网站，分析其商业模式。

2. 描述我国典型 B2B 网站的盈利模式和交易流程。

3. 简述闲鱼网的特征。

4. 对京东商城的盈利模式进行概括。

5. 直播属于哪一类型的电子商务模式？请进行简要分析。

即测即练

第 2 章　电子商务物流

 本章学习目标

1. 了解电子商务物流的概念、产生和意义。

2. 掌握电子商务物流和电子商务物流信息技术的分类。

3. 了解电子商务物流存在的问题和发展策略。

4. 掌握电子商务物流供应链管理的概念。

本章思维导图

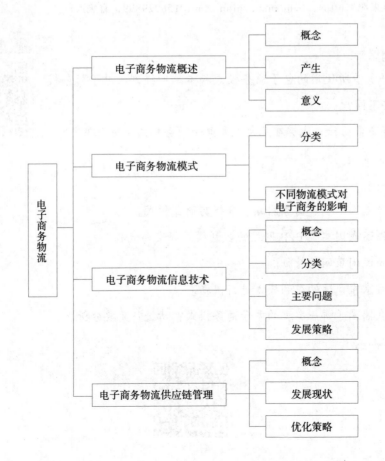

🔍 案例导入

菜鸟裹裹：放心寄，丢必赔

菜鸟裹裹是阿里巴巴旗下、菜鸟官方出品的快递服务 App，通过互联网使快递服务更合你心意。

调查显示，安全保障是用户寄快递最关心的服务之一。一直以来，包裹丢失、破损带来的赔付问题都是物流行业面临的重要问题。有调查显示，在快递未保价时，不同快递所能赔付的金额为 3 ~ 7 倍运费不等。针对这类问题，菜鸟裹裹推出"放心寄、丢必赔"服务，承诺 100% 赔付，用户在手机淘宝、天猫、闲鱼等淘宝系 App 内退货、二手交易寄件时，即使未保价，也可按实际有效货值获得赔付，丢损全赔，上不封顶；同时退货免举证，快速赔付还可最快 24 小时到账。不仅如此，在非电子商务场景下，用户使用菜鸟裹裹寄快递，也享有业内最高赔付标准：千元内"放心寄"，按有效货值丢损必赔；千元以上则可方便保价，这大大超出一般快递数百元不等的封顶。

"放心寄"带来独一无二的服务保障的同时，菜鸟裹裹还推出了"一站式客服"。"消费者有问题找到我们，只用说一次，后续可由菜鸟裹裹全程跟踪解决。"菜鸟裹裹消费者业务总经理黄钟表示，伴随全国 2 小时上门、0 元退换、0 秒退款等快递领先服务，菜鸟裹裹为我们带来更好的用户体验。

2020 年 5 月 12 日，国内最大的在线寄件平台菜鸟裹裹宣布，联手递四方，已推出国际寄件服务，在全国 2 800 多个区县，使用手机下单，全国范围内，预约时间 2 小时内，就会有快递员上门取件。口罩等物资就能方便寄达全球。邮寄地区包括美国、英国、法国、德国、意大利、西班牙、荷兰、比利时、卢森堡、加拿大、澳大利亚、新西兰、日本、韩国、新加坡、马来西亚、越南、阿联酋、以色列等，接下来会覆盖更多区域。2020 年 6 月，菜鸟裹裹发布年中报告显示，已有 2 亿人使用菜鸟裹裹寄快递。2020 年 9 月 20 日，在菜鸟裹裹 2020 发布会上，菜鸟裹裹 CEO（首席执行官）李江华宣布"1234 战略"：未来一年，100 城寄快递可按需送达上门，20 万寄件点将覆盖全国，30 城上线环保袋，服务 4 亿用户。

2.1　电子商务物流概述

2.1.1　电子商务物流的概念

物流的概念最早在 20 世纪 30 年代形成于美国，原意为"实物分配"或"货物配送"。随后物流概念被引入日本，我国的"物流"一词便源于日本。2001 年，美国供应链管理协会给物流的定义是：为了满足消费者的要求，对商品及服务以及相关信息在源头到消费地点之间有效益、有效率的正向及反向流动与仓储进行计划、执行与控制，它是构成供应链的元素之一。物流活动一般由运输、装卸搬运、包装、储存保管、流通加工、信息处理构成。在当代社会中，随着现代物流概念的兴起，物流成为企业继节约成本及提高劳动生产力的"第三利润源泉"，现代物流成为企业以追求利益最大化为目标，以现代化的手段与设备，以先进的管理与运作，实现商品与服务的实体从供给者向需求者转移的经济活动过程。

　　物流就是物资资料的物理运动，也就是目的物在空间上的移动。但物流的含义并非只有这些，现代物流的发展为其加注了更多的含义。空间的移动，即运输，需要交通、运送设备和人力支持，它是物流的核心。没有运输，整个物流就没有意义，运输使空间移动得以实现，这是物流传统的功能。货物在起运前、到达后要有可以放置的空间，即储存。高效、安全、有序的储存会使企业减少资金占用、节约成本，所以对于储存的规划设计进入人们的视线。逐渐地，人们发现物流的效率与装卸、搬运也有一定关系，遂将这两个过程也纳入物流过程中来。好的包装会使运输等过程更加顺利、高效，减少运输过程中的损耗；在物流过程中根据运输、销售、客户的需要会对产品进行简单的处理，如分割、组装、贴标签、分类等，这便是流通加工。流通加工能够提高物流效率，降低物流损失，促进销售，是现代物流离不开的重要环节。物资到达目的地后，会有一个分散到具体客户的过程，即配送，配送过程是电子商务不可脱离的重要一环。随着时代的发展，物流更加科技化和信息化，越来越多的物流技术和设备应用到物流领域，为物流的发展提供了强大的后劲，随之也产生了大量物流信息，对于物流信息的处理也必须提上日程。这么多的环节共同组成了物流。每个环节都是不可缺少的，典型物流系统如图 2-1 所示。总之，物流已经成为现今社会经济发展不可或缺的重要依托，被称为企业发展的第三利润源。

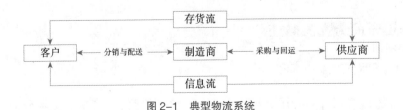

图 2-1　典型物流系统

电子商务物流是指物流企业在实现物流电子化的基础上，以物流业务为核心，整合信息流、商流、物流、资金流这"四流"的优势，开展电子商务相关应用服务。这和我们所说的物流电子化有一定区别。物流电子化和电子商务物流的本质不同，物流电子化的侧重点是通过现代通信技术达到提高整个物流流通效率和效益的目的，而电子商务物流则是物流企业发展到一定阶段的必然产物，物流企业利用自身的核心竞争力进行电子商务相关应用服务，势必会促使"四流"进一步融合，从而提升企业的竞争优势。电子商务物流不是简单的物流运输加电子商务应用，它集电子商务企业、物流企业、信息技术企业的优势于一体。

物流是指商品实体的转移，商流与资金流、信息流都可以在线上实现，只有物流需要在线下进行实实在在的操作。从某种程度上说，电子商务中只有物流才会与消费者进行面对面的接触，因而物流是决定电子商务成败的关键因素。

2.1.2　电子商务物流的产生

很早以前，人类只有以物易物的交换方式，物品空间位置发生了改变，所有权也发生改变。货币产生后，货币作为中介促进着贸易的发展，并产生资金流，但物流与资金流尚未分离。随着社会分工发展，提供第三方服务的机构产生，如银行、借贷公司等，它们使物流和资金流分离，形成交易前付款，交易后付款，交易中托收、支票、汇票等多种付款方式。交易双方为保证自身利益及交易的正常进行，需采集大量信息，并进行信息的传递及共享，信息流就此产生。现代物流管理只有将"三流"有机结合才能得到高收益，企业才能长足发展，电子商务物流是这"三流"发展到一定阶段的产物。互联网的飞速发展，电子技术的不断进步，使其作为一种工具进入人们的生产和生活中，人类进入电子商务时代。人们贸易过程中的单证从纸质变成电子形式。现在不单是单证的电子化，商家还把自己的产品放在互联网上展示，等待买家选择、询问、确认订单、付款，并在买家付款后发货，等待买家收货及提供售后服务。而买家坐在家里就可以选购商品，他们上网浏览、挑选、查询、网上支付、等待发货、收货并评价。在这样的交易过程中，大多环节可以通过互联网实现，而唯独产品从卖家到买家这一物理位移不能虚拟实现，必须通过实体操作才可以达到。电子商务物流应运而生。为了提高物流效率，更多的电子技术应用于产品的包装、装卸搬运、运输工具、仓储设施及通信设施，电子商务物流将这些要素有机结合服务于现代经济。

2.1.3 电子商务物流的意义

当今世界经济的发展已经远远超越我们的想象，互联网及电子科技的高速发展，带给人类颇多的惊喜，传统的经营及物流服务已经远不能满足当前客户商品交易的需要。我们亟待发展电子商务及与之密切相关且唯一不能虚拟操作的物流产业，以满足人们日益增长的商品交易需要。电子商务的迅猛发展需要优质的物流服务做保证，如果没有出色的物流服务做保证，客户在线下订单后，在漫长的时间里等待自己的商品或者等待后得到了错误的、损坏的商品，那都很难让客户再次购物，从而流失客户，所以物流服务与电子商务的关系密切至极。那么，什么样的物流服务算是优质的服务呢？快速的、准确的还是什么样的？一个有效的评价方法就是建立一套科学的电子商务物流服务质量评价体系，来更好地引导、监督物流服务。物流信息技术的发展、物流基础设施的不断完善为物流的发展提供了技术支持。现如今任何行业都离不开互联网，电子商务是大势所趋。许多大型商场都开设了网络销售平台，如苏宁易购等。虽然我国服务于电子商务的物流企业数量达到一定的规模，但能适应现代电子商务的物流企业数量仍不多，规模也小，服务意识和质量都不尽如人意。物流企业管理能力较低且物流企业服务水平不高。为了保证电子商务的正常运行和物流企业的服务质量，必须建立良好、有效、合理的物流服务质量评价体系。如何低成本地、客观地、科学地量化管理物流服务，及时、准确把握总体服务质量现状及其动态变化过程，是当前国内物流服务质量管理迫切需要解决的问题，而物流服务质量评价体系构建的提出和建立为该问题提供了较佳的解决途径。因此，如何确立决定物流企业服务质量的关键因素，如何客观地评价物流企业服务质量，如何针对物流企业服务质量评价的结果进行改善，都成为物流企业当前发展的重要研究课题。总之，现代社会越来越离不开电子商务，而物流又是电子商务得以顺利发展的保障，所以电子商务物流在未来的经济发展中势必发挥其巨大的推动作用。

2.2 电子商务物流模式

2.2.1 电子商务物流模式的分类

电子商务真正能够接触到客户的唯一实体渠道就是物流，因而物流是电子商务提高服务质量的重要工具，电子商务企业之间的比拼终究会从比拼价格转向比拼服务，所以物流必然会成为服务比拼的主角。

在世界范围内，我国的电子商务服务体系是具有一定领先优势的，尤其在配送速度方面，我国的"小时达""当日达"等服务覆盖的范围越来越广，当然我国在物流配送中的优势也离不开我国劳动力成本低廉的因素。然而在物流配送的技术水平和管理水平方面，我国相较于世界领先水平还有一定的差距。当今，在中国电子商务企业中主要应用的物流模式有以下几种：自营物流模式、第三方物流模式、线上＋线下实体店模式、物流联盟模式，见表 2-1。

表 2-1　我国电子商务企业中主要应用的物流模式

物 流 模 式	说 明	代 表 企 业
自营物流模式	物流配送系统由电子商务自己打造	京东、唯品会、当当
第三方物流模式	电子商务委托专业快递公司解决销售订单的物流问题	淘宝、天猫
线上＋线下实体店模式	线上与线下相结合，消费者可以在线上下单购买商品然后到附近线下实体店提货	苏宁、国美
物流联盟模式	几家集团为共同的物流方针而采取的持久联合与协作	菜鸟物流

1. 自营物流模式

电子商务的自营物流模式一般是指电子商务企业在开展其电子商务业务的同时，开展物流业务。物流的管理任务由电子商务企业承担，企业拥有自主经营的物流体系，物流体系的活动由电子商务企业的内部职能部门进行管理。电子商务企业为了更好地达成企业的方针战略，自行投资购买运输工具、建设物流仓储，同

拓展阅读 2.1

时具备物流、仓储、配送等功能。例如，京东物流官网显示，截至 2020 年 12 月 31 日，90% 的京东线上零售订单实现当日和次日达，京东物流在全国运营超过 900 个仓库，包含云仓面积在内，京东物流运营管理的仓储总面积约 2 100 万平方米。京东依托 7 280 个配送站、19 万左右的自有配送人员，以及京东的智能仓储网络，京东自营订单 90% 可实现当日或次日送达，满足"211"限时达（当日上午 11 点前提交的订单当日送达，夜里 11 点前提交的订单次日 15 点前送达）的订单超 60%。唯品会是大力发展自营物流的典型电子商务企业之一。自营物流模式如图 2-2 所示。

2. 第三方物流模式

2002 年，美国供应链管理协会把第三方物流定义为：第三方物流是企业的全

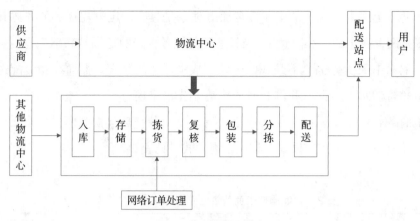

图 2-2　自营物流模式

部或部分物流运作任务外包给专业公司，这些专业公司被称为第三方物流供应商。第三方物流使得原材料更加顺畅地流通到生产制造企业，同时使得产成品更加通畅地流通到最终消费者那里。电子商务通过将物流外包的形式，充分利用了企业的外部资源为电子商务服务，节省了电子商务企业的人力、物力、财力。例如，淘宝的第三方物流模式，全部订单利用第三方物流包括顺丰、申通、中通、圆通、韵达、EMS 提供配送服务，并且利用这些物流企业的运输交通、仓储网络。第三方物流模式如图 2-3 所示。

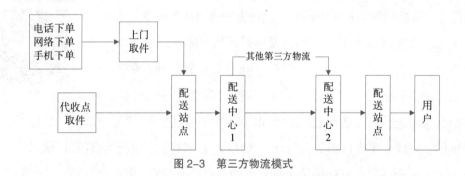

图 2-3　第三方物流模式

3. 线上＋线下实体店模式

线上＋线下实体店模式主要运用于苏宁易购、国美电器这种有大量实体连锁店同时又有自己的线上电子商务平台的企业。例如，苏宁电器采用了与京东相似的垂直一体化模式，建设了包括配送中心及运输队伍在内的物流体系，同时凭借自身在全国范围内庞大的实体连锁店，将线上平台销售与线下实体连锁店结合，消费者可以利用 B2C 平台线上购买商品到附近连锁店取货，也可以由连锁店送货上门。苏宁已经将实体门店纳入物流节点当中，实体门店可以充当门店仓库、配送点和服务站等，极大地满足了物流网络中庞大末端节点的需求。

4. 物流联盟模式

物流联盟是指几个不属于同一集团公司的企业为了实现共同的物流目标而采取持久的联合与协作。物流联盟模式在西方比较普遍，如英国著名家具服装零售商阿什利公司为了迅速开拓全球市场，与联邦快递联盟进行全球配送，使其业务在全球范围内很快地开展起来。此外，物流联盟还可以帮助企业有效地减小风险和缩减物流成本。我国最著名的物流联盟之一为阿里巴巴的菜鸟物流，2013 年 5 月 28 日，阿里巴巴集团、银泰集团联合复星集团、富春集团、顺丰集团、三通一达（申通、圆通、中通、韵达）以及相关金融机构共同组建了"中国智能物流骨干网"（CSN），它的目标是通过 5 ~ 8 年的努力打造一个开放的社会化物流大平台，在全国任意一个地区都可以做到 24 小时送达。

2.2.2　不同物流模式对电子商务的影响

宏观来看，中国电子商务企业应用的物流模式可以分为自营物流模式和第三方物流模式，本书主要就这两种物流模式对电商的影响进行讨论。

1. 自营物流模式对电子商务的影响

（1）自营物流控制性强。电商企业可以完全控制商品供应和销售的全部环节，可以根据销售端的大数据对库存进行合理调整，降低库存成本以达到降低资金占用的目的。京东作为自营物流电商的代表，通过自营物流有效地降低了货物的搬运次数和库存周转天数。数据显示，截至 2020 年 9 月 30 日，京东在仓储物流方面，物流运营的仓库已经超过 800 个，而包含京东物流管理的云仓面积在内，京东物流的仓储总面积已达约 2 000 万平方米，同时 2020 年第三季度，京东的库存周转天数也进一步降至 34 天，创下公司上市以来的最好水平。在大数据背景下，自营物流可以形成特有的供应链信息流，物流数据可以得到实时更新，使得上下游信息的共享更加便利，提高了物流效率。

（2）自营物流配送的时效性和安全稳定性较强。物流业务上对时间及空间的要求能够在自营物流模式下得到更好的满足，特别是在电商促销的特殊时段，如"双 11""6·18"等网购高潮期，自营物流可以有效地弥补运力不足的缺陷，保证促销时段物流水平的稳定性。例如，京东提出的"211 限时达"、夜间配、极速达及春节物流不打烊的服务确保了物流配送的及时性与高效性。此外，自营物流有效降低了在物流配送过程中换货的现象，保证了安全性。

（3）自营物流能够提升消费者体验和满意度，提升电商企业的品牌价值。自营物流可以有效地掌握"最后一公里"的配送，控制了交易空间，使得商品到达客户手里的用时最短，从而在网络产品价格越来越透明的情况，通过良好的物流体验留住终端客户。例如，京东的自营物流使终端消费者更好地熟悉了企业与产品，提升了企业的形象。此外，京东可以利用自有的仓库、配送设备及配送人员在终端面对面地向消费者推广业务，对现有客户进行二次营销维护，这样提高了客户的黏性，增加了京东品牌的辨识度与忠诚度。自营物流还可以有效地解决退换货等逆向物流问题，而消费者的不满意往往在退换货时发生。另外，在自营物流中，接触终端消费者的快递人员是电商内部人员，个人素质往往可控，态度往往较好，易于给消费者留下正向的印象，从而提升品牌形象。

（4）自营物流可以让电商企业独享客户及销售数据，减少数据信息泄露的可能。在"互联网+"的大数据时代，谁掌握了终端消费者的消费信息，谁就会在市场上占据优势地位，而消费者的数据信息往往在物流中有所体现，如果采用第三方物流，就会增加信息外泄的风险。

（5）自营物流能够提高资金的周转频率。虽然当今支付宝、微信支付的应用得到普及，但是仍有不少消费者为了网上购物的安全性选择货到付款的模式，由于自营物流的电商拥有自己的配送人员，货到付款的款项由自己的配送人员掌握，则降低了结算与回笼资金的风险，缩短了资金周转时间，保证了现金流以及缩减了资本固化成本。

（6）自营物流消耗了电商企业大量的资金及人力资源。自营物流体系涉及运输、仓储、包装等多个环节，在建设物流前期需要电商固化大量的资金在物流的基础设施建设、物流配送队伍的组建等方面。此外，自营物流还需要更多的日常运营成本。

由于自建物流前期投入的成本过高，自营物流网络覆盖扩张的范围有限，电商企业往往只能在网上购物比较密集的一、二线城市采用自营物流模式，在其他城市还需要借助第三方物流。

电商企业自营物流前期资金消耗巨大，运营成本较大，前期这些物流体系不能对社会开放，导致规模化程度比较低，而且会相对减少对核心业务的投入，从而削弱自身的市场竞争力。

2. 第三方物流模式对电子商务的影响

（1）第三方物流对于电商企业来说成本较低，减少了在物流方面固定资产的投资。物流系统的建设对于电商企业来说属于陌生的领域，在陌生领域的投资给电商企业带来了巨大的不可控风险。电商企业通过与第三方物流公司的合作只需要支付一定的物流费用，电商企业可以集中资金及人力发展自身主营业务，提高自身的核心竞争力。此外，由于第三方物流企业是专业的物流公司，有自身的物流仓储配送系统，配送成本之于自营物流初期较低，并且可以为电商企业提供科学可靠的物流配送方案。随着电商平台业务的发展，电商企业物流配送议价能力增强，又可以降低物流成本，增加自身竞争优势，实现正向的循环。

（2）第三方物流能够实现更好的网络覆盖。第三方物流企业本身有较完善的物流配送体系，物流覆盖面积比较广，除网上购物比较集中的一、二线城市及发达地区以外，甚至能覆盖到许多区县镇。同时电商企业可以同时选择多个物流企业进行合作，这样进一步扩大了物流的覆盖面积。

（3）采用第三方物流模式可以使电商物流实现更高层次的专业化，可以满足消费者差异化的物流需求。专业化指随着物流规模的扩张，所投入资源的专业化使用程度加深，物流效率提高。第三方物流企业有着专业的人员以及装备，能提供更高层次的物流配送服务，同时又可以整合社会上的各种物流资源，提高物流效率。在物流活动、社会不同企业及不同部门分散时，各种构成物流活动的物流要素（专门管理人才，高度系统化、集成化、信息化的管理体系，先进的物流设备、设施等）很难充分发挥出应有的作用。随着物流活动从电商企业分化出来，各种物流要素在全社会范围内得到了整体的合理组合及优化配置，可以使各种物流要素的作用最大化地发挥出来。

（4）第三方物流模式降低了电商企业对物流配送的掌控度。在电商企业对物流配送要求很严格的前提下，一些第三方物流公司的信息系统功能不够强大，消费者在电商平台下完订单，往往时刻关注订单动态，希望货物的动态在自己的掌控之下，这也就是所谓的"可视物流"，但是货物在第三方物流揽收以后往往出现动态更新缓慢的现象，降低了物流配送的可追溯性。尤其是一些贵重物品、易碎物品、时鲜商品对第三方物流的要求更高，而中国市场上能兼顾时效性、安全性的第三方物流公司有限，且配送费用又十分昂贵，因此第三方物流经常成为电商平台发展的瓶颈。譬如 2017 年 6 月发生的阿里巴巴与顺丰之间的争端，顺丰关闭了菜鸟的数据接口，导致顺丰的物流数据不能回传给商家及消费者，有的货物甚至不能被顺丰揽收，这对天猫及淘宝的卖家尤其是一些高端卖家产生了很大的影响，因为这些高端卖家为了保证物流的安全性及及时性，非常依赖于顺丰提供的配送服务。

（5）第三方物流下配送的服务质量难以保证。中国市场上的许多私营第三方物流公司因为有限的管理水平以及一些素质不高的配送人员影响了电商的物流水平，有时甚至损害了电商的企业形象。影响配送服务质量的现象有揽收货物不及时、发错货物、途中货物出现破损丢失、配送人员服务态度差、投诉渠道不通畅、退换货流程缓慢等，出现以上现象后，消费者往往归咎于电商平台。

（6）第三方物流模式下电商难以实现增值服务，在品牌宣传效果上没有自营物流显著。在 B2C 模式下，物流配送可能是电商直接接触消费者的唯一机会，第三方物流模式下电商难以通过与消费者的直接接触宣传其品牌形象。由于第三方物流企业与电商企业之间只是协同合作的关系，物流企业对电商的商品及服务状况所知甚少，而且仅与电商企业有合同及结算关系，与消费者没有结算关系，因而物流企业对终端消费者的热情不高，又没有向消费者宣传推销电商企业商品及服务的积极性。

（7）在第三方物流模式下存在着货款不能及时收回的可能性。随着线上支付手段的发展，越来越多的消费者开始使用支付宝、微信支付等手段支付货款，但是仍有不少消费者为了购物的安全性选择货到付款，此时货款往往先支付给第三方物流公司，再由第三方物流公司集中支付给电商企业，这种情况下电商就把获得资金流的机会转手让与了第三方物流公司，也增加了自己的资金成本，并且第三方物流的延迟交货也会给电商企业带来货款不能及时收回的麻烦。

（8）在第三方物流模式下存在数据信息泄露的风险。第三方物流企业掌握电子商务企业的客户及销售信息，如果第三方物流企业缺乏行业自律，将这些重要信息泄露给电子商务企业的竞争对手，会给电商企业带来沉重的打击。

2.3　电子商务物流信息技术

随着互联网的飞速发展和社会生活水平的不断提高，我国的电子商务发展速度让人瞩目，由此也带动了相关物流业的迅速壮大，为了在物流市场上占据一席之地，各类物流都在与时俱进，开始对业务经营和内部管理进行技术创新。因此，物流业真正和大数据相融合才会促进信息技术快速发展。

2.3.1　电子商务物流信息技术的概念

1. 信息技术的概念

信息技术是一种能够扩展人类信息功能的技术，是计算机、网络、电视等各种软件、硬件设备和科学方法的统称，是获取、处理、存储、传输和使用信息的技术。信息技术的出现和应用是人类社会进步的重要标志之一。其结合了信息产业的各种事务，突破时间和空间的限制，全面管理电子商务各部门的业务。

2. 物流信息化的概念

物流信息化是指信息技术在物流系统规划、物流经营管理、物流流程设计与控制和物流作业等物流活动中全面而深入的应用，并且成为物流企业和社会物流系统核心竞争能力的重要组成部分。

物流信息化具有深刻的内涵，具体来说有以下几个方面。

（1）物流信息化以现代物流信息技术为基础。信息化从某种意义上来说，就是现代信息技术的广泛应用。物流信息化则可以说是现代物流信息技术在物流活动中的广泛应用。

（2）物流信息化以物流信息资源的开发利用为核心。物流信息资源是物流企业最重要的资源之一，开发利用物流信息资源既是物流信息化的出发点，又是物流信息化的目标，在整个物流信息化体系中处于核心地位。物流信息资源的开发利用，不仅要收集、掌握、加工、处理、存储、传递、使用和拓展内外物流信息资源，而且还要在此基础上重新设计物流业务流程，重新定位物流企业内外关系，重新构造物流企业组织架构，重新设计物流制度框架，重新考虑物流企业文化和重新变革物流管理模式。未来的物流市场竞争，更多的将是物流信息资源开发和利用效能的竞争。

（3）物流信息化覆盖整个物流活动。物流信息化涵盖了物流企业生产经营活动的各个方面和全部过程，包括运输信息化、仓储信息化、装卸搬运信息化、包装信息化、流通加工信息化、配送信息化等。物流信息化除覆盖物流活动的各个环节外，还会引起物流企业组织结构、企业文化、企业经营管理理念和模式的变化。所以说，物流信息化不仅仅是一般意义上的技术改造，还包括对整个社会物流系统和企业运行机制的变革，通过信息技术与传统物流功能的融合，形成新的物流核心竞争能力，丰富物流内涵。物流信息化的最终目的是增强企业的核心竞争力。

3. 信息技术与电子商务的关系

信息技术的不断进步，推动了电子商务的改革创新。互联网网络技术是发展电子商务的关键技术之一，电子商务的发展状况与互联网网络技术息息相关。

2.3.2　电子商务物流信息技术的分类

1. 物流集成技术

在电子商务环境下，物流集成技术应运而生。在结构布线系统和计算机数据技术相互作用下，设置一个相互关联的统一的系统，把不同的分离设备和信息进行集成，从而高效地管理协调各类资源，切实有效地进行资源共享，这就是集成技术的主要特征。具体的集成技术包括网络和软件界面的集成等各种相关的技术。我国地域广阔，需要服务的物流电商和企业分布的地区与行业比较分散，因此，物流企业实施集成技术势在必行，采用的方式主要是多点对多点。例如，通过一个统一的指挥协调系统，把仓储企业和运输企业进行连接，根据情况进行有效协调。

2. 物流自动定位跟踪技术

物流自动定位跟踪技术主要是对地理信息系统和全球定位系统（GPS）的综合应用，最终形成为我所用的技术。在具体分工上，地理信息系统必须实时掌握地理坐标的数据，采用目前最先进的地理模型分析法，以其最强大的地理空间数据处理手段，准确地显示运输动态和地理空间的物流信息，并形成查看、运作和总结显示结果的处理，是目前最科学、最先进的物流分析技术。而全球定位系统有两个主要组成部分，即新型的卫星导航和定位系统，具有海、陆、空立体导航和定位功能，可以实现全球无死角，掌控地面到 1 万千米高空的速度、时间和三维位置。这种定位跟踪系统可以同时接收来自 3 颗卫星的定位信息，该系统如果安装在物流车辆的车载单元上，就会精确掌握这个车辆的行动位置和时间。

3. 自动识别技术

自动识别技术应用于商品身份的印证，具体包括三个类型，即人们都熟悉的条形码、电子扫描和射频识别（RFID）技术。其中，人们经常看见的商品上的很多黑色条状和很多白色的空相间的图案就是条形码，其功能是对物流的商品进行身份标识，并准确跟踪定位器的位置，从而实时进行动态反映。条形码技术是实现销售终端系统、电子数据交换系统、网上商务、成品供应链等技术的基础，也是物流企业管理现代化的重要措施。条形码技术在物流中的应用，主要是保证物流商品的识别与查询。而电子扫描技术则是对物流的零售商店存货进行有效掌控，还有就是对产品供应链环节的物料搬运和跟踪的识别。对于零售商店来说，对库存情况的清楚掌握是有效调度的关键，电子扫描技术正是对每个库存的单位出售数量进行精准统计，把这个数据传输给供应商，然后进行合理调度。同时对于仓储工作的物料运输和跟踪流程，扫描技术更是必不可少的。货物搬运的工作人员运用扫描枪对信息进行识别，有效地跟踪商品的运输路径、存储地点以及上车和入库等环节；托运工作者可以依照扫描的信息改进订货计划，最大限度地杜绝运输失误，减少人工劳动的时间；承运者对装运环节进行跟踪、记录，保持并改进客户装运行为，尽量简化集装箱的处理程序。而射频识别技术是物流技术中的一种重要技术，能在获取所需数据的程序时用射频信号对商品目标进行自动识别，属于非接触式的识别技术。射频识别技术的射频标签通过电磁场识别器读取和传递数据，大大提高了物流供应链的效率。

2.3.3　电子商务物流信息技术发展存在的主要问题

1. 缺少综合性物流服务

现在，我国多数物流企业是在传统流通企业的基础上发展而来的，服务内容大多停留在仓储、运输、搬运上，很少有物流企业能够提供综合性的物流服务，现代物流服务的功能尚不能得到很好的发挥，与电子商务要求提供的高效率低成本的物流服务还有很大的差距，信息收集、加工、处理、运用能力，物流的统筹策划和精细化组织与管理能力都明显不足。

2. 农村电子商务物流"最后一公里"问题

随着"互联网+"的提出，我国经济发展进入"新常态"，"互联网+农村"成为解决"三农"问题的新途径。农村电子商务的快速发展，将农村生产和消费带入了新天地，是促进农业现代化建设的重要支撑，也是推进农村就业的重要平台，为农村带来了重大发展机遇。在我国农村电子商务快速发展的大背景下，农村物流依然存在着"最后一公里"配送难题，即在农村物流配送的终端环节上，还有诸多因素制约农村电子商务的发展。

（1）农村物流信息化程度较低，村民对互联网认知不足。城市的信息化建设早已完成，但是农村的信息化建设相对落后，信息化程度较低。农村网民规模较小，而且需求相对分散，在同一地域的同一时间，物品流通量很小，一般难以达到"最后一公里"配送要求，需要积累到一定数量才能进行"最后一公里"配送，这就导致配送时间较长、周转率低，直接影响村民网上购物积极性。

（2）农村交通运输条件落后，物流基础设施不完善。配送中心一般设在县域内，辐射范围较广，距离农村较远，这就需要花费更多时间和人力将包裹从县区配送到农村，因此导致农村的"最后一公里"配送成本高昂而且配送效率较低。更有甚于，一些偏远地区的物流服务处于一片空白。可见，农村落后的物流基础设施严重制约了我国农村电子商务物流"最后一公里"的发展。

（3）农村物流配送服务网点少，服务水平低。农村一般在超市或者小卖部等人流集散较多的地方设立服务网点，或者利用客运班车随车配送，这就需要村民到服务网点自提或者按照班车到达时间自取。而有的地方物流服务网点并没有深入村落当中，一般只在集镇设有收发网点，距离村落仍然较远。在农村，村民支付高额运费却享受低水平的物流服务屡见不鲜。

3. 缺乏高素质技能型人才

电子商务物流是一门新兴学科，是一种跨领域、多学科交叉的专业。物流信息技术化的基本特点是对现代高技术的过分依赖，电商物流人才稀缺问题已成为我国物流和配送业发展的巨大障碍，尤其是缺少通晓现代经济贸易、现代物流运作、运输与物流理论和技能、英语、国际贸易运输及物流管理的复合型人才。物流企业的人才稀缺是造成物流服务水平不高的重要原因，因此需要培养既懂电商又熟悉物流的高素质配套人才。然而，我国在这方面的人才储备无法满足这一要求，许多高校仅根据市场需求培养物流人才，相应的人才培养目标较不明确，也导致学生对物流业的认知有偏差，使得无论从年龄结构上还是从专业知识结构上都不符合电商物流的发展需求。并且高校在对物流技术人才的培训过程中一味强调理论知识，忽略了物流信息技术的操作能力，使得不能快速培养出对口人才填补空缺，所以如何培养人才并留住人才是电商物流值得考虑的问题。

2.3.4　促进电子商务物流信息技术发展的策略

1. 积极推广现代物流信息技术

电子商务既是商业经济领域的重要革命，也推动了物流领域的革命。要想改变当前我国重电子轻商务、重商流轻物流的传统思想，就需要将物流业提升到竞争战略地位，将发展信息化物流系统作为未来发展重点。因此，相关部门与企业应积极配合，大力宣传电商物流，推进现代物流信息技术的使用。加快物流信息化和标准化建设，是促进我国物流产业发展的重要途径。物流信息化建设主要包括两个层次：①全国或区域物流信息平台的建设。②企业物流信息管理平台的建设。全国或区域物流信息平台的建设主要由中央政府或地方政府来完成。企业物流信息管理平台的建设，主要由企业自身来完成。物流标准化主要包括物流工具与设备、货物包装规格、物流信息传输及物流作业与物流标准化。政府应在进行物流标准化的进程中扮演主要角色，企业应将物流标准化视为提高物流作业效率和物流水平的重要途径。相信在相关部门对电商物流信息技术进行大力宣传和长远规划下，信息物流技术能够得到快速发展。

2. 搭建物流公共信息平台

供应链集成商是物流的核心形式，物流公共信息平台可以充分集结和协调机构本身资源，有效整合一些具有优势互补能力的提供商的资源、人力和相关技术，并提供一个综合的供应链。现在，一种新形势的物流模式正在兴起，这就是第四方物流。第四方物流可以调集和管理组织自身，以及具有互补性服务提供商的资源、能力和技术，并提供一个综合的供应链解决方案。所以，发展第四方物流是物流业积极探索的方向。在发展第四方物流这个过程中，应基于信息共享整合所有物流资源，以实现整体利益最大化为目标，搭建一种虚拟的物流网络平台，即全国性物流公共信息平台。通过全国性物流公共信息平台，实现全国范围内的物流信息资源共享，进而推进第四方物流的发展。

物流公共信息平台关键是物流横向集成，是基于计算机通信网络技术，提供物流信息、技术、设备等资源共享服务的信息平台。其具有整合供应链各环节物流信息、物流监管、物流技术和设备等资源，面向社会用户提供信息服务、管理服务、技术服务和交易服务的基本特征。物流公共信息平台对各个区域内物流相关信息的获取，为物流企业提供基础性的物流信息，支撑企业信息系统中各项功能的最终实现。与此同时，我们要推动建立物流公共信息平台，支持政府部门之间规范化行业管理和市场营销的协同工作机制。物流公共信息平台的作用是加强区域内各种物流信息资源的整合能力，从而加强企业之间的合作，实现数据交换、信息共享、物流企业的供应链优化。

3. 全面提升快运物流质量

目前的物流追踪大多具有延迟性，而且并非全程无缝。随着5G技术的发展，物流信息可以凭借5G高速传输，货物从仓储到装车、中途运转和最终送到整个过程的每个环节的所有数据均可以"实时"地传输到物流管理平台，实现真正实时化的监管和调度，再配合后台的智慧物流服务，可以进一步提高物流配送服务质量，全面提升物流的整体效率。5G将给物流行业带来深远影响，包括但不限于：①低延时的网络传输技术，让物流运作相关的信息更迅捷地触达设备端、作业端、管理端，让端到端无缝地连接。②可能实现万物互联，这是物联网技术的大跨越，更加全面的环境信息将被获取。原本物流的信息都是碎片化的，现在则可以形成更具应用价值的"数据链"。③海量信息的收集，结合更多、更广、更及时的特点，使人工智能在物流领域有更多的切入点，真正让技术赋能物流产业。四是将以前的物流单独体合并成为一个供应链，使数据联通。

4. 建设智慧物流可视化网络平台

随着5G技术的推广和大数据物联网的发展，未来，将有超过90%的企业为用户提供从订单到货品送达的全程物流监控。所以，物流企业应与时俱进，借助大数据的信息平台，将可视化与可追溯技术作为中心，建设智慧物流可视化网络平台。

（1）智慧物流可视化平台信息采集。物流信息的采集包括运输车辆信息、商品信息等方面的采集，其可以通过RFID标签来实现。通过信息采集能够了解到商品的存储状态，包括温度、湿度、火灾报警、非法进入等。另外结合GPS技术能够实现车辆运输路线的实时追踪。

（2）智慧物流可视化平台信息传输。物流可视化平台的网络服务层主要采用综合网络传输方式。在仓库内，网络信息的传输分为两层，其中底层节点之间的组网和信息传送、接收由ZigBee路由节点负责，将这些信息传送到网关后，再联系上层的互联网，从而将信息直接上传至服务器。

（3）智慧物流可视化平台信息管理。智慧物流的信息管理主要包括：①智慧仓库管理子系统，该系统主要负责物品出入库、信息查询、监控仓库情况等内容，主要通过 RFID 标签来实现管理。②为物品运输管理子系统，系统功能包括数据追踪、数据查询、物品状态监控等。③后台管理子系统，该系统的功能主要包括用户级别管理、权限管理、信息设置等。

2.4　电子商务物流供应链管理

2.4.1　电子商务物流供应链管理的概念

1. 供应链管理的概念

供应链管理（supply chain management）是指在保证服务质量的基础上，为了降低供应链的系统成本而将供应商、制造商、仓库、配送中心和渠道商等统合起来进行管理的一种结构模式。供应链管理是随着技术和经济发展水平的提高而对传统的管理系统提出的必然升级要求，可以实现信息流、物流、服务流和资金流的合理流动，从而降低沟通成本、增强生产的针对性、分摊风险和意外损失等。

2. 电子商务供应链管理的概念

电子商务供应链管理（electronic commerce supply chain management）是将电子商务与信息管理进行融合，并将电子商务与供应链的管理方法进行整合，从而实现一种集成式的管理方法与思想。互利共赢是企业之间构建战略合作的目标，增强供应链管理是企业实现发展的重要环节。通过加强供应链管理，可以合理控制物流信息和资金。在这个过程中，电子商务以提高供应链效率为目标，通过电子商务供应链管理为企业管理和交易提供了辅助工具。电子商务供应链管理技术得到了广泛应用，集中整合了供货商、制造商以及分销商等，实现企业之间的通力合作，进而彰显强大的竞争优势；同时也改变了传统供应链信息传递机制，采用网状结构传递信息，以核心企业为中心，将上游供应商、物流运输商、经销商、零售商、客户以及银行进行整合，构成一个电子商务供应链网络。

2.4.2　电子商务物流供应链管理的发展现状

随着网络经济的快速发展，我国电商企业在物流与供应链管理方面水平不断提升，并取得较好的成效，这对促进电商企业的发展具有一定的支撑性和保障性。但目前电商物流供应链发展仍存在一些问题需要解决。

1. 信息共享意识薄弱

电商物流信息共享是促进物流业发展的核心理念。虽然物流企业供应链的成员越来越意识到物流业一体化发展的重要性，但从电商现状可看出各层级供应链之间存在利益纷争，且大部分企业为了保证自身在行业中的优势地位，而不能做到对信息数据的开诚布公。同时，目前企业间信息共享、统一协作仍然是自发的，并不是由明确的机制、制度确定的，成员过多追求自身利益的最大化，缺乏集体利益意识，共享意识薄弱，无法形成相对全面的信息共享机制。

2. 管理体制不完善，缺乏创新

电商企业在供应链管理方面分割现象较为显著，换句话说，在部分和区域管理中分化现象较为严重，缺乏管理理念创新，导致物流与供应链管理不健康发展，而且在发展规划方面，难以形成统一的标准，如一些电商企业不注重供应链管理体系建设，在管理过程中没有构建供应链企业间的合作机制，导致电商企业供应链管理受到影响。还有一些企业与其他企业合作时沟通不到位、对自身企业信息管理不到位等。这些现象都是由于没有形成有效的管理体制和管理平台造成的，从而制约供应链管理的发展。

3. 信息支持平台较不完善

实践调查发现，目前，电商物流信息内部的流动性和准确性得到提升，但仍有一部分物流企业只注重供应链模式的表面分析和研究，没有建立完善的信息支持平台，制约了企业管理落实和管理创新。供应链管理的诸多环节难以满足电商物流配送要求，究其原因便是信息支持平台较不完善，只有将信息平台进行有效构建，才能充分发挥信息技术的作用和价值，才能确保供应链体系的完整性和一致性，实现信息共享。

4. 战略合作机制薄弱

电子商务不断发展，大环境下的物流业可以互相促进、互相影响。在不断发展的过程中，有效的贸易合作是可持续发展、不断进步的基础。但是目前许多企业没有开展战略合作，从而使整体供应链无法提升效能。例如，电商企业未推进科学系统化的战略合作机制，中小物流企业同样未进行战略合作建设。所以，在电商发展环境下，供应链企业需要通过管理机制创新来改变现有问题，积极建立战略合作关系，吸收自身企业精髓融入整个发展体系中。

2.4.3　电子商务物流供应链管理的优化策略

1. 加强商业信息共享

商业信息共享是推动物流与供应链管理创新的核心内容，特别是在电商模式下，建立共享信息平台，具有极高的价值和历史意义。在信息共享的过程中，企业要适应电子商务环境，要特别重视网络信息共享，切实加大信息技术投入，使得电商企业间、电商企业与供应链企业、供应链企业与物流企业间建立信息共享平台。同时，部分企业的商业机密也需要进行信息共享，最大限度公开可公开的数据，当前商业机密的共享使得不少企业担心信息泄露风险，企业间可以就合作内容签订相关协议，确保在合理合法范围内共享信息，使得企业间形成良性循环，保障电商物流供应管理的发展质量。

2. 推动管理理念创新

物流企业想要供应链管理取得革新，那便需要完善内部管理机制，创新管理理念，树立系统思维。企业内部管理体系的优化与完善，可以有效改善企业管理现状，提高企业服务质量与工作效率，进而使物流企业达到稳定、长足发展。具体来说，电子商务企业要加强责任机制的构建，明确划分工作人员的职责权限，将责任落实到位，以免出现相互推诿的情况。而且电商企业要加强对物流体系的投入与建设，参股或收购一些中小物流企业。还要构建培训机制，定时对员工进行专业技能和综合素养方面培训，强化管理体系。与此同时，还要加强供应链管理方面的研究，既要加强信息流和物流管理，又要建立供应链管理平台，促进电子商务企业间业务洽谈。

3. 加强信息化平台建设

信息化平台建设工作会直接影响供应链管理工作的创新以及优化升级。在现代化物流企业的供应链管理系统中，物流信息占据着重要地位。物流企业应结合供应链管理情况，加强信息化平台建设，完善信息共享系统。国外一些物流企业广泛应用信息技术，如条码的应用可以实现自动识别货物、电子交换技术的应用可以有效提高物流配货效率等。在我国，京东物流、顺丰物流、菜鸟物流等都在逐步研发和完善信息化平台，通过大数据、云计算、云存储等高新技术建设满足现实需求的物流信息系统，提高信息化平台的稳定性和货物配送的自动化，从而不断拓展企业规模。

4. 构建战略合作机制

企业若想快速提升市场竞争力，使得电商物流与供应链管理成效显著，需在构建战略合作机制方面取得突破。这就需要企业在发展电商业务的过程中，与时俱进，强化战略思维，提高服务质量与客户满意度。在发展中，对于供应链企业来说，应当深入探索战略合作机制，开展沟通交流活动，建立长期性互动机制，实现对资源的统一配置。对于电子商务物流企业来说，应加强技术与资源互补，注重资源整合，与供应链企业建立相应的战略合作联盟，进而实现物流资源的全方位革新，避免因恶性竞争而影响电商企业的发展。

 案例讨论

盒马鲜生：鲜美生活

盒马鲜生（以下简称"盒马"）是阿里巴巴对线下超市完全重构的新零售业态。盒马是超市，是餐饮店，也是菜市场，但这样的描述似乎又都不准确。消费者可到店购买，也可以在盒马 App 下单。而盒马最大的特点之一就是快速配送，门店附近 3 公里范围内，30 分钟送货上门。

盒马多开在居民聚集区，线上下单购物需要下载盒马 App。实际上，在强推支付宝支付背后，是盒马未来对用户消费行为大数据挖掘的野心。阿里巴巴为盒马的消费者提供会员服务，消费者可以使用淘宝或支付宝账户注册，以便从最近的商店查看和购买商品。盒马可以跟踪消费者购买行为，借助大数据提出个性化的建议。

2018 年 8 月 11 日，北京居然之家家居连锁集团与盒马牵手后的首个门店正式落地居然之家顺义店。截至 2019 年 8 月 31 日，盒马已经在全国 22 个城市开出 171 家门店，建成 48 个多温层多功能仓库，包括 33 个常温和低温仓、11 个加工中心、4 个海鲜水产暂养中心，一个覆盖全国的低成本生鲜冷链物流配送网络，已经基本成型。截至 2019 年 8 月底，盒马联手农村淘宝在全国签下近 500 家农产品基地，让只卖 28 天的贵州方竹笋、只产 40 天的新疆吊干杏、只吃 18 顿的上海"本地蚕豆"，都通过盒马迅速进入"盒区房"餐桌，让超过 2 000 万"盒区房"住户过上鲜美生活。这意味着盒马拥有了全国唯一一个从源头到消费者家庭的活鲜全程冷链配送体系。

　　与传统零售的最大区别是，盒马运用大数据、移动互联、智能物联网、自动化等技术及先进设备，实现人、货、场三者之间的最优化匹配，从供应链、仓储到配送，盒马都有自己的完整物流体系。不过，这一模式也给盒马的前期投入带来巨大成本。公开报道显示，侯毅曾透露，盒马鲜生的单店开店成本在几千万元不等。盒马能做到 30 分钟配送，在于算法驱动的核心能力。据店员介绍，店内挂着金属链条的网格麻绳是盒马全链路数字化系统的一部分。盒马的供应链、销售、物流履约链路是完全数字化的。从商品的到店、上架、拣货、打包、配送任务等，作业人员都是通过智能设备去识别和作业，简易高效，而且出错率极低。整个系统分为前台和后台，用户下单 10 分钟之内分拣打包，20 分钟实现 3 公里以内的配送，实现店仓一体。

 案例思考

　　1. 盒马物流的优势是什么？

　　2. 盒马鲜生如何整合供应链资源？

案例分析思路

 思考题

　　1. 简述电子商务物流的概念。

　　2. 试述电子商务物流模式分类并举例说明。

　　3. 从多个角度阐述电子商务物流信息技术对社会产生的影响。

　　4. 思考电子商务物流信息技术还存在哪些问题，并提出解决方案。

　　5. 概述电子商务物流供应链管理存在的问题及优化策略。

　　6. 对我国未来电子商务物流发展提出个人见解。

 即测即练

第 3 章 移动支付与互联网金融

 本章学习目标

1. 理解电子支付相关概念。

2. 掌握电子支付系统的流程和分类。

3. 掌握第三方支付的分类、发展历程、优劣势及监管措施。

4. 掌握移动支付的特点、类型、价值链与运营模式。

5. 掌握互联网金融的特征、发展模式及主要业态。

本章思维导图

案例导入

支付宝：互联网金融大鳄

2003 年，当刚刚加入淘宝网的倪行军在一张格子纸上写下支付宝最初几行代码时，恐怕不会想到，这个初衷只是担保交易，解决 C2C 交易中买家和卖家信任问题的支付工具，会改变中国人的支付习惯，而在此基础上不断拓展、不断创新，最终建成一个金融科技王国。

2013 年 6 月，支付宝和当时规模较小的天弘基金合作，选择货币基金作为突破口，通过"货币基金 + 实时消费"的模式，为用户提供管理虚拟账户的工具，推出了"余额宝"业务，使支付宝的定位从支付工具到建立"支付 + 理财"生态，打通购物、支付和理财环节，实现了支付宝对金融生态的初步探索。其后，支付宝与华泰财产保险合作推出"退货运费险"，并在此基础上成立众安保险。同年，支付宝的母公司浙江阿里巴巴电子商务有限公司宣布将以支付宝为主体筹建小微金融服务集团，由彭蕾出任阿里小微金融服务集团 CEO。至此，支付宝从一家第三方支付公司变成了一个互联网金融服务集团。2014 年 10 月，这家公司被正式命名为"蚂蚁金融服务集团"，简称"蚂蚁金服"。蚂蚁金服通过大数据、云计算、区块链、人工智能等技术，能够破解金融的信用痛点，降低安全风险，进入传统金融机构不愿也不敢触碰的长尾市场，让金融更加普惠。

支付起家的蚂蚁金服最早就与银行合作。近几年，随着开放银行的发展，蚂蚁金服和银行已经从传统的资金合作逐步延伸到了风控、品牌、用户联营、场景开放的全天候伙伴关系。

蚂蚁集团官网信息显示，目前蚂蚁金服不断创新并与行业开放共享，利用区块链、物联网、数据库、人工智能和安全科技，让科技服务更普惠、更便捷、更有温度。

资料来源：http://www.inewsweek.cn/finance/2020-08-24/10194.shtml，有删改。

3.1　电子支付系统

3.1.1　电子支付概述

1. 电子支付的概念

技术进步和跨国交易的发展推动了货币形式和支付形式的变化。自 20 世纪以来，互联网技术日新月异并走向普及，电子商务也随之发展。为顺应市场潮流，电子支付应运而生，人们的支付方式发生了巨大变革，逐渐使用信用卡、电子支付以及其他新的支付形式取代传统的现金和支票，而这些变化也极大地便利了电子商务的发展。根据中国人民银行公布的《2020 年支付体系运行总体情况》，2020 年我国银行共处理电子支付业务 7 320.63 亿笔，金额 8 195.29 万亿元。

关于电子支付的探讨，最早可以追溯到 20 世纪 80 年代。1989 年，美国《统一商业法规》将电子支付定义为"支付命令发送方把存放于商业银行的资金通过一条线路划入收益方开户银行，以支付给收益方的一系列过程"。根据 1997 年在日本举办的电子支付技术发展及其对货币政策的含义论坛，电子支付指"运用包括集成电路卡（integrated circuit card，IC 卡）、数字密钥和电信网络在内的信息通信技术进行支付"。2005 年中国人民银行公布的《电子支付指引（第一号）》规定："电子支付是指单位、个人直接或授权他人通过电子终端发出支付指令，实现货币支付与资金转移的行为。"具体来说，电子支付是指消费者、商家、金融机构以互联网为基础，以各种电子终端为媒介，以计算机和通信技术为手段，以二进制电子数据形式存储在计算机系统中，并通过互联网系统以电子信息形式进行资金的流通和支付。可以看出，电子支付无须实物形式，是依托互联网技术等发展起来的一种新兴支付方式，并随着互联网的发展而逐渐普及、推广。

2. 电子支付分类

按照货款交付的顺序，电子支付可以分为预付型、后付型、即付型三种类型。

（1）预付型。预付型是指消费者预先向商家交付一定额度消费金额，且在日后才得到产品或服务，即"先付款，后消费"。在 B2C 商业模式中，通过预付型支付，商家能够规避消费者的欺诈行为，降低信用风险，加速资金回笼，但不适用于大额支付。

（2）后付型。后付型是指消费者先购买商品或享受服务，日后再进行付款，即"先消费，后付款"。信用卡就是一个典型的例子，客户先利用信用卡中的额度进行消费，在还款日再进行统一支付。后付型电子支付能有效促进消费，但存在一定的信用风险。

（3）即付型。即付型指即时支付，即"一手交钱，一手交货"。例如，对账户会员进行充值，支付的资金会即时转移到商家的账户中，账户的会员特权也会即时开启。即付型电子支付方式公平性强，特别是对于用户来说接受性强，适用于各种市场和各种额度的支付。

预付型、后付型、即付型电子支付比较见表 3-1。

表 3-1　预付型、后付型、即付型电子支付比较

特　征	预　付　型	后　付　型	即　付　型
匿名性	中	低	高
效率	高	低	中
可靠性	高	高	高
安全性	中	中	高
集成度	中	高	低

电子支付也有其他的分类方式。例如，按照结算方式，电子支付可以分为全额电子支付和净额电子支付；按照结算时效，电子支付可以分为实时电子支付和非实时电子支付；按照电子商务的实体性质，电子支付可以分为 B2B、B2C 等类型的电子支付；按照电子支付金额的规模，电子支付可以分为微支付、消费者级电子支付、商业级电子支付。消费者可以根据具体的情景使用不同的电子支付方式。

3. 电子支付发展历程

自 20 世纪以来，电子支付主要经历了五个发展阶段。

第一阶段，各银行利用计算机处理银行与银行之间的结算业务。

第二阶段，银行与其他机构之间通过计算机处理资金结算。

第三阶段，银行利用电子终端向客户提供银行服务。

第四阶段，银行利用销售终端向客户提供自动的扣款服务。

第五阶段，将电子支付系统与互联网进行整合，实现即时的直接转账结算，形成电子商务交易支付平台。

从各个发展阶段来看，电子支付的业务范围不断扩大，并依托互联网技术得到了更加广泛的应用。

4. 电子支付的特征

与传统的支付手段相比，电子支付具有鲜明的特征。首先，电子支付采用数字化方式完成支付和结算，降低了交易成本，也节约了社会资源，顺应了当前数字化、信息化的趋势。同时，电子支付依托开放的互联网系统，得益于互联网技

术的发展。此外，电子支付方便、快捷，用户只需在电子终端上进行操作，就可以在短时间内完成支付，这极大地方便了交易、提高了效益。特别地，电子支付突破了时间和空间的限制，实现了跨时空支付，给交易双方带来了便利，见表 3-2。

表 3-2　电子支付与传统支付的比较

特　　征	电　子　支　付	传　统　支　付
支付方式	数字化	物理实体
工作环境	开放的系统平台	封闭的系统
通信手段	互联网、移动互联网等	传统通信媒介
支付效率	较高	较低
支付费用	较低	较高

　　电子商务的目的是实现信息流、物流、资金流三位一体。其中，资金流是商务运作模式的核心，在线支付是实现资金流的重要环节，电子支付方式的发展，为在线支付提供了可能，极大地便利和促进了资金的流动，对电子商务的发展意义重大。

3.1.2　电子支付系统的概念和流程

　　电子支付系统是采用数字化形式进行电子货币数据交换和结算的网络银行业务系统，它把电子现金、信用卡、借记卡等电子支付手段的信息通过网络传输到银行，是顺利进行电子交易和支付的基础。

　　一般来说，电子支付系统主要由七个要素组成，如图 3-1 所示。

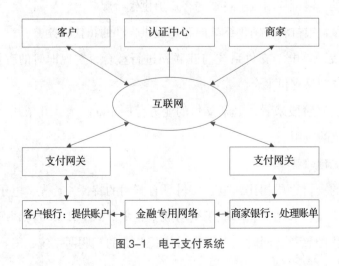

图 3-1　电子支付系统

（1）客户。客户指利用电子支付与商家进行交易的个体。客户通过网络平台进行购物活动，并通过电子支付工具进行支付。

（2）商家。商家指向客户提供商品或服务的个体。

（3）认证中心。认证中心指独立于客户和商家的第三方中介机构，负责电子交易活动中发放和维护数字证书，保证电子支付顺利、安全进行。

（4）支付网关。支付网关指完成银行网络和互联网之间通信、协议转换、数据加密和解密的服务器。电子支付的信息必须通过支付网关才能进入银行的系统当中。

（5）客户银行。客户银行指为客户提供资金账户和电子支付工具的银行。

（6）商家银行。商家银行指为商家提供资金账户，并为商家进行清算工作的银行。

（7）金融专用网络。金融专用网络指仅用于银行之间的封闭的信息交流网络，与公用网络相比安全系数较高。

基于以上七个构成要素，电子支付的主要流程如下。首先，客户通过互联网浏览并选择购买商品，填写订单并选择电子支付工具（信用卡、网络银行账号等），客户机对相关订单信息进行加密处理后提交。商家服务器检查并确认客户订单，再把加密后的客户支付信息发送给支付网关，银行的金融专用网络服务器确认信息并授权支付资金，给商家服务器回送确认及支付信息，并给客户回送支付授权请求。待客户授权结算信息后，银行把客户银行中的资金划拨到商家银行账户上，利用金融专用网络进行结算，并把结算信息反馈给商家和客户，商家和客户可以通过网络查询并核对余额。从电子支付的流程来看，电子支付系统具有身份认证、数据加密、处理多边支付问题以及保证支付结算速读的功能。相应地，支付系统也必须满足合法性、安全性、完整性、隐私性、可靠性、匿名性的要求。我国电子支付产业流程如图 3-2 所示。

3.1.3 电子支付系统的分类

目前，电子支付系统主要分为大额支付系统、小额支付系统、联机系统和电子货币四种类型。

1. 大额支付系统

大额支付系统主要处理各银行间大额资金转账，是一个国家支付体系的核心

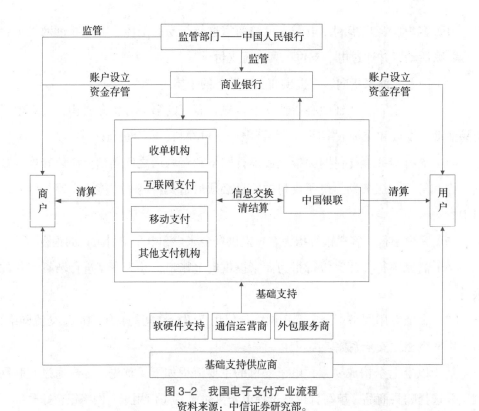

图 3-2 我国电子支付产业流程
资料来源：中信证券研究部。

应用系统。大额支付系统通常由中央银行运行，采用实时支付模式，处理贷记转账，也有少数由私营部门运行。大额支付系统处理的业务量很少但资金额大，因此风险管理特别重要。

2. 小额支付系统

小额支付系统主要指自动清算所（automated clearing house，ACH），以净额结算的形式进行批量支付处理，主要处理预先授权的工资、养老金、保险费、企业间贷款结算等小额支付业务。

3. 联机系统

联机系统主要指自动取款机（automated teller machine，ATM）系统，其支付工具为银行卡（信用卡、借记卡或 ATM 卡和电子现金等），主要特点是金额小、业务量大，交易资金采用净额结算。

4. 电子货币

电子货币指以数据形式存储在计算机中并通过计算机网络来使用的资金形式。常见的电子货币类型有储值和信用卡型、智能卡型、电子支票型、数字现金型和比特币等。2020 年，深圳市人民政府联合中国人民银行发放了数字人民币红包，在全球范围内率先进行数字货币公测，对于推行数字货币意义重大。

3.1.4　电子支付系统的发展历程

我国的电子支付系统建设起步较晚，但随着互联网技术和电子商务的发展，我国的金融电子化和网络化速度逐步加快，电子支付系统也得到了快速发展。20 世纪 90 年代初期，中国人民银行开始自主建设中国现代化支付系统（China National Advanced Payment System，CNAPS）。2005 年 6 月，中国人民银行大额实时支付系统完成在全国的建设和推广应用，成为中国现代化支付系统建设史上的重要里程碑。2013 年 10 月，第二代支付系统顺利投入运行，进一步扩展了支付系统的业务，提高了系统性能。随着支付系统体系的稳步建设，目前，CNAPS 已经涵盖大额实时支付系统、小额批量支付系统、中央银行会计集中核算系统、网上支付跨行清算系统、全国支票影像交换系统、电子商业汇票系统、境内外币支付系统、银行卡支付系统等核心功能。中国人民银行发布的《2020 年支付体系运行总体情况》，截至 2020 年末，共有 4 034 家银行加入人民银行支付系统，占银行总量的 1 799.09%，其中 2020 年新增加入 90 家银行。2020 年，人民银行支付系统共处理支付业务 196.68 亿笔，金额 6 016.91 万亿元，同比分别增长 9.16% 和 15.43%，分别占支付系统业务笔数和金额的 2.69% 和 73.42%。日均处理业务 185 448.92 万笔，金额 23.71 万亿元。总体来看，我国电子支付系统得到了较快的发展，依托逐渐完善的电子支付系统，支付体系平稳运行，对于加速资金流转、促进电子商务交易和经济发展起了重要作用。

3.2　第三方支付

3.2.1　第三方支付的概念

2005 年，在瑞士达沃斯世界经济论坛上，阿里巴巴 CEO 马云谈道"电子商务，首先应该是安全的电子商务，一个没有安全保障的电子商务环境，是无真正的诚信和信任可言的，而要解决安全问题，就必须先从交易环节入手，彻底解决支付问题"，并首次提出了"第三方支付"的概念。自进入 21 世纪以来，中国迈入发展电子商务的热潮年代，电子商务的蓬勃发展孕育了线上支付和收款的需求，为第三方支付行业的发展提供了可能。根据艾瑞咨询发布的《2020 年中国第三方支付行业研究报告》，截至 2019 年底，中国独立第三方支付 App 月度总独立设备数超过 6 亿台。

　　第三方支付是指具备一定实力和信誉保障的独立机构，通过与各大银行签约，提供与银行支付结算系统接口的交易支持平台的网络支付模式。在这种模式下，消费者无须与银行进行直接支付清算。消费者选购好商品之后通过第三方支付平台提供的账户进行付款，资金暂时存放在第三方支付平台中，第三方支付平台收到资金后通知商家发货，消费者收到货物之后进行检验并确认收货，资金再从第三方支付平台的账户中划到商家账户。常见的第三方支付平台有支付宝、PayPal、易宝支付等。第三方支付流程如图 3–3 所示。

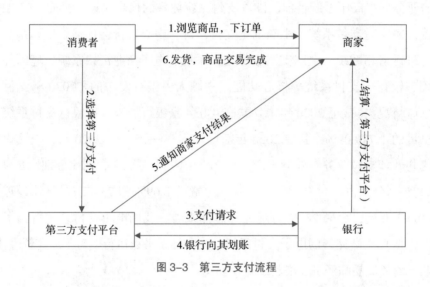

图 3–3　第三方支付流程

第三方支付具有鲜明的特征。

1. 便利性

交易双方通过第三方支付平台即可完成支付与结算，无须再去银行办理手续。

2. 公正性

作为交易双方的中介，第三方支付平台既独立于交易双方又独立于银行，以中立性质记录着双方的交易，规避了交易过程中可能存在的信用欺诈问题，保障了交易的安全进行。

3. 广泛性

得益于方便、快捷的操作，第三方支付除了应用于网购，还渗透到缴纳水电费、考试报名费等业务中，在日常生活中具有非常广泛的应用。

3.2.2 第三方支付的分类

根据所依托的第三方支付平台，第三方支付可以分为独立支付网关模式、账户支付模式和银联电子支付三种类型。

1. 独立支付网关模式

独立支付网关模式是指支付平台作为支付通道将客户发出的支付指令传递给银行，银行完成转账之后再将信息传递给支付平台，由支付平台通知商户并进行结算。在这种模式下，第三方支付平台不依附于电子商务网站，不具有担保功能，而是扮演着"通道"角色——前端联系着消费者提供支付服务，后端联系着银行提供清算服务。独立第三方支付运营平台主要面向 B2B、B2C 和 C2C 市场，直接面向企业并通过企业间接面向消费者。这种类型的第三方支付平台业务流程相对简单、操作更加灵活，能针对大客户提供更多个性化的服务。但由于其技术含量相对较低，容易被同行模仿，进入门槛低，附加值和增值空间较小，收益主要来自银行的收入分成及客户的服务费，对银行依赖性强，利润空间低。目前来看，独立支付网关模式的平台市场份额并不高。独立支付网关模式的典型代表有首信易支付。

2. 账户支付模式

账户支付模式可以细分为平台交易型账户交易模式和无平台交易型账户交易模式。前者是指第三方支付平台捆绑着大型电子商务网站，作为一种信用中介为买卖双方暂时保管资金，以防止欺诈和拒付行为出现。客户可以利用网上账号和绑定的银行卡直接在该平台内完成交易，并且享受平台推出的多种增值服务。这种模式可满足客户的需求，因此占据了我国第三方支付大多数市场，典型代表有支付宝。根据艾瑞咨询发布的 2020 年第二季度第三方支付报告，支付宝以 55.6%的市场份额，继续保持大幅领先优势，稳居第三方支付行业第一。后者是指第三方支付平台不依托独立的交易平台，需要消费者和商家均在该第三方支付平台开设账户、完成支付和交易。在这种模式下，整个交易只在该平台内循环，典型代表有易宝支付。

3. 银联电子支付

银联电子支付是一种特殊的第三方支付，由银联电子支付有限公司作为第三方支付平台，依托中国人民银行和中国银联的平台与资源得到迅速发展。自 1999 年成立以来，银联电子支付就定位于以互联网等新兴渠道为基础的支付服务公司，为客户提供安全、便捷、高效的网上手机充值缴费、网上信用卡还款、网上交水电煤费、便民缴费及公共事业缴费等网上缴费服务。经过 20 多年的发展，银联电子支付建设了面向全国的统一支付平台，目前为客户提供涵盖个人网银支付、企业网银支付、协议支付、移动支付、商业委托支付、代付等综合支付服务，并涵盖了网购、移动通信、民航等多个领域。

3.2.3　第三方支付的发展历程

依托互联网以及电子商务的蓬勃发展，为了解决交易中买卖双方的信用危机问题，第三方支付得以迅速发展。我国第三方支付的发展历程主要分为以下四个阶段。

第一阶段（1998—2002 年）：支付网关阶段。1998 年，国家开始重视电子商务行业的发展，"首都电子商务工程"被纳入首都信息化建设规划的重点工程，标志着我国第三方支付的兴起。2002 年，中国银联的成立解决了多银行接口承接的问题，使异地跨行网上支付成为可能。在这一阶段，第三方支付公司作为中介，连接银行和商家，帮助消费者和商家在交易过程中跳转到各家银行的网银界面进行支付，第三方支付平台自身附加值较小，利润低，对银行依赖性强。

第二阶段（2003—2007 年）：信用中介阶段。2003 年，支付宝的横空出世标志着我国第三方支付进入信用中介阶段。作为一种信用中介，支付宝很好地规避了网络购物中商家与消费者间的信用危机问题，有力地推动了我国网络购物和电子商务的发展。2005 年，随着首次被正式提出"第三方支付"概念，该年被称为"第三方支付元年"。

第三阶段（2008—2009 年）：行业支付阶段。各类第三方支付平台如雨后春笋般涌现，在专业化程度、运营管理等方面均取得较为显著的进步，它们的业务范围也逐步扩展。除了网络购物，第三方支付还应用到航空业、保险业等其他行业，并向用户提供各种类型的增值服务。第三方支付全方位地渗透到各行业当中，得到了更加广泛的应用。

　　第四阶段（2010 年至今）：规范与监管阶段。2010 年，为促进支付服务市场健康发展，规范相关机构行为，防范支付风险，中国人民银行出台了《非金融机构支付服务管理办法》和《非金融机构支付服务管理办法实施细则》，标志着我国第三方支付正式纳入央行的监管范围，结束了"无人监管"的状态，开始有法可依、有规可循。此后，国家层面陆续颁布了相关政策法规，对第三方支付的监管力度不断加强，降低第三方支付对金融市场的潜在负面影响。

3.2.4　第三方支付的优劣势

　　第三方支付的优势有：首先，第三方支付解决了物流和资金流时空不对称的问题。相比于传统线下购物的"一手交钱，一手交货"，网络购物的资金划拨与货物收发并不同时进行。第三方支付能够突破时空限制，为商家和客户暂时保管资金，待交易完成后再进行划拨，保障网络购物顺利进行。其次，第三方支付较好地解决了电子交易过程中的信任问题，减少电子商务中的欺诈行为，保证交易公正进行。与传统线下购物相比，网络购物存在更大的交易风险，如卖家不发货、货物有瑕疵、买家不付款等。第三方支付平台是中立性质的中介，在交易过程中作为信用担保，分别帮助商家规避无法收到客户货款的风险与帮助客户规避无法收到货物的风险，也为客户提供了多样化的支付选择。而且，第三方支付平台详细记录了双方交易过程中的细节，如付款时间及金额、物流信息等，追踪整个交易过程，一旦发生纠纷，第三方平台中记录的信息就为解决纠纷提供了证据。此外，第三方交易节约了交易成本，缩短了交易周期。借助第三方平台，银行无须开发过多对接商家的接口，节省了开发与维护的费用，商家和客户也免去了到银行进行一系列操作和手续的费用，降低了整个交易过程中的成本，缩短了交易周期，提高了交易的效率。

　　然而，随着第三方支付的快速发展，一些问题也逐渐涌现：①第三方支付平台存在洗钱和套现风险。不法分子可以通过买卖或者盗取他人第三方支付账号进行非法交易。近年来，利用第三方支付平台进行资金非法转移、集资诈骗、恶意套现的案例层出不穷，对我国的金融监管造成了巨大威胁。②第三方支付平台中存储着大量的用户信息、交易数据，一旦发生数据泄露，那么用户的个人隐私就可能会遭到侵犯，进而引发一系列信任问题，还有可能引起各类诈骗和犯罪。③第三方支付平台暂存货款资金，交易周期的不确定性，容易引起资金沉淀。第三方支付平台可能对这些资金存在越权调配的行为,对沉淀资金的处理和分配目前仍存在诸多争议与纠纷。此外,第三方支付行业同质化竞争严重。经过 10 多年的发展,第三方支付市场已经趋近饱和,并呈现以支付宝、财付通为代表的双寡头竞争局面。根据艾瑞咨询的统计数据,2019 年,支付宝和财付通占据了 90% 以上的中国第三方支付交易规模市场份额,二者的市场地位在短时间内难以被撼动。同时,第三方支付平台又面临着银行的强势竞争。第三方支付平台与银行是相互竞争、相互制约的关系。它们之间的业务有交叉之处,业务细分市场不明确,势必存在竞争。中国银联依托中国人民银行,以国家信用为担保,具有天然的流量优势,而第三方支付平台纷纷推出代缴水电费、存款等业务,在一定程度上吸引了银行的流量。

3.2.5 第三方支付的监管

针对以上可能存在的问题,对第三方支付平台进行监管的重要性日益凸显。自 2010 年起,我国陆续颁布了针对第三方支付行业监管的相关法规政策,对第三方支付中涌现的问题逐渐做出规范与整改,相应监管政策也不断建立健全,部分重要政策见表 3–3。

表 3–3 第三方支付行业相关监管政策

发布时间	文 件 名 称	摘 要
2010.6	《非金融机构支付服务管理办法》	指出非金融机构从事支付业务需持支付业务许可证
2010.12	《非金融机构支付服务管理办法实施细则》	配合《非金融机构支付服务管理办法》的实施工作,对其做详细解读
2011.6	《非金融机构支付服务业务系统检测认证管理规定》	说明相关检测、认证、监督与管理等制度
2012.1	《支付机构互联网支付业务管理办法(征求意见稿)》	规定相关支付业务范围、账户管理、特约商户风险管理等内容
2015.7	《非银行支付机构网络支付业务管理办法(征求意见稿)》	规定第三方支付作为纯粹的支付渠道
2015.12	《非银行支付机构网络支付业务管理办法》	明确规定业务范围、客户支付账户定义及分级、支付机构分级、对个人客户使用支付账户余额支付按安全等级进行交易限额等内容
2016.11	《中国人民银行关于落实个人银行账户分类管理制度的通知》	明确账户数量、身份校验规则、支付限额、银行账户及支付机构支付账户间关系等内容

续表

发布时间	文 件 名 称	摘　　要
2017.11	《中国人民银行办公厅关于进一步加强无证经营支付业务整治工作的通知》	检查持证机构为无证机构提供支付清算服务的违规行为类型；彻查"二清"行为，彻查通过代收付业务为无证机构提供资金转移服务，变相实现商户结算业务
2017.12	《中国人民银行关于规范支付创新业务的通知》	对开展支付创新业务作出规定
2018.8	《中华人民共和国电子商务法》	对电子支付服务提供者的义务和责任做出具体规定
2019.1	《条码支付受理终端检测规范》和《条码支付移动客户端软件检测规范》	制定条码支付受理终端检测规范，统一条码支付标准
2019.3	《中国人民银行关于进一步加强支付结算管理防范电信网络新型违法犯罪有关事项的通知》	要求健全紧急止付和快速冻结机制，加强账户实名制管理、转账管理，强化特约商户与受理终端管理，落实责任追究机制，防范新型的电信犯罪
2019.4	《支付机构外汇业务管理办法》	规定支付机构制定交易信息采集制度
2021.1	《非银行支付机构条例（征求意见稿）》	对第三方支付牌照重新分类，首次提及支付领域反垄断

资料来源：中国人民银行，国盛证券研究所。

近 10 年来，中国人民银行等监管机构对第三方支付行业的强监管逐渐进入常态化。各监管机构结合行业现状陆续出台各类风险整治文件，从严惩处第三方支付平台各类违法违规行为。根据证券日报统计数据，截至 2020 年 12 月 31 日，中国人民银行对我国第三方支付行业共开出罚单 68 张，累计罚没金额超 3.2 亿元，包括 1 张亿元级罚单、5 张千万元级罚单以及多张百万元级罚单，最高罚单一次性罚没 1.16 亿元。其中，我国第三方支付平台代表之一——财付通支付科技有限公司则因涉及未按真实交易场景，准确标识并完整发送、保存交易信息等 8 项违规行为而被警告，被合计罚没 877 万元。这些数据反映了支付行业从重从严监管的态势。

3.3　移动支付

3.3.1　移动支付的概念

随着移动设备、移动互联网技术的普及，移动支付走进人们的日常生活，并颠覆性地改变了人们的消费习惯。生活中常见的线下扫码支付、手机缴纳水电费

拓展阅读 3.1

等都属于移动支付的范畴。2020年，我国网上支付业务879.31亿笔，金额2 174.54万亿元，同比分别增长12.46%和1.86%；移动支付业务1 232.20亿笔，金额432.16万亿元，同比分别增长21.48%和24.50%；电话支付业务2.34亿笔，金额12.73万亿元，同比分别增长33.06%和31.69%。

目前，对于移动支付的定义没有形成统一的标准，许多社会组织和学者根据自己的实践经验提供了自己的观点。

1. 社会组织对移动支付的定义

（1）根据移动支付论坛（Mobile Payment Forum）的定义，移动支付是指交易双方为了某种产品或服务，通过移动终端，如手机、掌上电脑（personal digital assistant，PDA）和个人计算机（personal computer，PC）进行的商品交易。

（2）根据我国2005年出台的《电子支付指引（第一号）》，移动支付是指单位、个人直接或授权他人通过移动终端发出支付指令，实现货币支付与资金转移的行为。

（3）根据移动支付专业杂志（Mobile Payment Magazine）的定义，移动支付是一种能够替代现金、信用卡等的快速便捷交易方式，用户基于一定数量的信用额度或者存款，为了获得某种实物或服务，通过移动终端设备进行交易的支付方式。

（4）根据欧洲支付协会的定义，移动支付是指通过移动通信网络，借助移动通信终端进行基于POS（point of sales，销售终端）的近场支付和不受时间地点限制的远程支付的支付方式。

2. 学者对移动支付的定义

（1）Krueger认为移动支付是交易双方为了某种商品或服务，以一定的信用额度或金额，以移动终端为媒介，从移动支付服务商处兑换得到代表相同金额的信息流，并将相应交易数据转移给支付方，从而清偿消费费用进行商品交易结算的一种支付方式。

（2）Tomi Dahlberg等将移动支付视作利用无线和其他通信技术，通过移动终端设备（包括但不限于移动手机等）对商品、账单和服务进行支付的一种支付方式。

（3）我国学者兰君瑶认为移动支付是指用户为了购买某种商品或某项服务，

以手机、PDA、POS 等移动终端为工具，通过移动网络进行金融数据交换，进而实现资金转移的一种支付方式。

综合以上观点，移动支付是指借助手机、笔记本电脑等移动通信终端和设备，通过无线的方式进行银行转账、缴费和购物等商业交易活动。移动支付具有传统支付无法比拟的优势，突破了时空的限制，极大地便利了交易活动，用户随时随地通过手机等移动终端便可上网完成支付。根据中国银联发布的《2020 移动支付安全大调查研究报告》，2020 年，98% 的受访者选择把移动支付作为最常用的支付方式，我国平均每人每天使用移动支付 3 次。值得注意的是，在新冠肺炎疫情影响下，向无接触支付时代迈进的脚步突然加快，而移动支付凭借"无接触、更卫生"的优势成为民众选择支付方式的一大驱动力。根据艾瑞咨询数据，2020 年第三季度我国第三方移动支付交易规模增长至 65 万亿元，同比增长 16.2%。

3.3.2　移动支付的分类

1. 按支付地点分类

按支付地点的远近，移动支付可以分为远距离支付和短距离支付。远距离支付基于 SMS（短信息服务）、WAP（无线应用协议）、KJava、USSD（非结构化补充数据业务）等技术，以短信、电话等方式发起支付需求，不受地理位置的约束，以银行账户等作为支付账户，实现网购、转账汇款、缴纳水电费等在线付款业务。短距离支付是指利用红外线、蓝牙、RFID、NFC（近场通信）、SIMpass（双界面卡）等技术，实现与附近自动售货机以及销售终端的本地通信。消费者可以通过手机直接在现场直接向商家完成付款。

2. 按支付金额分类

按支付金额的大小，移动支付可以分为小额移动支付和大额移动支付。小额移动支付指运营商在银行建立预存费用的账户，用户通过移动通信的平台发出划账指令代缴费用。大额移动支付指用户绑定银行账号和手机号，并通过多种方式对与手机捆绑的银行卡进行交易操作。也有观点以 10 美元作为界限，交易金额大于 10 美元为大额支付，反之为小额支付。

3. 按支付媒介分类

按支付媒介的不同，移动支付可以分为电话账单支付、预付卡支付和手机电子钱包支付等。

3.3.3　移动支付的特点

1. 移动性

移动支付依赖随身携带的电子设备，突破了时间和地域的限制，用户可随时随地获取所需要的服务、应用、信息和娱乐。

2. 便捷性

与传统支付相比，移动支付使得用户不需要再与商家进行面对面的现金支付，无须携带现金出门，给买卖双方带来便利的同时也推动了我国电子货币的进程。

3. 集成性

移动支付将互联网、终端设备、金融机构三者有效地联合起来，与居民日常生活消费深入融合，包含购买生活用品、公共出行和生活缴费等领域，向娱乐、交通、酒店、医疗等支付场景渗透蔓延。

3.3.4　移动支付的发展历程

与20年前相比，移动支付使人们的生活、消费方式产生了翻天覆地的变化。在21世纪初，现金支付、银行卡支付是主要的支付方式。消费者需要通过支付现金、刷银行卡等方式完成一系列的消费。随着互联网、手机、银行和第三方支付平台的逐渐发展，2010年前，这些机构和平台都为探索移动支付进行过不少努力，但是因各方面条件尚未具备，移动支付业务及应用范围并未实现数量上的飞跃，市场规模难以大幅扩大。

2010年，中国人民银行发布《非金融机构支付服务管理办法》，提出了针对非金融机构提供支付服务的准入标准、监督管理、处分处罚等管理措施，标志着移动支付进入金融监管范畴。2011年6月，央行下发了第三方支付牌照，银联、财付通等27家公司获得许可证。2012年，中国移动与中国银联签署移动支付业务合作协议，我国移动支付近场通信标准得以统一，去除了阻碍移动支付发展的技术分歧。同一时期，智能手机的普及、滴滴出行等打车软件的诞生，进一步扩大了移动支付的应用场景，移动支付开始渗透到人们的日常生活。

2013年以后，各支付企业如雨后春笋般涌现并蓬勃发展，助推我国移动支付迅猛发展。2013年，支付宝推出了"余额宝"项目，移动支付开始走向普惠理财，为许多普通老百姓提供了理财的机会。2014年，微信推出"微信红包"，并借助央视春晚扩大了市场份额，"微信红包"成了人们逢年过节的一种新型红包形式，也推动了微信支付融入人们的日常生活中。2015 年，中国银联推出了"云闪付"。2016 年，Apple Pay 正式进入中国市场，三星的 Samsung Pay、小米的 Mi Pay 和华为的 Huawei Pay 也正式上线，商业银行与手机供应商纷纷凭借其用户基础加入移动支付阵营。

2016 年后，随着移动支付行业生态体系的逐渐完善，移动支付行业全面进入高速发展期。根据艾媒咨询数据，中国移动支付用户规模逐年增长，在 2019 年突破 7 亿人。目前中国移动支付的普及情况在世界处于领先水平，各大平台对日常生活场景和下沉市场覆盖加强，未来将普及更大规模人群。2015—2020 年我国移动支付业务规模及增长率如图 3-4 所示。

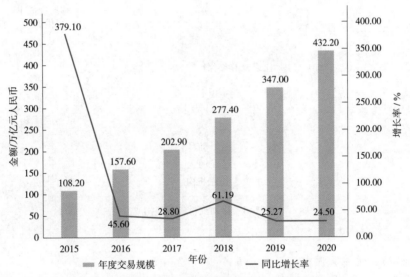

图 3-4　2015—2020 年我国移动支付业务规模及增长率
数据来源：中国人民银行、前瞻产业研究院。

目前，第三方支付正在进入产业支付时代。个人支付市场趋近饱和，并呈现以支付宝、财付通为代表的寡头竞争局面。产业支付是支付机构面向不同规模、不同产业的企业提供集支付、财务管理、资金管理、营销等服务于一体的产业解决方案的支付商业模式。根据艾瑞咨询统计，2020 年中国第三方产业支付交易规模达 140 万亿元，同比增长 17%，并将在未来持续保持增长态势。

3.3.5　移动支付的价值链与运营模式

1. 移动支付价值链构成

移动支付是技术驱动型的业务，其价值链主要由金融机构、移动支付服务提供商、商家、消费者、电信运营商、移动设备提供商等环节构成。其中，移动设备提供商提供终端设备给电信运营商，电信运营商为整个移动支付价值链提供移动支付网络；金融机构为移动支付平台提供账户操作，移动支付服务提供商提供交易平台，商家提供商品，消费者提出交易请求。移动支付价值链构成如图3-5所示。

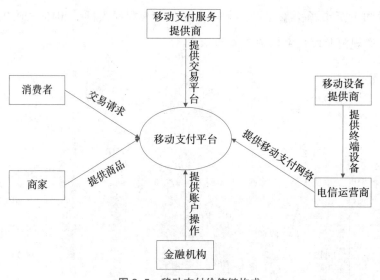

图 3-5　移动支付价值链构成

2. 移动支付运营模式

移动支付运营模式主要有以金融机构为主导的移动支付运营模式、以移动运营商为主导的移动支付运营模式、以第三方支付服务提供商为主导的移动支付运营模式、银行与移动运营商合作的移动支付运营模式这四种。

（1）以金融机构为主导的移动支付运营模式。一般来说，提供支付服务的金融机构主要是银行。如图3-6所示，在这种模式下，银行担任中介，独立提供移动支付服务并收取费用，包括用户手机银行账户上的预存金额，对移动运营商、商家的移动支付业务利润分成等。移动运营商作为消费者和银行的信息渠道，提供数据流量服务，并不参与运营管理。消费者通过语音、短信等渠道将与手机绑定的银行账户的费用划到商家银行账户，完成支付。在该模式中，商家、移动运营商和银行三方分成：移动运营商收取数据流量费用，商家收取商品或服务费用，银行收取账户业务费用。

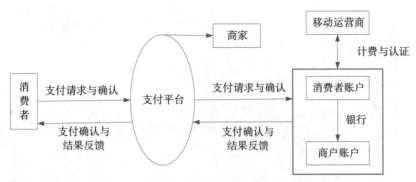

图 3-6　以金融机构为主导的移动支付运营模式

（2）以移动运营商为主导的移动支付运营模式。如图 3-7 所示，在这种模式下，移动运营商作为运营模式的主体代收业务费用，用户和商家通过运营商而非银行来进行结算。消费者在移动运营商处充值话费或者专门开设移动支付账户并预存费用，当采用手机支付形式购买商品或服务时，交易费用直接从话费或者移动支付账户中扣减，最后由商家和移动运营商进行统一结算。移动运营商作为价值链的主体，利润主要来自商家的佣金、基于语音等移动支付业务收入，还可以基于移动支付业务吸纳新用户。

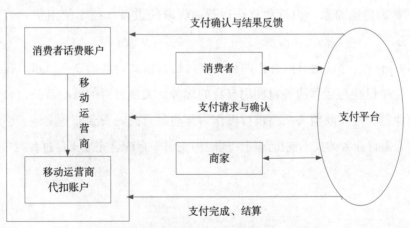

图 3-7　以移动运营商为主导的移动支付运营模式

（3）以第三方支付服务提供商为主导的移动支付运营模式。第三方支付服务提供商是指独立于移动运营商和银行之外，利用移动通信网络和银行的支付结算资源进行支付的身份认证和支付确认，具有信誉保障和资金担保的支付机构，如银联、财付通等。如图 3-8 所示，在该模式中第三方支付为商家、银行、

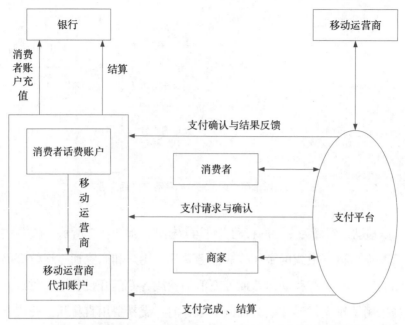

图 3-8　以第三方支付服务提供商为主导的移动支付运营模式

移动运营商、消费者搭建移动支付平台，并与银行相连完成支付，同时充当信用中介承担部分担保责任。作为该运营模式的主体，第三方支付服务提供商的收益主要来自向商家、银行和移动运营商收取的设备、技术使用费和信息交换佣金。

（4）银行与移动运营商合作的移动支付运营模式。如图 3-9 所示，在这种模式下，金融机构与运营商各自利用自身的优势，关注自身的核心产品，合作控制整条产业链，建立联盟关系。银行可作为移动运营商的资金监管主体，移动运营商可作为银行业务的技术支持部门，同时由支付平台配合完成支付过程。

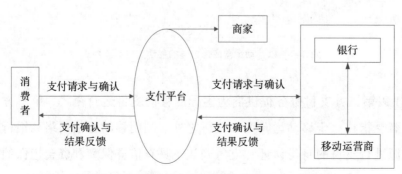

图 3-9　银行与移动运营商合作的移动支付运营模式

3.3.6　移动支付的风险

1. 技术风险

依托互联网和移动设备，移动支付可能存在技术风险，包括支付账号被盗用、个人信息泄露、支付过程中的系统漏洞等。手机作为移动支付最主要的载体，容易发生被盗及丢失等情况。根据中国支付清算协会发布的《2020 年移动支付用户问卷调查报告》，63.4% 的受访者担心存在移动支付安全隐患，如个人信息被泄露、手机扫描到假条码、账户资金被盗用等。

2. 控制体系风险

移动支付的风险控制体系主要包括内控体系及风险预警机制。移动支付作为金融行业的重要组成部分，机构内部人员需要具备较高的道德素质，具有巨额的资金控制与管理能力，掌握金融法律法规。目前行业内并未完全建立成熟统一的风险预警机制，对于未知风险的掌握能力尚有欠缺。

拓展阅读 3.2

3. 行业监管风险

我国移动支付在过去 10 年之内，经历了从初步兴起到高速发展阶段。但是我国移动支付由于发展时间较晚、发展速度极快，国家在监管方面的相关法律法规还不完善。监管机构出台了一些配套的法律法规，但与行业的快速发展相比，要领跑行业规则还存在一定滞后。

3.4　互联网金融

3.4.1　互联网金融的概念

移动互联网技术、电子商务的迅猛发展以及效率低、风险高、对中小企业贷款的缺位等传统金融业的缺陷催生了互联网金融。2013 年，P2P（peer to peer，点对点）、众筹（crowd funding）、第三方支付等运营模式风生水起，我国互联网金融进入高速发展时期。

作为一种基于互联网的新型金融业态，目前社会尚未有对互联网金融的统一定义，不少学者、社会组织给出了以下主要观点。

1. 学者对互联网金融的定义

谢平等认为互联网金融是一种谱系的概念，依托互联网等现代信息科技，传统银行、证券、保险、交易所等金融中介和市场与瓦尔拉斯一般均衡对应的无中介情形是互联网金融谱系的两端，而介于两端之间的所有金融交易和组织形式都是互联网金融。

芮晓武等认为互联网金融是把互联网作为资源，以大数据、云计算为基础的新金融模式。

2. 社会组织对互联网金融的定义

根据中国互联网协会发布的《中国互联网金融报告（2014）》，互联网金融是利用大数据、云计算、社交网络和搜索引擎等互联网技术实现资金融通的一种新型金融服务模式。

根据2015年中国人民银行、工业和信息化部、公安部、财政部、国家工商总局、国务院法制办、中国银行业监督管理委员会、中国证券监督管理委员会、中国保险监督管理委员会、国家互联网信息办公室联合印发的《关于促进互联网金融健康发展的指导意见》，互联网金融是传统金融机构与互联网企业利用互联网技术和信息通信技术实现资金融通、支付、投资和信息中介服务的新型金融业务模式。

3.4.2　互联网金融的特征

1. 成本低

互联网金融的业务主要基于移动互联网开展，避免了金融机构开设和维护营业网点的费用，也免去了金融第三方中介的费用，在一定程度上降低了业务成本。

2. 交易信息透明度高

互联网平台上有金融机构以及产品的相关信息公示，资金需求方可以通过互联网平台进行信息的甄别与筛选，交易过程完全通过网络平台进行，信息透明度高。

3. 交易效率高

互联网金融的业务基于移动互联网和计算机设备进行，操作过程标准化、速度快、资金实时到账，更突破了时间和空间上的限制。

4. 普惠性

与传统金融相比，互联网金融交易门槛低、方便快捷，能够缓解对中小企业贷款的缺位问题，更好地满足各类社会阶层和群体的金融服务需求，体现了将享受金融服务看作公民基本权利的思想。《关于促进互联网金融健康发展的指导意见》指出，互联网金融对于提高我国金融服务的普惠性，促进大众创业、万众创新具有重要意义。然而，互联网金融的本质仍属于金融，同样具有金融风险的隐蔽性、传染性、广泛性和突发性等特点。传统银行和互联网金融科技公司的对比见表 3-4。

表 3-4　传统银行和互联网金融科技公司的对比

类　　型	贷款审批时间	抵押贷款发放成本	理财产品门槛	获　客　成　本	数　据　获　取	数据处理能力
传统银行	小微贷发放款时间为 21 天	2 000 元左右	5 万 ~ 50 万元	5 000 元 ~ 1.6 万元	基本信息	1.3 万笔 / 秒
互联网金融科技公司	3 秒 ~ 48 小时放款	500 ~ 1 200 元	1 000 元	300 ~ 800 元	消费行为生物识别理财历史生活及社交信息	2 万 ~ 4 万笔 / 秒，强大的弹性伸缩能力

资料来源：中信证券研究部。

3.4.3　互联网金融的发展模式

我国互联网金融的发展主要有"传统金融行业 + 互联网"和"IT 创新企业 + 互联网 + 金融产品和服务"两种模式。

1. 传统金融行业 + 互联网

在这种模式下，传统金融行业（如银行业、保险业等）把传统金融业务向互联网空间延伸，把线下的金融业务移植到线上，在技术层面提高服务和管理方面的效率，并没有开发出新的金融业态。例如，中国人民银行推出的网上理财服务等产品，就是"传统金融行业 + 互联网"的表现。

2. IT 创新企业 + 互联网 + 金融产品和服务

在这种模式下，新兴的互联网企业向金融服务领域发展并创新，从外部运用互联网思维改造传统金融行业及其运作模式，催生出众筹、网络借贷、第三方支付、互联网保险等新业态。例如，阿里巴巴作为一家互联网企业推出的支付宝产品提供的第三方支付，就是"IT 创新企业 + 互联网 + 金融产品和服务"的典型案例。

3.4.4　互联网金融的发展历程

1. 萌芽阶段（2005 年以前）

这一时期我国的互联网金融处于萌芽状态，并未出现真正意义上的互联网金融形态，主要是传统的金融机构简单地把金融业务搬到互联网上，利用互联网开展业务。随着电子商务的诞生，人类的商务活动被互联网带入全面的电子化时代。银行等传统金融机构开始探索金融创新，转变传统的经营观念、支付方式和运营模式以迎合金融业网络化的发展趋势。自此，网上转账、网上证券开户、网上买保险等互联网金融业务相继出现，种种变革给传统金融模式带来了巨大冲击。

2. 起步阶段（2005—2012 年）

在这一阶段，第三方支付、P2P 网贷、众筹等真正的互联网金融业务形态相继出现。为了解决电子商务、货款支付不同步而导致的信用问题，作为买卖双方交易过程中信用中介的第三方支付平台应运而生，并迅速发展。随着移动通信的快速普及，第三方支付的应用范围逐步拓展到了生活服务领域。此时，互联网金融另一个标志性的业务形态——P2P 网贷在这一时期也得到了发展，网贷于 2007 年在我国开始出现。由于利率市场化及金融脱媒的加速，进入 2010 年以后，P2P 网贷呈现快速增长态势。但由于监管步伐没能跟上，大量劣质的 P2P 网贷公司出现在市场中，各种违规、"跑路"的事件不断出现，严重损害了金融信誉和消费者利益。市场自发淘汰了一批不正规和竞争力弱的劣质企业，互联网金融行业得到一定的整合和发展。

3. 高速发展期（2013 年至今）

2013 年，以"余额宝"上线为代表，我国互联网金融开启了高速发展模式。第三方支付逐步走向成熟化，P2P 网贷呈爆发式增长，众筹平台开始起步，互联网保险和互联网银行相继获批运营，同时，券商、基金、信托等也开始利用互联网开展业务，网络金融超市和金融搜索等应运而生，为客户提供整合式服务，我国互联网金融进入高速发展期。

3.4.5　互联网金融的主要业态

根据《关于促进互联网金融健康发展的指导意见》，互联网金融业态分为网络借贷、众筹、互联网基金、互联网保险、互联网信托和互联网金融消费等类型。

1. 网络借贷

网络借贷是指出借人与借款人均通过网络贷款平台完成的借贷交易。随着我国金融管制的逐渐开放、借贷需求日益增长，网络借贷在我国呈现出爆发式增长。根据网贷之家研究中心发布的《2019 年中国网络借贷行业年报》，截至 2019 年 12 月，我国网贷行业正常运营平台数量为 343 家，历史累计成交量约为 9 万亿元。

按照借款人类型，网络借贷主要可以分为 P2P、P2B、P2G 三种类型。

（1）P2P 即 person-to-person，指个人与个人之间借助网络平台这个"信息池"完成的直接借贷交易。出借人与借款人双方均需要在借贷平台上注册账户，借款人向平台提交借款金额、利息率、还款时间等信息等待平台审核并在平台上发布，出借人根据平台上的公示信息自行选择贷款，借款人根据之前的约定进行还款。在这种模式下，出借人与借款人直接交易，平台只提供信息，不提供担保，既规避了借贷风险，也避免了非法集资。

（2）P2B 即 person-to-business，指个人通过网贷平台向非金融机构提供贷款，特别是为中小微企业提供投融资服务。借款方需要提供额外的企业及个人的担保，所以 P2B 比 P2P 具有更高的安全性，但借款金额一般也相对更大。

（3）P2G 即 private to government，指民间资本为有政府信用介入的项目提供融资服务，主要服务于政府直接投资、政府回购等有政府信用背景的项目。相比其他模式，P2G 以政府信用来对冲信用风险，不提供任何形式的担保和隐形担保，安全性高，但资金体量大、回报周期长。

相比于传统的借贷，网络借贷具有以下鲜明特点。

（1）信息的开放性。网络借贷的所有流程均借助网贷平台完成，并需要在平台上完成信息的公示，在一定程度上降低了借贷双方的信息不对称性以及信息的搜索成本。

（2）主体的广泛性。网络借贷不仅服务于企业，还服务于个人、政府等。

（3）信用借贷。网络借贷无抵押、无担保，以信用评级为审核依据，准入门槛较低。

（4）高风险与高收益并存。根据网贷之家统计，2019 年网贷行业总体综合收益率为 9.89%，相比传统借贷收益率较高。但由于网络借贷为信用担保，没有抵押保障借款的偿还，如若审核信息发生疏漏，则借款人可能面临巨大风险。

基于网络借贷的特征，网络借贷在迅速发展过程中也存在一系列的问题。首先，网络借贷缺乏明确的监管办法。虽然《关于促进互联网金融健康发展的指导意见》对 P2P 的性质做出明确规定，但从法律角度来看，在网络借贷方面仍缺乏具体的法律文件。其次，平台各类问题层出不穷，包括失联"跑路"、提现困难、诈骗等。

根据浙江大学互联网金融研究院的研究结果，中国网贷行业的发展主要经历了三个阶段。

（1）起步发展阶段（2007—2012 年）。随着 2007 年中国第一家网贷平台拍拍贷的建立，我国的网贷行业拉开了序幕，之后各类贷款平台相继诞生，主要以信用贷款为主，规模较小，增长缓慢。截至 2012 年底，全国网贷平台数为 126 家。

（2）高速发展阶段（2013—2014 年）。随着"互联网金融元年"的到来，网络借贷进入高速发展时期。各类网贷平台数量激增，业务量快速增长，公众对网贷的关注度和信任度也不断增加。2014 年底，全国网贷平台数达到了 1 778 家，同比增长 268.9%。

（3）规范发展阶段（2015 年至今）。网络借贷平台的快速发展也暴露了一系列风险与问题，如政策监管不到位、平台"跑路"等。这一时期，国家逐渐出台监管政策并细化落地，加强平台整治。与此同时，随着行业清退的力度加大，正常运营平台数量出现大幅度下降。

近年来，随着网络借贷平台问题的日益凸显，政府对网络借贷的态度由"鼓励创新"到"规范清退"。我国国家和地方层面陆续出台了监管政策，以规范网络借贷，清退问题平台。2019 年，网贷行业专项整治进入深水区，退出和转型成主旋律。最高人民法院、最高人民检察院、公安部、司法部联合印发的《最高人民法院 最高人民检察院 公安部 司法部关于办理非法放贷刑事案件适用法律若干问题的意见》从司法层面明确了非法放贷入刑标准。与此同时，行业自律组织也相继成立。2019 年 3 月，中国互联网金融协会发布了《关于网络借贷不实广告宣传涉嫌欺诈和侵害消费者权益的风险提示》，相比国家和地方的监管更具灵活性、创新性。

2. 众筹

众筹是指项目发起人通过互联网向投资人发布创意项目并以实物、服务或股权作为回报的资金募集方式。众筹一般是一种小额、分散的融资方式，通过向社会公众筹集资金，任何感兴趣的个人和群体都可以为该项目进行投资，因而每个人只需付出一小部分即可完成目标。同时，众筹依赖互联网平台完成投资项目信息的发布和公示，并通过互联网将投资人和项目发起人连接在一起、募集资金，拉近了双方的距离，去掉了中间的冗余环节，融资速度快、参与感强，有效地利用社会闲散资源支持创新创业项目。

根据众筹回报的机制和模式，目前众筹融资可以分为产品融资、公益融资和股权融资三种。

（1）产品融资。产品融资是指以产品或服务作为筹资标的并获得回报的一种众筹融资模式。在这种模式下，项目发起人多以预售形式提供实物或服务回报，筹款金额较低，基本所有投资人均可参与，回报时间较短，这本质上是一种预售买卖关系。典型平台有点名时间、淘梦网等。

（2）公益融资。公益融资是一种投资人提供资金且不计实质回报的众筹模式。公益融资主要用于公益事业领域，通过非营利组织和个人的帮助，以小额募捐为主，助推公益项目的实施，这本质上是一种赠予关系。典型平台有腾讯乐捐、水滴筹等。

（3）股权融资。股权融资是指投资人通过出资入股公司，企业以股权作为交换筹集资金。在这种模式下，项目发起人提供公司原始股份，投资者享受股东权利，筹资力度较大，回报周期长。典型平台有人人创、众筹客等。

互联网众筹起源于美国并得到逐渐发展。2011 年，点名时间众筹平台的成立标志着中国众筹行业的开端。随后，追梦网、淘梦网等垂直类众筹网站涌现。2013 年以来，互联网众筹迅猛发展，上线平台数量猛增，其中淘宝众筹、京东众筹、苏宁众筹等众筹平台的诞生，标志着互联网巨头开始布局众筹业态。自 2016 年以来，众筹行业监管趋严并进入洗牌阶段。根据前瞻产业研究院数据，2016 年在运营中的众筹平台数量达到顶峰，共有 532 家。从 2017 年开始，各类平台数量开始下降。截至 2019 年 6 月底，在运营中的众筹平台仅有 105 家。

虽然众筹相比传统融资更快、更灵活，但也存在很多传统融资渠道所没有的风险。从平台层面来看，众筹可能存在着非法吸收公众存款、集资诈骗、平台资金托管不当等风险。从项目层面来看，众筹面临着项目失败、知识产权、虚假宣传等风险。针对这些风险，《关于促进互联网金融健康发展的指导意见》将股权融资纳入了监管范围，在《中国证监会办公厅关于对通过互联网开展股权融资活动的机构进行专项检查的通知》中再次明确了股权众筹"公开、小额、大众"的特征，并要求股权融资活动经过国务院批准。我国对于众筹的相关法律规定还在逐步完善当中。

　　3. 互联网基金

　　互联网基金是以与互联网有联系的相关标的为主要投资对象的公募资金。如图 3-10 所示，互联网基金是基金公司以其自身产品为内容，电子商务公司以其第三方支付技术作为后盾，双方实现跨业合作的产物。与传统的基金产品相比，互联网基金的投资门槛低、利率更高，赎回方便、流动性强、资金配置灵活，交易渠道更广，基于移动互联网的操作也更加方便快捷。互联网与基金产品的创新性结合，满足了民众理财的迫切需求，诠释了《中共中央关于全面深化改革若干重大问题的决定》中"发展普惠金融"的思想。

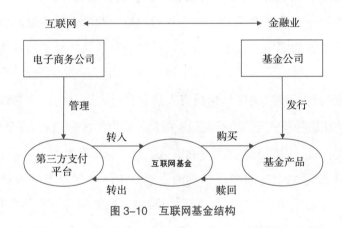

图 3-10　互联网基金结构

　　按照基金公司合作对象的不同，互联网基金可以分为以下四种模式。

　　（1）理财服务模式。在理财服务模式下，基金公司与垂直的财经门户网站等合作，利用财经资讯和理财顾问，提供一体化的基金产品销售服务。典型产品有活期宝、收益宝等。

　　（2）自销模式。在自销模式下，基金公司自己经营互联网货币基金产品，但销售渠道仅限于互联网，且全部为定制类货币基金，基金收益结转方式为按日结转。典型产品有余额宝、汇添富现金宝等。

　　（3）支付模式。在支付模式下，互联网基金产品绑定第三方支付平台实现基金交易的支付。典型产品有苏宁旗下的零钱宝、京东旗下的京东小金库等。

　　（4）电商模式。在电商模式下，基金公司利用电商网络平台进行基金销售。例如，在淘宝网上销售基金。

各类互联网基金的出现激发了居民投资理财的热情，但互联网基金兼具互联网和基金的因子，其风险比传统基金更为复杂。首先，互联网基金面临着流动性风险。目前的互联网基金产品基本能够即时提现，但由于其没有建立银行的准备金制度，其中蕴藏着期限错配和流动性转化的问题。一旦货币市场波动，就有可能出现投资者大规模赎回甚至遭遇挤兑的风险。其次，互联网基金有着信用风险。由于基金系统的复杂性、金融市场的信息不对称性，普通投资者对于市场上各类互联网基金产品难辨真假，过分夸大高收益的宣传可能导致投资者误解。此外，由于互联网基金基于互联网技术完成交易，还面临着互联网平台本身存在的技术风险，可能导致信息泄露、资金盗窃等。而作为一种新生事物，互联网基金的各类制度规范还不完善，投资者可能还面临政策和法律风险。

4. 互联网保险

2017 年，中国保险业保费收入为 5 414.46 亿美元，占全球市场份额 11.07%，成为仅次于美国的全球第二大保险市场。互联网技术的发展和传统保险产品的弊端催生了互联网保险。互联网保险是一种新兴的以互联网为媒介的保险营销模式，保险公司和中介机构以互联网与电子商务技术为工具，通过网站开展保险产品的销售或提供保险中介服务等活动。互联网保险具有虚拟化、直接化、电子化、信息透明化的特征，能够免去中间环节，缩短投保、承保、保费支付等时间，大幅节约公司的成本，增强公司和客户之间的信息交互。

互联网保险具有渠道、产品、服务等方面的核心优势。在渠道方面，互联网保险依托于特定的互联网场景能够一定程度激发用户的保障需求，保险的需求相对较强，如在众筹平台下用户对健康保障有更直观的认识，健康险的转化率会相对提升。因此，拥有优质场景的第三方平台开展保险经纪代理业务具有天然优势。在产品方面，互联网保险以用户为中心，依托互联网海量的用户数据，能够重塑传统保险公司原有的产品设计方法、定价方式及承保风控模式。在服务方面，互联网保险在服务领域的创新能够提升用户购买保险的全流程体验，包括产品售前的保险咨询、保险顾问，售中的投保核保、保单管理，售后的便捷理赔及服务延伸等，加强了服务体系建设。互联网保险和传统保险的比较如表 3-5 所示。

表 3-5　互联网保险和传统保险的比较

项　目	传　统　保　险	互联网保险
产品类型	同质化严重	以用户需求为中心
产品设计	迭代流程烦琐，运营效率低	小步迭代的互联网思维
保险条例	晦涩难懂	简单易懂的展现形式
理赔体验	较差	数字化改造，科技加持
营销方式	用户排斥传统保险营销方式，可能存在销售误导现象	互联网触达方式，信息透明

资料来源：艾瑞咨询。

我国的互联网保险行业主要经历了以下五个时期。

（1）萌芽期（1997—2007 年）。1997 年，中国保险信息网的诞生，标志着我国互联网保险行业拉开了序幕，此后各类保险信息网站不断涌现。但由于受众和市场份额较少，这一时期互联网并未能获得大规模发展。

（2）探索期（2008—2011 年）。随着阿里巴巴等电子商务平台的兴起，互联网保险开始出现市场细分，市场竞争日益加剧。同时，政府对保险行业也给予了许多政策上的扶持。截至 2010 年底，中国互联网用户达 4.57 亿人，其中有 35.1% 的网民希望通过网络、电话等方式获取金融、保险服务。

（3）全面发展期（2012—2013 年）。随着互联网金融元年的到来，互联网保险借助电子商务平台取得了跨越式发展。2013 年"双 11"，寿险产品的总销售额超过了 6 亿元。各类保险企业开始依托各种官方网站、O2O 平台、第三方电子商务平台等方式开展互联网业务，充分挖掘和满足互联网金融时代应运而生的保险需求。保险公司进军电子商务已经成为不可阻挡的趋势。

（4）爆发期（2014—2015 年）。电子商务和互联网支付等相关行业的高速发展为互联网保险奠定了基础，保险迎来了电商化时代。根据艾瑞咨询数据，2015 年，互联网保险保费收入达 2 234 亿元，渗透率达 9.2%。

（5）调整期（2016 年至今）。从 2016 年开始，互联网保险保费规模增长陷入停滞并开始减少，渗透率连年下滑。这一时期保费和渗透率的下降主要是受监管政策的影响。随着 2016 年商业车险费率改革政策的落实，网销车险失去了价格优势，同时政府加强了对第三方车险平台的监管，使得互联网车险的发展进入冷静期。在 2016—2017 年间，银保监会接连出台相关政策收紧人身险理财型产品业务，直接影响了互联网保险的保费收入。虽然这些政策给互联网保险行业发展带来了短期阵痛，但从长远发展来看，政策调整后的互联网保险行业能够更加健康地发展。2015—2020 年中国互联网保险规模及增长率如图 3-11 所示。

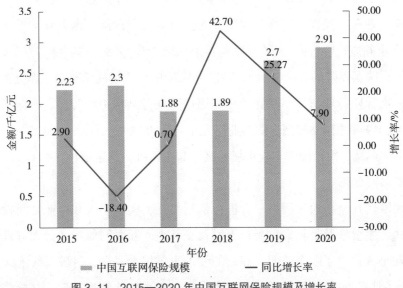

图 3-11　2015—2020 年中国互联网保险规模及增长率

数据来源：中国保险行业协会、前瞻产业研究院。

经过 20 多年的发展，我国的互联网保险形成了以下五种主要模式。

（1）官方网站模式。互联网公司通过建立自主经营的互联网网站进行互联网保险产品交易。这种模式适用于资金充足、具有丰富产品体系和强大运营服务能力的公司。

（2）第三方电子商务平台模式。这种模式借助第三方电子商务平台的海量流量和用户的优势，更好地进行产品和用户的融合，但从金融监管的角度来看，第三方电子商务平台可能存在没有保险中介资质、资金流转等安全问题。

（3）网络兼业代理模式。这种模式门槛相对较低、办理简单、对经营主体规模要求不高，在保险行业受到普遍欢迎。

（4）专业中介代理模式。根据 2011 年中国保监会颁布的《保险代理、经纪公司互联网保险业务管理办法（试行）》，只有获得经纪牌照或者全国性保险代理牌照的中介机构才能从事互联网保险业务。

（5）专业互联网保险公司模式。平安保险、太平洋保险、中国人寿等保险巨头纷纷成立独立的电子商务公司，吹响了传统保险行业争夺互联网市场的号角。根据保险公司经营业务主体的不同，专业互联网保险公司可以细分为产寿结合的综合性金融互联网公司、专注财险或者寿险的互联网公司以及纯互联网的众安公司。

虽然互联网保险创新了传统保险的渠道、产品和服务，但没有从根本上改变保险的属性，并伴随着互联网带来了新的风险，包括信息披露不充分、产品开发、信息安全、业务、操作、声誉等风险。为了有效防范风险，国家陆续颁布了《互联网保险业务监管暂行办法》《互联网保险风险专项整治工作实施方案》《关于在互联网平台购买保险的风险提示》《2019 年保险中介市场乱象整治工作方案》等政策，互联网保险行业监管不断完善，倒逼保险业务结构主动转型。根据艾瑞咨询颁布的《2019 年中国互联网保险行业研究报告》，互联网人身险中健康险逆势增长，长期险发展迟缓，财产险中车险市场回暖，非车险维持高速增长。

5. 互联网信托

互联网信托是指通过网络平台进行信用委托，实现个人和企业之间投融资的一种模式，主要涉及委托人、受托人以及受益人。互联网信托平台为有资金需求的企业和个人提供了一个透明、高效的线上出借撮合平台，打破了线上线下以及区域经营的局限，提供了规模庞大的潜在客户和数字化转型机遇，并给信托收益权转让带来了较大的发展机遇。根据中国信托业协会数据，截至 2019 年末，全国68 家信托公司受托资产规模为 21.6 万亿元。2015—2020 年中国信托行业资产规模如图 3-12 所示。

图 3-12　2015—2020 年中国信托行业资产规模
数据来源：中国信托业协会。

然而，互联网信托这种新业态在实际运行中不断出现新问题，法律法规方面存在滞后性和合规性争议。当前信托行业频频暴雷，风险加大。我国陆续颁布了《中国金融业信息技术"十三五"发展规划》《关于互联网金融从业机构接入互联网金融反洗钱和反恐怖融资网络监测平台的公告》等政策规范信托公司业务。随着信托行业制度红利逐渐消失，资产风控难、获客成本高、客户黏性差、利润减少、增长乏力成为行业的痛点。同时，市场强严监管持续加码，用户很难从传统信托投资中获得更多的回报。随着信托行业资产规模的缩减，经营效益下降。据中国信托业协会数据，2020 年前三季度互联网信托行业实现经营收入为 841.61 亿元，实现利润总额为 485.89 亿元，同比下降 13.13%。2015—2020 年中国信托行业经营收入及增长情况如图 3-13 所示。

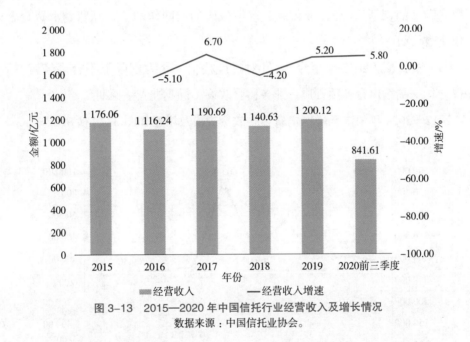

图 3-13　2015—2020 年中国信托行业经营收入及增长情况
数据来源：中国信托业协会。

在未来，法律合规性、风险可控性、信息科技建设是信托行业互联网发展需要关注的重点，未来信托行业的互联网化、信息科技化机遇与挑战并存。

6. 互联网消费金融

消费金融是指以消费为目的的信用贷款，信贷期限为 1 ~ 12 个月，金额一般在 20 万元以下，通常不包括住房和汽车等消费贷款，专指日常消费如日用品、衣服、房租、电子产品等小额信贷。互联网消费金融是指借助互联网进行线上申请、审核、放款及还款全流程的消费金融业务，是"互联网＋消费金融"的新型金融服务方式。以蚂蚁金服旗下的花呗为例，花呗模式分为账单分期和交易分期，账单分期为虚拟信用卡模式。花呗从支付宝、淘宝获取用户，利用芝麻信用为用户提供额度、计算费率。使用场景多是花呗在用户体验上的明显优势，借助支付宝打通的支付场景，花呗嵌入支付方式中，从而打通各类支付场景。

我国互联网消费金融的发展经历了三个阶段。

（1）启动期（2013—2014 年）。京东白条、爱又米纷纷上线，这一时期的相关政策以鼓励业务发展为主。

（2）增长期（2015—2017 年）。进入 2015 年，大量互联网消费金融机构、产品涌现，如支付宝的花呗等。中国人民银行、银监会提出"加快推进消费信贷管理模式和产品创新"，在行业创新、政策鼓励的共同作用下，互联网消费金融进入快速增长期。

（3）整顿期（2017 年至今）。针对过度授信、暴力催收等不合规经营方式，2017 年国家陆续出台各项资质、业务监管政策，行业进入整顿期。

2012—2021 年中国互联网消费金融放贷规模及增速如图 3-14 所示。

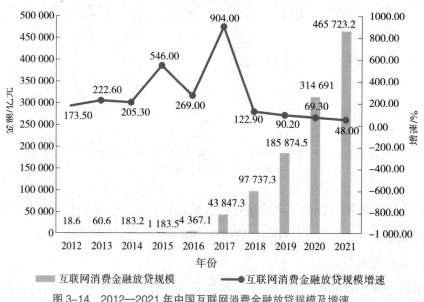

图 3-14　2012—2021 年中国互联网消费金融放贷规模及增速
数据来源：艾瑞咨询。

目前，我国的互联网消费金融市场的金融产品模式趋同，主要有现金模式和代付模式两种。前者是指消费金融提供商先给消费者发放贷款，再由消费者支付给商家。后者是指消费者在支付时先由消费金融服务提供商进行代付，这种模式被广泛应用于电子商务平台的分期付款服务中，如京东白条、美团月付等。此外，我国互联网消费金融的服务对象集中，覆盖消费品种类主要集中于生活用品和通信，对居住、教育、文化等服务型消费较少，而目标人群主要集中于具有相关银行储蓄卡且征信良好的用户。

近年来，随着监管政策的逐步出台，互联网消费金融行业进入整改期，无资质的机构将难以开展互联网消费金融业务，不合规的开展方式将被剥离。在中短期内，行业增速将受到影响，行业集中度将提升。

3.4.6　互联网金融的风险及监管

由于互联网金融兼具互联网属性与金融属性，在一定程度上加剧了风险的复杂化和多元化，而互联网技术的特点在很大程度上决定了互联网金融风险的特征，主要有隐蔽性、突发性、扩散性等特点。

从互联网金融风险的分类来看，其主要有道德风险、信用风险、市场风险、流动性风险、操作风险、技术风险、法律风险和声誉风险八大风险。

1. 道德风险

道德风险是指由于信息不对称，交易一方为了自身利益可能采取避重就轻等手段，不履行约定契约的义务而导致交易另一方收益受损的风险。互联网的虚拟性导致信息不对称性加剧，消费者信息甄别能力差、信息失真导致道德风险频发。

2. 信用风险

信用风险是指交易一方未能履行约定契约中的义务而造成实际经济损失的风险。由于互联网的隐蔽性，交易一方可能存在信息造假、提供片面资料等问题，导致信用风险加剧。

3. 市场风险

市场风险是指由于利率、汇率等不确定性导致互联网金融资产损失的风险。与传统金融市场类似，互联网金融自身风险具有易发性，且各种市场条件的变动会在互联网的辐射和扩大效应下加大风险。

4. 流动性风险

流动性风险是指因市场成交量不足导致未能在期望时间完成买卖的风险。由于防范机制不完善、投资群体分散性和风险厌恶性的特征，互联网金融尚未建立准备金制度，对短期负债等缺乏有效应对经验，容易造成平台资金链断裂。

5. 操作风险

操作风险是指在互联网金融业务操作过程中人为操作失误而造成损失的风险。例如，操作人员可能由于互联网技术专业性不足而导致交易中断，在系统中交易双方的交流可能由于系统的设计缺陷而产生风险。

6. 技术风险

技术风险是指由于互联网的软件和硬件在设计、运营中的天然缺陷和人为失误而导致的信息失真、阻断进而使互联网金融资产受损的风险。例如，互联网高技术的兼容性、抗病毒能力存在技术短板风险，而互联网硬件设备容易受到硬件设备老化等自然原因和人为破坏等人为原因的影响。2017年，支付宝被发现有重大技术漏洞，熟人之间可以通过程序登录对方支付宝并重置密码，为人们敲响了风险警钟。

7. 法律风险

法律风险是指由于缺乏恰当法律监管，互联网金融公司擅自突破业务范围违反法律而引发的风险。根据网贷之家统计，2019年全年退出网贷行业的平台数量为732家，其中停业及转型平台510家、问题平台222家。互联网金融有关风险事件频发，在一定程度上反映了法律、法规监管的缺位。

8. 声誉风险

声誉风险是指互联网金融市场主体在进行在线业务时，利益相关方对互联网金融企业的负面评价在在线媒体传导作用下扩散而带来的损失风险。由于互联网金融平台的特殊性和业务的高竞争性，自身声誉对其客户具有重要影响。而基于互联网的传播效应会加剧负面信息的传播，进而可能引起资产损失。

针对这些风险，我国目前采取了政府监管和行业自律相结合的混合互联网金融监管模式，如图3-15所示。

在政府监管方面，从中央政府层面来看，自2014年互联网金融被写进政府工作报告以来，陆续出台各类政策和条例，规范和整治互联网金融。2015年，中国人民银行等部门发布的《关于促进互联网金融健康发展的指导意见》，把互联网金

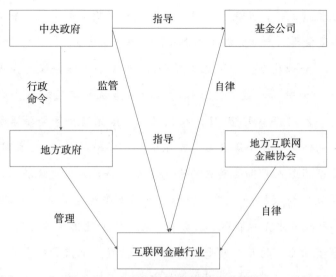

图 3-15　中国的混合互联网金融监管模式

资料来源：贲圣林，张瑞东，等．互联网金融理论与实务 [M]．北京：清华大学出版社，2017.

融纳入监管体系当中。2016 年，国务院办公厅颁布的《互联网金融风险专项整治工作实施方案》，对互联网金融风险专项整治工作作出全面战略部署。

　　在行业自律方面，我国既有国家层面的中国互联网金融协会，也有各省区市成立的互联网金融协会，形成了多层次的行业自律体系，是对政府监管的有益补充和支撑。

案例讨论

互联网金融监管，要便捷也要安全

　　伴随着互联网技术的革新，互联网金融如火如荼地发展，极大地提高了人们日常生活中支付的效率。然而，部分互联网金融从业机构法律意识缺失，不法分子打着金融创新幌子从事非法集资、传销、诈骗等违法犯罪活动，严重危害了我国民众的权益。

　　以互联网金融名义实施的各类违法犯罪活动，行踪更加隐蔽，吸收资金速度更快、金额更大，危害更为严重。此前，有大量 P2P 网贷平台倒闭、"跑路"，导致参与者损失惨重。还有一些违法分子把传统投资理财模式装进互联网金融的"新瓶子"，短时间内非法集资涉案金额即达到数百亿元，受害者往往数以十万计。2019 年，央视"3·15"晚会曝光了"714 高炮"网贷、高额"砍头息"和逾期费用以及暴力催收方式等，互联网金融行业的乱象再次引起关注，相关非法金融活动导致风险快速聚集，严重扰乱经济金融和社会秩序。

针对互联网金融乱象，中国银保监会在 2021 年工作会议时强调，要切实加强对互联网平台金融活动监管，加强对银行保险机构与互联网平台合作开展金融活动的监管。2021 年 4 月 29 日，人民银行、银保监会等金融监管部门约谈了从事金融业务的腾讯、度小满金融、京东金融、字节跳动等 13 家网络平台企业，约谈目的主要是为深入贯彻落实党的十九届五中全会、中央经济工作会议及中央财经委员会第九次会议精神，进一步加强对网络平台企业从事金融业务的监管，强化反垄断和防止资本无序扩张，推动平台经济规范健康持续发展。莫开伟认为，此举是对从事金融业务的互联网平台企业实施精确金融监管的重要一环，充分表明了我国金融监管部门意欲持续深化整顿与规范互联网平台企业经营行为、防范化解金融风险、为我国金融业平衡健康发展营造有利环境的坚定决心。

资料来源：http://finance.people.com.cn/n1/2021/0507/c1004-32097057.html，有删改。

 案例思考

1. 谈一谈对互联网金融进行监管的必要性。
2. 简述你对互联网金融健康发展的建议。

案例分析思路

 思考题

1. 简述电子支付的流程。
2. 比较第三方支付和移动支付的异同。
3. 举例说明我国移动支付的运营模式。
4. 分析移动支付可能存在的问题。
5. 简述互联网金融的发展模式及其特点。
6. 论述互联网金融的风险和防范措施。

 即测即练

第4章 跨境电子商务

 本章学习目标

1. 掌握跨境电子商务的流程和跨境电子商务平台的分类。
2. 掌握主流跨境电子商务平台的特点。
3. 掌握跨境电子商务支付的业务模式。
4. 理解跨境电子商务支付的风险和风险控制。
5. 掌握跨境物流的运作流程和运作模式。

本章思维导图

案例导入

网易考拉：买进口，上考拉

网易考拉跨境电商平台在 2016 年 3 月 29 日成功上线。为了向消费者提供低价保真的产品，网易考拉采用产地批量直采和海外直邮两种方式。销售品类多样，以贴近人们日常生活的商品及保健品为主，商品种类日益丰富。

网易考拉主打"B2C 自营＋保税区"的模式，在全球分别设有分支机构，成立了专业的采购团队到原产地采购，提高审核难度，挑选高品质的供应商，并将经过海关审核的合格产品储存在保税区仓库。网易考拉的定位是面向中国的年轻中产阶层，要做消费风向标，更要引导生活美学，而不只是销售商品。网易考拉也持续对供应链进行升级，一方面可以不断增强商品的品质保障；另一方面，也可以向国内消费者持续提供优质商品，并不断提升商品品类的丰富度。

网易考拉作为跨境电商巨头之一，尽管在规模上飞速扩张，但在盈利能力上却难以尽如人意。网易 2018 年第四季度财报显示，包括考拉在内的网易电商，尽管贡献了 66.79 亿元收入，但毛利润却不到 3 亿元，利润率仅为 4.5%。2019 年 9 月 6 日，阿里巴巴宣布收购跨境电商平台网易考拉。同年上半年，网易考拉以 27.7% 的市场份额排名跨境电商首位，阿里巴巴旗下天猫国际以 25.1% 的市场份额位居次席。天猫国际与网易考拉两大巨头"合体"，意味着跨境电商领域将出现"一家独大"的局面，这势必影响整个行业。

资料来源：https：//zhuanlan.zhihu.com/p/52911786，有删改。

4.1　跨境电子商务概述

4.1.1　跨境电子商务的概念

跨境电子商务（简称"跨境电商"）有狭义和广义之分。狭义上的跨境电商等同于跨境网络零售，指分属于不同国境或关境的主体在电子商务平台上达成贸易交易，进行电子支付结算，通过跨境物流服务及异地仓储完成商品寄送，从而完成国际商贸交易的一种新业态。广义上的跨境电商等同于外贸电商，指分属于不

拓展阅读 4.1

同国境或关境的主体通过电子化手段完成商品展示、交易洽谈、合同签订、支付结算等活动，并通过跨境物流完成货物送达的一种国际商业活动。从广义定义来看，跨境电商实际上是电子商务应用于进出口贸易，是传统商务贸易流程的电子化、

网络化和数字化。国际贸易环节中的货物电子贸易、在线数据传输、电子货运单、电子资金划拨等电子商务内容均可划到该范畴。

在经济全球化大背景下，加之互联网等先进技术的快速发展，许多公司开始建立 B2C 网站来实现世界各国之间的商贸合作，跨境电商异军突起，成为电子商务行业中最具竞争力的新模式、新业态、新引擎。它拓展了企业进入国际市场的机会和路径，形成了开放、多边的商贸模式，也为消费者购买全球商品提供了极大的便利。跨境电商重塑了跨境贸易的参与主体、物流报关、商业模式、金融支付和生产组织，颠覆了传统的进出口商贸模式。它为全球中小微企业发展创造了新机遇，促进了国际贸易和世界经济的普惠发展，但也对全球公共政策和贸易规则提出了新要求。

4.1.2　跨境电子商务的特征

1. 交易主体跨边境

交易主体分属于不同国境或关境是跨境电子商务最典型的特征。交易主体跨边境的特性也决定了商务交易的跨边境。国内电子商务的交易主体一般同属一个国家和地区，而跨境电商突破了国家的界限，即交易双方位于不同国家或关境，跨境电商涉及境内企业对境外企业、境内企业对境外个人、境内个人对境外个人多种形式。

主体跨越关境的特征决定了跨境电商在支付、物流、经营环境等方面也区别于境内电子商务。在支付方面，由于境内电子商务的交易主体同属一个国境或关境，因此交易币种一般同属一类。跨境电子商务的交易主体跨国境或关境，不可避免地涉及跨境支付业务，交易币种一般不属于同一类，需要考虑汇率问题。在物流方面，境内电子商务的物流和配送业务发生于同一国家和地区，整个物流配送过程相对便捷快速、货物损坏概率低、物流成本比较低。跨境电商的货物运输必须通过跨境物流来完成，过程涉及境外段、境外到境内段、境内段的物流，还包括出入境海关商检等环节，相对复杂和烦琐。因此，跨境电商具有到货速度慢、货物易于损坏、物流成本较高的特点。在经营环境方面，跨境电商比境内电子商务受到更多、更详细、更复杂的法律规则的约束，从事跨境电商业务的企业必须对进口国和出口国的相关法律均有详细了解，保证在两地的各项贸易活动在法律允许范围内开展。

2. 网络属性鲜明

跨境电商本质上还是电子商务，因此必然会继承电子商务的特征。首先，跨境电商具有匿名性。在不影响商务交易进行的情况下，跨境电商中允许交易双方对个人真实身份和个人地理位置进行隐藏。但是匿名也有风险性，譬如，可能导致自由与责任的不对称。其次，跨境电商具有即时性，即交易双方之间的通信和交流可以瞬间完成，实现时间与空间的跨越。因此，交易主体沟通和交易的效率也会显著提升，在很大程度上避免了烦琐的中间过程。再次，跨境电商延续了电子商务无纸化操作的特点，互联网促进了电子票据的产生。这些电子票据不仅降低了出错率和提高了标准化水平，而且还提高了交易主体之间的沟通效率。最后，跨境电商交易具有无形性。电子交易的数字化使得一些声音、图像、文字等信息以计算机数据代码的形式在交易双方之间进行传输，因而是无形的。

3. 关联活动复杂

跨境电商交易链极其复杂。跨境电商交易方所在国家的政治、经济、技术、文化、社会等各方面都会对跨境电商造成影响。不同国家民众具有不同的消费习惯、生活习俗和文化心理，这要求企业在进入海外市场时必须掌握国外消费者行为习惯，并根据消费者习惯制定生产经营和品牌营销等策略。如果在法律体系和商业环境较为完善的国家销售一些假冒伪劣产品，很容易引发知识产权纠纷，甚至触及法律。但国内电子商务一般只发生于国内，交易主体对于国内的知识产权政策和法律比较了解，因此很少会引起侵权纠纷。

4. 风险交错丛生

跨境电商交易活动复杂，同时面临着众多经营风险，如信用风险、物流风险、支付风险、信息风险等内生风险，以及政治风险、法律风险、汇率风险、基础设施风险、自然风险等外生风险。

（1）政治风险。政治风险主要涉及政府及党派对商务贸易的干预及当地政局变动。政治风险体现在两个方面：首先是政府干预。近年来，部分国家在国际上大肆宣扬"中国威胁论"，这严重影响我国对外贸易的开展，致使难以对某些国家和地区的关键资源、关键技术、关键领域进行跨境电商贸易。其次是政局不稳定。与境外政局动荡的国家进行贸易会给跨境电商带来许多风险。例如，叙利亚内战下政局的严重动荡导致跨境电商贸易资金无法收回，国内跨境电商企业遭受严重的经济打击。

（2）法律风险。法律风险是目前跨境电商面临的主要风险，决定了跨境电商的成败。法律风险种类较多，从贸易阶段角度可将法律风险分为核准阶段的法律风险、运营阶段的法律风险、退出阶段的法律风险。跨境电商涉及多个国家，而不同国家的法律体系和文化背景都存在差异。如果想在各个国家顺利地开展电子商务活动，就必须充分考虑法律风险。

（3）支付风险。网络支付的安全性是跨境电商活动中需要重点考虑的问题。一方面，要考虑交易方的身份信息是否真实可靠，资金是否能按照合同要求及时到位。另一方面，要考虑资金非法流动风险和资金管理及外汇管制风险。跨境电商无法避免汇率变动的影响，汇率变动会作用于支付业务。在跨境支付环节中，支付机构需在境内外备付金账户之间进行资金调度。然而，由于业务操作复杂、资金结算周期较长，容易产生较大的资金流动风险。

（4）汇率风险。汇率变动问题是跨境电商经营中不可避免的问题。汇率变动是指货币对外价值的上下波动，反映了货币贬值或升值状态。跨境电商支付结算环节的大量资金流动必然会面临汇率风险的挑战，可能会因汇率变动而造成资金损失。

（5）物流风险。跨境电商较长的空间物理距离给货物运送及时性带来了巨大的挑战。首先，跨境物流仍然难以解决国际运输成本高、运送周期长的困难；其次，报关、商检等环节又进一步阻碍了国际物流进程，降低了国际物流运输效率。此外，目前跨境电商物流主要采用邮政小包的形式。由于运输距离和运输时间长，从物流员工揽件到货物交付给个人需要经历多次转运，货物破损以及货物丢失也时常发生。再者，国际物流也容易受到自然灾害的影响，如洪水、台风、地震，或者交通事故等情况都会影响运输。

4.1.3　跨境电子商务的流程

根据商品流向的不同，可将跨境电商分为跨境电商出口与跨境电商进口。从跨境电商出口角度来看，跨境电商平台要么从生产商直接采购商品，要么从供应商间接采购商品；之后将采购的商品通过互联网平台向世界范围内的买家进行展示。当境外消费者在跨境电商平台上浏览到商品并决定下单购买后，他们要在第三方支付平台完成支付工作；商品分别在境内境外经过两次通关与商检，进入买方国内仓库，通过买方所在国的物流与配送，将商品送达买方，买方确认收货后，第三方平台将对卖方进行资金结算，从而商品的跨境电商交易流程得以完成。跨境电商进口流程与跨境电商出口流程方向相反，但其内容与环节基本类似，图 4-1 所示为跨境电商进口业务流程。

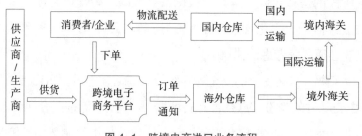

图 4-1　跨境电商进口业务流程

4.2　跨境电子商务平台

跨境电商平台是跨境电商交易的枢纽，是衔接商品供应和消费者的桥梁。跨境电商平台也是商品陈列、展示、销售的平台，是跨境电商交易交流、沟通、合作的平台。

4.2.1　跨境电子商务平台的分类

1. 按交易主体类型分类

按交易主体类型，跨境电子商务平台可分为 B2B 跨境电商平台、B2C 跨境电商平台和 C2C 跨境电商平台。目前，国内 B2B 跨境电商仍然处于主体地位，B2B 跨境电商市场交易规模占总交易规模的 90% 以上。B2C 跨境电子商务逐渐发展，且在中国整体跨境电商市场交易规模中占比不断攀升，B2C 跨境电子商务市场有机会迎来大规模增长。B2B 跨境电商平台、B2C 跨境电商平台和 C2C 跨境电商平台的终端客户、主要功能以及代表性企业等信息如表 4-1 所示。

表 4-1　按交易主体类型划分的跨境电子商务平台

平 台 类 型	终 端 客 户	主 要 功 能	代表性企业
B2B 跨境电商平台	企业对企业	为企业客户提供企业、产品、服务等相关信息	敦煌网、中国制造、阿里巴巴国际站、环球资源网
B2C 跨境电商平台	企业对个人消费者	以网上零售的方式将产品售卖给个体消费者	速卖通、兰亭集势、米兰网、大龙网
C2C 跨境电商平台	分属不同国境或关境的个人卖方对个人买方	个体消费者之间通过平台买卖产品	淘宝全球购、淘世界、洋码头、eBay

2. 按服务类型分类

按服务类型，跨境电子商务平台可分为信息服务平台和在线交易平台。其中，在线交易平台模式正逐渐成为跨境电子商务平台中的主流模式。两类平台的主要功能以及代表性企业等信息如表 4-2 所示。

表 4-2　按服务类型划分的跨境电子商务平台

平 台 类 型	主 要 功 能	代表性企业
信息服务平台	为商户提供网络营销平台，发布供应商或采购商等商家的商品或服务信息，促成双方完成交易	阿里巴巴国际站、中国制造网、环球资源网
在线交易平台	不仅提供企业、产品、服务等信息，并且还为双方线上交易提供平台	敦煌网、速卖通、米兰网、大龙网、炽昂科技

3. 按平台运营方分类

按平台运营方，跨境电子商务平台可分为第三方开放平台和自营型平台。两类平台的主要功能、盈利模式及代表性企业等信息如表 4-3 所示。

表 4-3　按平台运营方划分的跨境电子商务平台

平 台 类 型	主 要 功 能	盈 利 模 式	代表性企业
第三方开放平台	通过搭建线上商城，整合物流、支付、运营等服务资源，吸引商家入驻，为其提供跨境电商交易服务	以收取商家佣金、增值服务佣金作为主要盈利模式	速卖通、敦煌网、环球资源网、阿里巴巴国际站
自营型平台	通过搭建在线平台，平台方整合供应商资源通过较低的进价采购商品，然后以较高的售价出售商品	以商品差价作为盈利模式	兰亭集势、米兰网、大龙网

4. 按涉及的行业范围分类

按涉及的行业范围，跨境电子商务平台可分为垂直型跨境电商平台和综合型跨境电商平台。两类平台的行业范围、主要功能和代表性企业等信息如表 4-4 所示。

表 4-4　按涉及的行业范围划分的跨境电子商务平台

平 台 类 型	行 业 范 围	主 要 功 能	代表性企业
垂直型跨境电商平台	品类垂直型跨境电子商务平台专注于某一类产品的跨境电子商务；地域垂直型跨境电子商务平台专注于某一地域的跨境电子商务	为某一特定行业提供跨境电商服务	俄顺通、日贸通、执御
综合型跨境电商平台	涉及产品和行业众多	提供全品类跨境电商服务	速卖通、亚马逊、eBay、Wish、兰亭集势、敦煌网

5. 按商品流动方向分类

按商品流动方向，跨境电子商务平台可分为跨境进口电商平台和跨境出口电商平台。两类平台的商品流动方向、主要功能和代表性企业等信息如表4-5所示。

表4-5　按商品流动方向划分的跨境电子商务平台

平　台　类　型	商品流动方向	主　要　功　能	代表性企业
跨境进口电商平台	国外商品通过跨境电商平台销售到国内市场	利用跨境电商平台完成商品展示、交易、支付活动，通过线下跨境物流送达商品，完成跨境商品交易	天猫国际、京东全球购、洋码头、小红书
跨境出口电商平台	本国商品通过跨境电商平台销售到国外市场		亚马逊海外购、eBay、速卖通、环球资源网、大龙网、兰亭集势、敦煌网

4.2.2 跨境电子商务平台的经济效应分析

1. 资源集聚效应

资源集聚效应是指跨境电商平台以互联网为依托，实现传统商业模式下从生产到销售过程中多个营销环节的缩减，实现生产者（或供应者）与消费者之间的直接交易，从而导致交易成本显著降低。以互联网为依托的在线平台能够以极低的连接成本集聚大量市场资源。

平台企业实现了需求资源和市场资源的集聚。①在需求资源集聚方面，不少平台除了提供基本销售服务，还推出免费的搜索网站、社交软件、信息推送等附加类服务，多元化服务的提供可以有效地聚集大批用户和积累用户流量。当用户流量积累得足够多时，平台就更容易发现"免费"服务之外的巨大商机。②在市场资源集聚方面，跨境电商平台集聚了差异化产品和服务的海量信息，产生了信息集聚效应。平台汇聚了商品需求、商品生产、第三方支付、物流配送、企业投融资、海外仓储等各方面信息，重构了商品生产、配送、销售过程，提高了资源配置效率。

2. 网络效应

网络效应是指跨境电商平台企业的某种产品或服务的价值随消费者数量的增加而增加。跨境电商目标集中于全球范围的消费者，通过使用大数据技术可以有效地分析动态化、碎片化的全球消费者行为，在掌握消费者习惯和偏好的基础上，可以向全球消费者提供满足其个人需求的个性化产品和服务，增加消费者对于跨境电商平台的忠诚度和用户黏性，给企业带来超额利润。跨境电商平台集聚了大量个性化产品和服务质量信息，如退换货、质量检验、商品保修、用户评价等商品质量信息。消费者可以通过网站上的消费者在线评论、商店信誉评分、物流评分等信息初步判断商家质量和所提供的产品与服务质量。这在一定程度上减少了买卖双方之间的信息不对称，能帮助消费者更好地做出购买决策，也赋予了消费者评价产品的机会，这种方式能够为平台吸引更多的消费者，从而帮助企业迅速发展壮大并占据大量市场份额。

3. 创新效应

创新效应是指跨境电子商务平台企业通过平台推广新商业模式、销售新产品和服务。无论是提供新产品、新服务，开辟新市场，还是实现新商业模式，均属于技术创新范畴。在创新过程中，启动成本既是一种固定成本，也是一种沉没成本，因为它不随产量的变化而改变，即便经营决策发生改变，该成本也不会发生改变。如果技术创新成功，产品或服务的销售可以在一定程度上弥补启动成本。对于耗费很少自然资源的产业来说，物质投入相对较少，生产过程中的追加投入与启动成本相比可忽略不计。互联网平台通过彼此分摊巨额启动成本，可以有效地降低产品或服务平均成本，并通过平台交易将创新性产品和服务提供给消费者。因此，企业通过获得附加利润而继续从事更多的创新活动。

4.2.3　主流跨境电子商务平台的特点分析

1. 网易考拉海购

"精选＋极致质价比＋用户忠诚度"的模式为网易考拉海购赢得了用户群。网易考拉海购在维护老用户、吸引新用户上做出积极探索，不断地引进质优价廉的国外产品，积极开拓新的国际市场。网易考拉海购采用自营物流的模式，自主建设保税仓，物流团队较为完善；兼顾内部结构的管理以及平台的建设与宣传，以自身的核心竞争力为其商业模式的进一步扩大和深化做了很多努力。网易考拉海购平台的主要特点如下。

（1）自营直采。跨境电商平台的竞争归根结底在于商品质量的竞争，消费者反馈最多的也是商品质量问题。为此，网易考拉海购采用"自营直采"的模式从源头把控商品质量，在选品时坚持让海外市场负责人到一线生产商实际考察和采购商品，保证商品贵在"精"而不在多，防止低质伪劣商品通过其他渠道进入平台销售。

（2）扩建保税仓。为了适应业务需要和未来长远发展，网易考拉海购自建大面积的保税仓。截至 2017 年，网易考拉海购先后在欧美、澳洲、东南亚、日韩、中国香港、中国台湾地区建立了 18 个集货仓和海外直邮仓，并与法国乔达、德铁、德迅、美国中外运、康捷空等国际物流集团建立了密切的合作关系，向国内市场不断输送海外优质产品。由于国内保税仓储和海外仓的升级，网易考拉海购不仅实现了跨境物流的"次日达"，还首次成功试点"当日达"。

（3）升级海外供应链。网易考拉海购先后与瑞士连锁超市 Migros、欧洲母婴产品供应商 Baby-walz、丹麦国宝级超市 Irma、德国高端连锁超市 Rewe、欧洲玩具经销商荷兰 Otto Simon、西班牙英格列斯百货、美国著名婴儿营养品牌嘉宝等商超集团开展了战略合作。网易考拉海购不断地拓展国际市场，与国际知名品牌供应商建立合作伙伴关系，向国内市场引进质高价廉的商品。

（4）深入品牌营销推广。网易考拉海购积极致力于品牌推广，在各大热门媒体及综艺节目中大力宣传品牌效益，提高品牌知名度。尤其是 2016 年、2017 年，网易考拉海购的广告宣传遍布各大电视台、自媒体平台和网络平台，建立了强烈的消费者意识，考拉品牌已经深入人心。

2. 天猫国际

天猫国际是 B2C 模式的典型代表，其功能定位为第三方交易平台，主要运营模式是通过引入职业商家、渠道商家、国外品牌商等入驻天猫国际平台，通过海外直购以便利快捷的方式为消费者提供海外优质产品，开创了"三单合一"和"保税备货"，实现了从订购到支付和物流的一站式跨境电商新模式。天猫国际的主要特点如下。

（1）大数据选品。天猫国际商品种类繁多，包括服装鞋帽、母婴用品、营养保健、个护美妆等。由于运营产品范围广泛，天猫国际基于大数据技术进行产品选择。首先，依托淘宝网全球市场消费者数据，深入分析和挖掘消费者搜索与购买行为，从而获知消费者感兴趣但尚未进入国内市场的商品种类。之后，与该品牌商建立合作关系，将此品牌商品引入国内市场。其次，国外免税店热销产品和热门的代购商品也是天猫国际主要选品目标。

（2）海外品牌入驻形式多样。目前海外品牌商进入天猫国际主要有三种途径：①品牌直接入驻天猫国际平台；消费者以便利快捷的方式购买到与品牌官网同质低价的商品。②TP（third partner）模式，即电子商务外包模式或电子商务代运营模式，向品牌商家提供一站式服务，商家只需负责物流。③国家地区馆，国家和地区通过国家地区馆进入中国市场是天猫国际的一大创新。目前，德国、澳大利亚、新西兰、泰国、中国香港地区、中国台湾地区等在内的 17 个国家和地区馆入驻天猫国际。天猫国际通过与入驻商家保持深入合作，确保独家资源。

（3）"三单合一"战略。阿里巴巴依托丰富的经营经验和资源，通过与政府部门合作实施了"三单合一"战略以提升消费者购物体验和经营效率。其中，"三单"分别是指订单交易信息、支付信息和物流信息。天猫国际率先与政府相关部门合作，提前将"三单"信息对接相应的政府部门，为政府部门对跨境电商进行监督和审查提供了便利。天猫国际的"三单合一"有效整合从订购到支付到发货整个过程，这不仅简化了电商交易流程，提高了物流运输效率，同时也方便了消费者进行支付信息、物流信息查询和维权信息追溯。

（4）线下 O2O 新模式。天猫国际除了进行网络营销之外，还将平台业务延伸到线下，发展了免税店 O2O 新模式。在该模式下，消费者可以在出境前通过天猫国际平台提前购买商品，出境后可在品牌实体店内现场拿货。这种模式不仅节省了消费者的时间成本，提升了消费者的消费体验，同时也为免税店开辟了新的营销模式。

（5）"保税进口 + 海外直邮"物流模式。天猫国际采用"保税进口 + 海外直邮"物流配送模式，与上海、宁波、广州等多个城市的跨境电商贸易保税区达成战略合作关系，并联合自贸区在保税物流中心创建跨境物流仓，全方位布局网络配送网点。天猫国际全球闪购板块采用"保税进口"的方式，批量采购海外商品并将其储存在各保税区，消费者下单购买产品后 72 小时内完成清关工作并发货，最快可次日向消费者送达商品。

3. 洋码头

洋码头致力于打造一个专门为国民代购洋货的平台，它满足了国内消费者足不出户就购买到全球商品的需求。洋码头平台销售的商品以个性化商品为主，能够满足用户多元化需求。洋码头平台的主要特点如下。

（1）买手商家制。洋码头主要有两种运营模式：C2C 模式（买手入驻）和 B2C 模式（商家入驻），且以 C2C 模式为主、B2C 模式为辅。其中，C2C 买手入驻平台模式是洋码头的一大特色，即平台商家多为买手，通过拓展个人买手来对接用户的需求。买手多为居住在海外的个人，通过提供个人信用卡账单和海外住址等信息，经洋码头平台认证后就可以在平台直接对接消费者。从某种程度而言，该模式规范了朋友圈、微信中的无保障代购业务，同时也扩充了平台的SKU（最小存货单位）。但是，买手商家制也对海外买手素质、代购商品可靠性提出了挑战。为此，洋码头建立了"鹰眼联盟"机制。"鹰眼联盟"由平台和会员共同参与，会员以海淘经验丰富且专业知识过硬的消费者为主，主要对平台商品来源、商品质量、售后服务等方面进行监督和审查。该举措不仅有效地维护了会员利益和平台声誉，威慑不良商家，也为消费者打造了一个良好的购物空间。

（2）社交营销。洋码头围绕着直播、粉丝等社交功能发展社交电子商务。直播代购流程的方式，能有效赢得消费者信任，提高消费者体验。另外，粉丝制度能够增加用户黏性。买手商家可以自发地吸引兴趣爱好相同的粉丝，并与个人粉丝进行实时交流和分享商品信息。买手商家通过鼓励消费者"晒单"，以低成本实现了更好的商品宣传和推广，同时也加强了用户参与度和用户黏性。

（3）自建第三方物流。2010年，洋码头自建贝海国际速递物流品牌并投入运营。自建物流体系既保障了商品运输过程中的安全性，又保证了商品的运达效率。经过长时间的运作和发展，洋码头在仓储、运输、清关等方面积累了经验，为平台提高商品运输速率和周转效率提供了建议，极大地提升了消费者的购物体验。目前，洋码头作为自建物流体系的跨境电商平台中的佼佼者，在物流覆盖领域、运输质量、配送速度等方面相较于其他平台占据优势地位。

（4）创新电商营销活动。凭借敏锐的市场观察力和思考力，洋码头结合本国实际，首创了"全球化消费元年"理念，在国内开展大型海外购物狂欢节，即"黑色星期五"，将美国消费文化成功引入国内市场，大力营造消费氛围，推动了平台发展。此后，洋码头不断地完善和向国内市场宣扬"黑五"理念，消费文化更深入地渗透到国内消费市场。在洋码头精心策划和对"黑五"文化理念的大力宣传下，平台销售额在"黑五"当天大幅度提升，洋码头也因此获得了高额利润。

4.3 跨境电子商务支付

4.3.1 跨境电子商务支付概述

1. 跨境电子商务支付的概念

跨境电子商务支付是指分属于不同国境的交易主体因电子商务交易产生的

国际债权债务，借助结算工具与支付系统实现的资金跨国或跨区转移行为。我国跨境电商发展初期，跨境支付方式以线下支付为主，结算形式主要包括传统的邮政汇款、银行转账、信用证、托收等。

拓展阅读 4.2

随着跨境电商的高速发展，传统跨境支付结算方式难以满足跨境电商交易需求。其主要原因在于：①传统跨境支付结算依赖于商业信用，导致跨境电商的出口商承担着大量资金被占用以及难以获得贸易融资的巨大风险。②电子商务交易的票据金额小、批次多、手续费高。因此，一种适应小额国际贸易的跨境支付方式的出现就成为必然。在跨境电商交易需求和信息技术的推动下，跨境电商支付方式不断地创新。一种新型的跨境支付方式即跨境电子商务支付，或称为跨境互联网支付随之产生，具体指以互联网为媒介，为分属于不同国境的跨境电商交易方提供电子支付服务。

跨境电子商务支付的出现使得跨境支付不必拘泥于线下支付，跨境电子商务支付的覆盖范围越来越大，使用频率也越来越高。目前，常用的跨境电子商务支付方式包括虚拟货币、网银转账、第三方支付等。其中，第三方支付已成为跨境电子商务支付的主流方式，主流第三方支付工具有 PayPal、国际支付宝、财付通等。

2. 我国跨境电子商务支付方式

2015 年，我国跨境支付向法治化和规范化发展，国家外汇管理局正式发布了《支付机构跨境电子商务外汇支付业务试点指导意见》，允许部分拥有跨境支付许可证的第三方支付机构开展跨境业务试点。截至 2020 年 3 月，约有 15 家参与跨境外汇支付业务试点的支付机构，获得了正式的跨境支付许可证。跨境支付业务资质由试点制迈入许可制，整个跨境支付市场发展将更加规范、健康、有序。考虑到跨境支付方式的普及率和覆盖范围，我国目前跨境电商支付方式仍以支付宝、财付通等为代表的第三方支付平台为主，具体见表 4-6。

表 4-6 从事跨境电商支付业务的中国代表性第三方支付企业

支付企业	进入时间	服务 / 产品	服 务 对 象	海外合作机构	覆 盖 地 区
支付宝	2007 年	海外购	境内持卡人	日本软银、安卡支付、VISA、万事达卡	中国港澳台地区、日韩、欧美
		外卡支付	境外持卡人		中国港澳台地区
财付通	2008 年	跨境网购支付	财付通客户	美国远通	英美

续表

支付企业	进入时间	服务 / 产品	服务对象	海外合作机构	覆盖地区
快钱	2011 年	国际收汇	外商企业	西联汇款	190 个国家或地区
银联在线	2011 年	跨境网购支付	银联卡持卡人	PayPal、三井住友、东亚银行等境外主流银行卡机构	中国香港、日本、美国等全球主要国家或地区

资料来源：艾瑞咨询。

4.3.2　跨境电子商务支付的业务模式

由于我国跨境电商支付以第三方支付机构为主，故本书将以第三方支付业务模式为例，介绍跨境电商支付的业务模式。我国第三方支付机构针对跨境电商所提供的跨境支付业务包括"购付汇"和"收结汇"两类。

1. "购付汇"业务流程

"购付汇"主要针对进口跨境电商业务，具体流程如图 4-2 所示。国内消费者通过跨境电商平台下单购买时，选择第三方支付机构如支付宝、财付通等完成支付操作。境外卖家收到订单信息的同时，将该信息发送给第三方支付机构，第三方机构将买家所付货款以"购付汇"模式支付给卖家。卖家收到第三方支付机构的支付信息后，将商品通过跨境物流运送至买家手中。

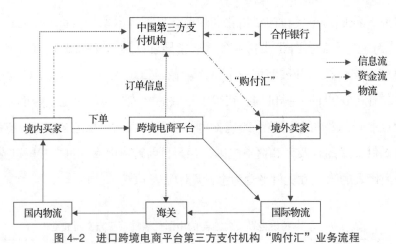

图 4-2　进口跨境电商平台第三方支付机构"购付汇"业务流程

2. "收结汇"业务流程

"收结汇"主要针对出口跨境电商业务，具体流程如图 4-3 所示。境外买家在跨境电商平台下单购买时，订单信息会同时发至境内卖家及海外第三方支付机构。

买家将通过支付公司、信用卡组织、银行、电汇公司等将商品货款支付给海外第三方支付机构如 PayPal 等。海外第三方支付机构通过中国第三方支付机构，将商品货款以"收结汇"模式支付给境内卖家，境内卖家再将商品通过跨境物流送至买家手中。

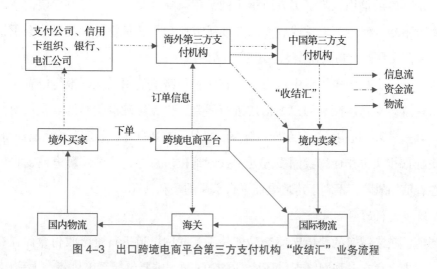

图 4-3　出口跨境电商平台第三方支付机构"收结汇"业务流程

4.3.3　跨境电子商务支付的风险

1. 交易真实性识别风险

交易的真实性是跨境电商平台长久运营的底线。如果跨境电商中的交易真实性难以保证，跨境电商支付交易将会成为网络诈骗、网络赌博、跨境洗钱、贪污贿赂等行为的法外之地。据报道，自 2019 年以来，在公安部开展的打击整治跨境网络赌博犯罪"断链"行动中，共计侦破网络赌博刑事案件 7 200 余起，抓获犯罪嫌疑人 2.5 万名，查扣冻结涉赌资金逾 180 亿元，打掉非法地下钱庄、网络支付等团伙 300 余个。

相比于普通进出口贸易支付，跨境电商支付的真实性更难以判断。首先，在跨境电商交易对象方面，相关电子支付机构难以通过技术去识别交易主体的真实性。其次，跨境交易内容的真实性也难以审查，具体表现在无法核实客户财务状况、经营范围是否与披露的信息相符，难以判断跨境交易金额和交易商品是否匹配，基于邮件信息的付款请求难以监测等方面。总之，跨境电商支付中存在难以识别主体真实性和内容真实性的问题，不仅不利于金融行业的发展，也不利于跨境电商行业的发展。

2. 交易信用风险

在跨境电商模式中，网络的开放性和虚拟性所导致的交易主体信用问题阻碍着跨境电商的发展。由于跨境电商交易主体存在时空差异，交易过程中容易出现货物已发而款项未收或货物款项已收而货物未发等现象。换言之，交易双方都会存在一定程度的信用风险。买方所承担的信用风险主要是卖方通过虚假信息宣传诱骗买方下单，然后不发货或者发送并非买方所购买的货物；卖方可能会承担买方进行虚假交易、交易欺诈、恶意退货等风险。

跨境电商支付服务体系中，由于没有完善的跨境信用系统，银行或者第三方支付机构难以对跨境交易的双方信用进行研判，更无法确保交易的真实情况。更甚之，第三方支付机构可能存在徇私舞弊的情况，如 PayPal 在处理海外贸易纠纷时，可能更加偏袒买方，使得我国卖方处于被动地位。总之，我国跨境电商支付体系仍存在着信用风险，不利于跨境电商平台贸易的顺利开展。

3. 跨境支付的网络风险

当前，越来越多的跨境电商交易依赖于互联网渠道进行资金收付，而在交易转账过程中会存在各种网络支付环境的安全问题，主要包括系统故障、木马病毒、钓鱼网站、黑客攻击等不安全事件导致的支付信息泄露，不仅对消费者的经济利益造成损害，还对跨境电商的发展产生负面作用。我国跨境电商支付交易过程中就出现过不安全事件，如"当当网"用户账户信息多次被盗、"1 号店"员工内外勾结泄露客户信息、5173 中国网络游戏服务网数次被"盗钱"、"支付宝"漏洞致用户信息泄露等。此外，跨境电商支付对支付信息的审核要求更高、审核难度更大、审核时间更长，这进一步增加了跨境支付的风险。

4. 资金流转风险

由于跨境电商支付结算周期长、流程烦琐复杂，企业容易面临资金周转不足的风险。一般而言，当买方在跨境电商平台消费之后，资金并不会即刻到账，需要 7 ~ 10 天的时间才能到达卖方账户。同时，通关退税等跨境业务的复杂性致使买方所支付的资金无法直接兑换为人民币，卖方企业资金回笼面临汇兑问题，使得资金周转也面临较大风险。资金流转风险尤其给中小型跨境电商企业造成了巨大压力，资金周转缺口严重威胁着企业的生存和发展。

5. 费率和汇损风险

跨境电商支付还面临着费率和汇损风险。目前，跨境电商支付方式如 PayPal、国际支付宝、VISA 信用卡等都需要交付一定的手续费。以 PayPal 为例，其交易手续费一般在 2.9% ~ 3.9%，其他银行和第三方支付等机构在提供跨境电商服务时大概收取 1% 的费率。总体而言，跨境电商支付服务收费较高。此外，在跨境电商支付过程中，在买方付款后卖方收款之前，国际汇率变动会直接影响资金的实际购买力。支付机构收到资金后，通常会在"$T+1$"工作日进行结售汇。在此期间，如果买方因对其所购买的商品不满意而退货，购物资金容易出现汇兑不足额的风险。汇率变动引起的交易资金损失在一定程度上影响了跨境消费者的购买积极性。

4.3.4　跨境电子商务支付的风险控制

1. 确保跨境电商支付的真实性

可以从三方面入手保证跨境电商交易主体的真实性。①跨境电商卖方可以通过买方以往的购买行为、IP 地址查询等方式核实买方身份，降低网络诈骗风险。②跨境电商平台必须加强平台安全体系建设，及时监测和修复安全漏洞，防止不法分子伪造个人身份，还可利用大数据信息技术通过分析卖方和买方的线上行为来识别电子商务交易主体身份。③政府机构应推进网络安全立法执法，对于伪造个人真实身份的违法分子严惩不贷，并要求银行和第三方支付等机构核实跨境电商支付参与者的身份信息。

2. 降低跨境电商支付的信用风险

针对跨境电商卖方虚假信息宣传和买方交易欺诈等问题，跨境电商平台经营者需要加强内部信用，建立健全第三方诚信评价体系，向买方提供真实可靠的卖方信息。当买方在跨境电商平台产生恶意交易时，卖方可进行申诉，平台经营者依据相关规则制度来处理恶意交易行为。总之，跨境电商平台需要通过规范各交易主体的行为来尽可能地降低跨境支付的交易信用风险。市场监管部门可以借助大数据信息技术和网监信息化系统，监测监控跨境电商平台中的刷单炒信行为，并对非法行为加以严惩。政府部门需要通过相关法律法规来规范和约束跨境电商交易中的失信行为，从法律技术与立法形式层面出发，明确跨境电商交易主体的权利与义务，通过法律震慑任何形式的不法行为。

3. 降低跨境电商支付安全风险

降低跨境电商网络支付安全风险的重要举措之一就是建立一个安全可靠的网络支付环境。为此，可以通过身份认证、口令认证、位置认证、生物认证等加密方式完善跨境电商支付的全方位安全认证措施；通过完善网络支付的软硬件设施提升跨境电商支付系统的防攻击和防病毒能力，保护重要支付数据及文件不被泄露、篡改和破坏。此外，监管机构要定期检查跨境电商支付环境，加大违法行为的惩罚力度，在跨境电商支付系统设置终端安全机制。与此同时，相关机构还可以对跨境电商交易行为、交易终端、用户行为等数据进行分析，建立健全数据管控体系，强化跨境电商支付环境的安全性，为跨境电商提供一个良好的消费氛围。

4. 提高资金流转的安全性

在与跨境金融机构建立合作时，第三方支付机构应考虑简化收付、结算、资金到账等流程，降低因资金流转产生的财务风险。①金融支付机构可以和跨境电商、海外购物、商务留学等领域就支付服务建立和加强合作关系，为其提供更为方便快捷的国际收支申报、跨境资金清算、跨境资金结算等综合性服务接入端口，缩短资金到账周期。②金融支付机构可以与境外同行机构建立合作，基于跨境电商支付平台快捷地完成跨境资金清算、资金自动对账、跨境资金结算等智能金融服务，简化跨境电商交易流程。

5. 降低汇率损失风险

为降低因汇率变动带来的损失，跨境电商企业可采取的举措包括调整收款计价币种与买卖双方协调承担汇损。从调整收款计价币种的角度而言，买卖双方在达成跨境交易时，首先需要充分考虑计价货币、国际市场价格等因素，尽量采用相对坚挺的收款币种，如欧元、澳币、美元等，以降低汇率变动导致的损失。从买卖双方协调承担汇损的角度而言，跨境电商交易方可在商品交易合同中就汇损承担责任达成共识。具体地，交易方确定收付款币种之后，可以附加外汇风险分摊这一条款，即当支付币种汇率发生变化时，可由买卖双方共同分担汇率变动带来的损失。

4.4 跨境电子商务物流

4.4.1 跨境物流概述

1. 跨境物流的概念

跨境电子商务物流（以下简称"跨境物流"）是为了完成跨境电商交易中商品的运输交付任务而建设的物流运输体系，包括服务体系和各类交通配置等。与国内电商物流不同的是，跨境物流是发生在两个或两个以上国家之间的快递和物流业务。由于跨境电商交易双方分属于不同国境或关境，商品需要通过跨境物流方式从供应方国家转移到需求方国家，然后在需求方国家实现最后的物流和配送。根据商品的空间位移轨迹，跨境物流可分为输出国物流、国际物流、输入国物流三大模块。相比于国内物流，跨境物流链条多了海关、商检、税务、外汇等多个复杂环节，工作内容较为烦琐。

跨境物流是在跨境电商行业基础上发展起来的新生事物，正呈现蓬勃发展态势。随着跨境电商市场的发展和成熟，跨境物流行业存在着巨大的发展空间和市场，同时也会面临严峻的挑战和危机。面对复杂的国际物流运营环境，跨境物流需要整合上下游全供应链的资源，从而深度触达厂商的仓配和库存管理，连接消费需求，实现整个物流协调运作和一体化整合。

2. 跨境物流的特征

跨境物流是依托跨境电商而存在的，因为跨境电商的交易模式有别于传统商务模式，相应的物流模式和物流服务也表现出突出特点。跨境物流的主要特征如下。

（1）物流环节复杂。相比于国内传统物流系统，跨境物流具有跨国境的属性，其产业链和物流环节更长、更多，流程更加复杂，操作也更加烦琐。从商品流动方向来看，跨境物流包括输出国物流、国际物流、输入国物流三大部分，其中每一部分又会细分为诸多细节。输出国物流包括集货、包装、仓储、运输、流通加工、报关、报检、通关等环节；国际物流包括提货、单证、口岸交接、保险、运输等环节；输入国物流包括入关、商检、分拣、运输、仓储、配送等环节。

（2）物流周期长。跨境物流通常路途遥远、交通线路复杂，加之清关和商检，导致物流产业链和环节十分复杂，所以跨境物流周期通常较长。譬如，跨境电商平台 eBay 的商品物流周期一般为 7 ~ 12 天，若使用普通专线物流，周期甚至长达 15 ~ 30 天。过长的物流周期严重影响了消费者的购物体验，成为制约中国跨境电商行业发展的主要因素之一。尤其对于那些生鲜冷冻等时效性要求较高的商品，必须使用成本昂贵的航空冷链物流渠道，这也给消费者增加了所承担的物流费用，让更多消费者望而却步。

（3）物流成本高。物流成本在电子商务总交易成本中占比高达 35%，我国部分地区跨境物流成本甚至高达 50% 以上。影响跨境电商物流成本的因素主要体现在：①物流渠道和基础设施建设成本。由于跨境电商跨越国境的特点，其交通路途遥远，因此对基础设施规模和技术提出更高要求。小到物流配置中转仓库、中转站、交通运输工具，大到国与国合作建设铁路、开拓航空线路，都需要耗费巨额成本。②人力服务成本。跨境物流过程需要耗费大量人力成本，包括不同国家和地区的客服、分拣、仓储、配送人员。③其他成本。这些成本包括跨境物流服务过程中产生的隐性成本；同时，因跨境物流的高风险性，相应的风险成本也较高。

（4）信息化水平低。在电商物流服务体系中，需要实现实时的物流信息交互和共享，以便做好内部物流服务管理。更为重要的是，物流信息的实时更新直接关系到客户的购买体验。对跨境物流而言，不仅难以实现全程对物流包裹进行追踪，甚至内部信息交互的实现也存在障碍。其主要原因在于跨境物流信息基础配置并不完善，渠道信息化水平尚低，尤其是信息化水平落后的国家和地区，物流包裹的全程追踪和信息交互基本无法实现。

（5）退换货率高。跨境物流面临的尤为严峻的挑战是高退换货率。跨境物流过长的运输周期增加了货物破损和商品变质的风险，这也导致客户退换货率的增加。然而，跨境物流体系下，退换货流程极其复杂、操作极其烦琐、成本极其高昂。就我国而言，由于与欧美等地区持有不同的消费观念，退换货情况频繁发生，但大量货品难以完好无损地返回国内，并且跨境物流期间产生的成本甚至都已超过商品本身价值。

4.4.2　跨境物流的运作流程

跨境物流是跨境电商生态系统中的一个重要环节，也是实现跨境电商交易的重要保障。以跨境进口电商业务为例，跨境物流的运作模式表现为国外卖家接到国内消费者商品订单后，经过海外收货、海外清关、国际运输、备货通关、报税仓储、分拣包装、进境电子清关、国内派送等过程，直至商品送到消费者手中，至此跨境物流活动得以结束。

从整体上看，无论是跨境出口电商业务还是跨境进口电商业务，从商品空间移动情况来看，都涉及商品输出、国际运输与商品输入三个环节。相应地，跨境物流运作流程也可细分为输出国物流运作流程、国际段物流运作流程和输入国物流运作流程。各物流环节都有独特的运作流程与核心节点。

1. 输出国物流运作流程

输出国物流环节是跨境物流的第一环节。根据输出国物流涉及的关键活动，其运作流程如图 4-4 所示。在输出国物流阶段，商品经历多个物流节点，涉及供应商到跨境电商企业，再到海关组织的运输过程。供应商实现对商品的暂时仓储，消费者购买下单后，供应商负责将商品运输至跨境电商企业仓库，跨境电商企业对商品进行仓储与分拣，再将其运输至海关分拣中心，进行商品海关报关、报检、分拣等环节。

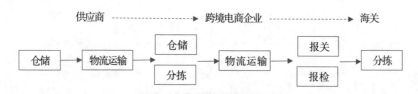

图 4-4　输出国物流运作流程

资料来源：张夏恒 . 跨境电子商务概论 [M]. 北京：机械工业出版社，2020.

　　跨境电商物流运作流程中的输出国物流与国内物流存在本质上的区别。跨境物流与国内普通物流的最大区别在于跨境，交易商品必须经由海关出入境。在输出国物流环节，虽然包括了传统国内物流运作流程，但又增加了海关报关、报检以及海关分拣中心的商品分拣环节。

2. 国际段物流运作流程

　　商品在经历输出国物流环节后，转而进入国际物流环节。由于跨境电商交易主体所处国家的不同，国际段物流服务会涉及不同的运输方式，主要包括公路运输、铁路运输、航海运输、航空运输及国际多式联运等。当商品经国际物流运输抵达输入国时，跨境电商企业必须对商品进行报关、报检等工作，以使商品能够顺利通关并进入输入国国境。国际段物流运作流程如图 4-5 所示。

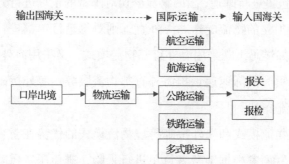

图 4-5　国际段物流运作流程

资料来源：张夏恒 . 跨境电子商务概论 [M]. 北京：机械工业出版社，2020.

3. 输入国物流运作流程

商品入境后，海关分拣中心会对其进行分拣。商品分拣完成后，将其运输至输入国物流承运企业的仓储中心，然后再对商品进行分拣、运输、配送，直至将商品交付给消费者。该过程类似于国内电商物流运作流程，只不过这些物流运作流程实现和完成于消费者所在国，从跨境电商企业所在国而言，该部分被称为输入国物流。输入国物流运作流程如图 4-6 所示。

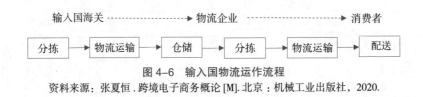

图 4-6 输入国物流运作流程

资料来源：张夏恒. 跨境电子商务概论 [M]. 北京：机械工业出版社，2020.

4.4.3　跨境物流的运作模式

跨境物流模式主要包括海外直邮和拼邮模式、保税仓备货模式、海外仓模式和第三方物流模式。

1. 海外直邮和拼邮模式

海外直邮和拼邮模式是最原始的跨境物流模式。海外直邮的模式流程具体如下：国内消费者在跨境电商平台上下单后，海外供货商按照订单采购、分拣、包装，通过国际货运将商品运送至国内，经海关对商品进行清关检查后，暂时转送至国内海关监管仓库储存，最后由国内物流将商品配送至消费者手中。海外直邮模式包括邮政小包直邮与国际快速直邮，其主要区别在于物流服务商不同。海外拼邮模式与海外直邮模式的流程大致相同，主要区别在于海外拼邮把多个消费者订购的商品用同一包裹进行邮递，国内物流公司对邮寄的包裹进行分拣、独立包装，然后对各商品进行独立的物流配送。海外直邮则对每笔订单都进行独立包装，然后将其发往国内。如洋码头既采用海外直邮物流模式，又采用海外拼邮物流模式。其中洋码头旗下的贝海国际速递承担海外直邮物流服务；海外拼邮物流服务则承包给第三方国际物流公司。

海外直邮跨境物流模式和海外拼邮跨境物流模式的优势在于：①满足消费者的多元化消费需求，商家根据消费者订单进行采购，避免压货风险。②海外直邮和拼邮模式几乎不会受到地域的限制，可以实现全球范围内的配送。

海外直邮跨境物流模式和海外拼邮跨境物流模式的缺点在于：①直邮跨境物流模式和拼邮跨境物流模式对商品体积、重量有严格要求，导致可运输的商品种类有限。②消费者需要承担海关纳税成本；三是运输时间成本和退换货成本比较高，流程比较复杂。

2. 保税仓备货模式

在跨境电商迅速发展下，自贸区和保税区的价值凸显，保税仓备货模式成为跨境电商市场中的新兴物流服务模式。保税仓是国内经海关批准设立的专门存放保税货物及其他未办结海关手续货物的仓库。保税仓备货模式是指通过国际物流公司首先将货品运送至保税区仓库，然后将商品在跨境电商平台上进行陈列展示、销售，消费者下单后，直接从保税区仓库对所订购的商品进行出仓和配送。保税仓备货模式实质上是一种先物流、后订单模式。它要求跨境电商企业利用数据挖掘技术对消费者数据进行监测、分析、处理，预测未来的市场变化，预先将热销商品通过国际货运运输至国内，经货物备案等流程后，将商品储存在规定的保税区内，消费者购买下单后，由保税区仓库完成分拣、包装、清关等流程，再由国内物流公司配送至消费者手中。如天猫国际下的菜鸟物流在上海、广州等地区设立了 34 个保税仓，并与国内中通快递、百世汇通、圆通快递等快递公司签订了战略合作协议。

保税仓备货物流模式的优点在于：①保税仓备货模式属于试点货物暂存模式，消费者在平台下单之后，由保税仓对商品进行出仓，省却了国际运输时间，使消费者获得更好的消费体验。②集中采购大幅度地降低了商品的采购成本和物流成本，从而为进口产品带来更具竞争力的价格，为跨境电商企业带来更高的利润。③商品在进口通关、检验检疫方面必须接受严格监控，各流程信息公开透明，商品质量和消费者权益能得到更好的保证。

保税仓备货物流模式的缺点在于：①消费者可购买商品的种类受限，长尾（the long tail）商品供给不足。②跨境电商企业难以对市场动态做出精准预判，进货过多易导致货物囤积风险，进货过少有可能导致供不应求。③目前仅个别城市设有保税区，覆盖率比较低。

3. 海外仓模式

海外仓模式是指跨境电商企业在本国或本地区之外的其他国家（一般为买方所在国）租赁或建立海外仓库。海外仓模式包括跨境进口电商的海外仓和跨境出口电商的海外仓两种模式。跨境出口电商是预先将所售的国内商品通过国际物流公司运送至海外仓，然后将商品在跨境电商平台上进行陈列展示、销售，国外消费者下单后，直接从海外仓对所订购商品进行出货、物流、配送等活动。跨境进口电商是将国外商品先储存在海外仓，国内消费者通过平台下单后商品从海外仓直邮到国内消费者手中。天猫国际旗下的菜鸟物流已在全球 224 个国家和地区建设了 231 个海外仓储中心，并与全球 50 多家物流公司建立合作伙伴关系，菜鸟物流目前成为全球最大的物流信息网络。

海外仓模式的优点在于：①商品本土化配送时间缩短，买方无须承担清关成本，卖方承担的物流成本下降。②海外仓模式增加了商品在跨境电商平台的曝光率，商品销量也随之增加，继而增加了商品在海外仓的周期转化率，形成一个良性循环。③海外仓模式为买家退换货提供了便利，退回到海外仓的商品在不影响二次销售的前提下可进行二次销售，减少了成本损失。④海外仓模式突破了传统包裹、快递对于产品种类、体积、重量的限制，提升了本土化消费者的购物体验。

海外仓模式的缺点在于：①面临头程运输风险，包括清关风险、地域文化制约风险、侵权风险等。②面临仓库管理风险，包括资金投入后期运营维护风险、技术落后风险、管理人才匮乏风险、压货滞销风险、支付渠道风险、运行机制不成熟风险。③面临本土配送风险，主要体现在退货风险。

4. 第三方物流模式

自建物流称为第一方物流，如国内京东物流、阿里巴巴菜鸟物流、海尔日日顺物流，以及国外的 Amazon 物流、Walmart 物流等。第二方物流指由买家承担物流服务。第三方物流模式是指由电子商务交易主体之外的第三方物流公司以合同委托模式承担商品物流服务。少数跨境电商企业采用自建物流模式，但因自建物流要求高、投入多、风险大等因素，绝大多数跨境电商企业开始转向第三方物流模式。如网易考拉海购将自身物流业务交付给第三方物流公司，与德铁信可、乔达物流等国际货运公司建立合作。

第三方物流模式的优点在于：①对于中小型跨境电商企业来说，不用投入大量资金管理物流配送业务，从而能够有效地规避风险，扩大企业利润空间。②第三方物流公司通常有成熟的管理体系和服务体系，能为消费者带来更为优质的物流体验。③可以节省物流人员培训、仓库租赁、仓库建设等成本，将资源转移到商品采购、销售、售后服务等环节，从而提高企业的竞争力。

第三方物流模式的缺点在于：跨境电商企业对商品物流失去控制权，也因此难以对其进行有效和实时的监管，无法向消费者保障物流服务质量，增加了潜在风险和不确定性。

 案例讨论

敦煌网：从跨境电商到数字贸易

跨境电商行业正在经历从消费互联网到产业互联网的深远变革，外贸企业或者主流制造商主动变革，拥抱互联网转型升级已是大势所趋。作为贸易数字化的引领者，敦煌网 CEO 王树彤已然升级公司战略，集成中间服务，国内国外两端下沉，从信息交易平台拓展至综合服务平台，敦煌网正在悄然"蝶变"。

2017 年 3 月 31 日，敦煌网推出了国内首个大贸综合服务平台——敦煌网跨境服务云平台。该平台全面整合了关务系统、国际物流系统、支付服务系统以及金融服务系统四大功能模块，提供一站式可视化的全流程外贸综合服务，成为国内首家与中国国际贸易单一窗口直连的跨境电商服务平台。敦煌网的服务一体化平台战略可帮助外贸企业实现与客户、工厂、外贸代理、货运代理、报关行、海关等单位数据无缝对接，实现了信息和数据"一个源头，多环节使用"，促成了供应链上下游的全程协同和信息共享。

王树彤认为，敦煌网的服务集成平台已现雏形，一个紧迫任务是，"如何深入到供求的两端，最大化地促动冰山下面的传统产业"。实际上，即便在敦煌网这样的平台，供求双方也要经过一条非常长的链条，以美国三、四线城市的社区超市为例，大体要经过这样的路线：美国一线城市的批发市场→美国外贸公司→中国外贸公司→中国工厂。解决售前营销、售中交易、售后服务，实现"端到端"的直达，成为敦煌网推进数字贸易的一大重点。

在王树彤看来，中国此前一直是国际贸易游戏规则的跟随者，但是，在跨境电子商务领域已处于全球领先地位，敦煌网等民间力量在双边或多边贸易中自下而上的实践，将有助于在国家层面将相关秩序、标准输出成为全球规则，更好地构建连接全球的"网上丝路"。

资料来源：http://www.100ec.cn/detail--6391967.html，有删改。

案例思考

1. 敦煌网为何要进行转型升级？

2. 结合此案例，讨论出口电子商务在"互联网+"背景下如何转型。

思考题

1. 简述跨境电子商务的主要模式、特点，并列举具有代表性的平台。

2. 分析我国大力发展跨境电子商务的原因。

3. 简述常用的跨境电子商务线上支付工具。

4. 论述跨境支付的风险和防范措施。

5. 举例说明我国的跨境物流模式有哪些。

6. 自选某一跨境电子商务平台，就其特点、跨境物流模式、跨境支付模式进行分析，并针对其优劣势提出相应的建议举措。

即测即练

第 5 章　新媒体与网络营销

 本章学习目标

1. 了解新媒体与新媒体营销的概念。

2. 掌握新媒体类型和新媒体营销策略。

3. 理解大数据在新媒体营销中的应用。

本章思维导图

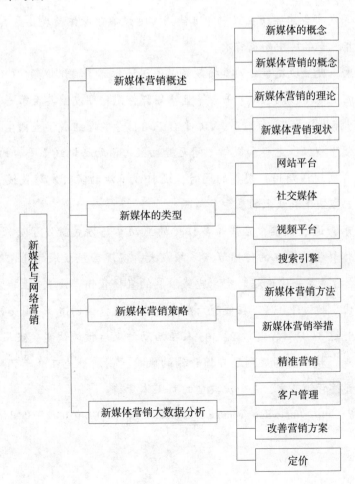

🔍 案例导入

直播营销：宝马 X1 "敢作敢为" 音乐秀

2016 年 5 月 20 日，作为全新 BMW X1 现场发布会上的重头戏，一场在西双版纳举办的宝马 "敢作敢为" 音乐秀瞬间点爆了整个互联网。借助联动腾讯大平台，这个国内首个在微信朋友圈进行直播的汽车品牌活动吸引了全网超过千万人的观看，为品牌呈现了最大化的传播效果，其打造的直播与现有社群相结合的模式造就了堪称 "教科书" 式的线上直播营销案例。

宝马 X1 以音乐秀作为内容载体，携手能够诠释 "Live Real" 的代表歌手，通过全渠道直播和在线实时互动，创新实现了一场超越时空界限的新车发布秀。在这场发布会直播中，腾讯视频提供了最高规格的技术支持，用以实现 PC、手机全平台 VR（virtual reality，虚拟现实）直播：PC 以腾讯视频全景 360 Live 形式呈现，手机通过腾讯炫境 App 观看。通过直播和 VR 技术，宝马 X1 联合腾讯带来了一场别开生面的发布会，观众在家中即可使用 VR 设备亲身体验现场最真实的感受，这在国内豪华汽车品牌中尚属首次。

为了最大限度呈现发布会的直播效果，腾讯还打通了腾讯视频、QQ 音乐、微信以及互联网电视（OTT TV）平台等直播矩阵，微信朋友圈甚至第一次提供直播入口，社交、音乐、视频、OTT、VR 平台五路信号共同组成了直播生态链，让用户可以在音频、视频、电视和微信之间无缝切换。借助腾讯线上平台的社交优势，此次发布会在实现浅层用户覆盖的同时，还将线下活动实时发酵成线上事件，大幅度提升用户在线下和线上的多元参与感。

本次音乐秀通过投票、直播等多样化的互动参与方式激发了公众的行动力，并将每个个体转化为潜在的传播节点多维放大，实现营销效果的几何级递增。宝马 X1 成功地打造了一次跨越时空、地域限制的直播营销，使 X1 上市发布的声量达到了最大化。超过 1 050 万在线观众观看发布会直播，创造 4 000 万次互动，人均停留时间超过 34 分钟，超过 22 366 人在活动结束后预约试驾。宝马 X1 充分把握了受众特点，精准地捕捉到了直播营销的风口，创新性地在汽车领域打造一次里程碑式的直播营销盛宴，是一次典型的新媒体营销。

资料来源：http://auto.ifeng.com/guangzhou/shangqing/2016/0704/25035.shtml，有删改。

5.1　新媒体营销概述

5.1.1　新媒体的概念

拓展阅读 5.1

　　我们现在使用的"新媒体"概念出现于 20 世纪 60 年代。美国 CBS（哥伦比亚广播电视网）技术研究所所长、NTSC（美国国家电视系统委员会）电视制式的发明者 P. 戈尔德马克在 1967 年发表的一份关于开发电子录像商品的计划中提出了"new media"（新媒体）这个概念。1969 年，美国传播政策总统特委会主席 E. 罗斯托在提交给尼克松总统的报告中也多处使用了"new media"这个概念。那个时候，"新媒体"一词更多指向电子媒体中的创新性应用。20 世纪 80 年代，伴随计算机技术的发展，"新媒体"一词开始广泛普及。20 世纪 90 年代末，与"新媒体"一词形成与发展有关的"网络媒体"概念开始流行，当时的"网络媒体"是指计算机信息网络在传播新闻和信息方面具有媒体的性质与功能，故称为网络媒体，主要指全球最大、最普及的计算机信息网络——互联网。网络媒体从广义上说通常指互联网，从狭义上说是基于互联网这一传播平台进行新闻信息传播的网站。在 Web 1.0 时代，很多人眼里的新媒体就是网络媒体，"新媒体"一词在当时使用频率要远远低于"网络媒体"。Web 2.0 兴起后，一些新的社交媒体应用形式，如微博、微信，其传播模式显著异于网站，因此，也被一些人称为"新媒体"。

　　在新媒体的发展过程中，新媒体概念也经历了一定的演变过程，在不同阶段它指向不同技术和应用，具有鲜明的时代特征，并且是一个快速滚动和随时推进的概念，也是一个相对的概念。新媒体的最近一次巨大变革，是继传统媒体之后在互联网背景下出现的媒体形态。相对于报刊、户外媒体、广播、电视四大传统意义上的媒体，新媒体被称为"第五媒体"。Web 2.0 思想和信息技术为新媒体的发展提供了必要的技术保障，用户从过去被动接受的角色转变为可自主创作的作者和读者身份。用户多元化和个性化的信息需求亦为新媒体的成长提供了社会基础。在现阶段，"新媒体"主要指基于数字技术、网络技术及其他现代信息技术或通信技术的，具有互动性、融合性的媒介形态和平台，主要包括网络媒体、手机媒体及其两者融合形成的移动互联网，以及其他具有互动性的数字媒体形式。新媒体的主要特征如下。

　　1. 数字化

　　"新媒体"这个词开始普及之时已是计算机时代。计算机技术实现了信息的数字化存储、加工、传播与呈现。而数字化信息的传播介质，就是新媒体。显然，今天的数字技术也渗透到传统媒体的生产环节，如报纸出版中的激光照排技术、电视编辑中的非线性编辑技术等，这些技术是传统媒体向新媒体延伸或转型的前提。但仅有这些技术并不意味着传统媒体就变成了新媒体。我们所说的数字化，更多的是指最终传播介质的数字化。基于数字化的传播手段，人们可以随时随地获取所需信息。同时基于信息技术的发展，互联网的存储空间不断扩大，使得新媒体蕴含越来越多的信息。数字化技术更新频繁，新媒体数字化的特点是新媒体发展过程中一个重要的推动力。

2. 融合性

媒介的融合性是数字化延伸带来的特征。美国麻省理工学院教授伊契尔·索勒·浦尔（Ithiel de Sola Pool）在他 1983 年出版的著作《自由的技术》（*Technology of Freedom*）中指出，一个称为形态融合的过程正在使各种媒介之间的界限变得模糊。一种单一的媒介，无论它是电话线、电缆还是无线电波，都将承载过去需要多种媒介才能承载的服务。另外，任何一种过去只能通过单一媒介提供的服务，如广播、报纸、电话，现在都可以由多种媒介来提供。由此，过去在媒介与它所提供的服务之间存在的一对一的关系正在被侵蚀。新媒体时代，传播渠道与功能正在相互融合。而这种媒介形态的融合，还体现在大众传播、人际传播、群体传播、组织传播的媒介融合方面。浦尔所说的融合，已包含了大众传播与人际传播的渠道的融合，而后来新媒体的发展，将群体传播与组织传播也融合进来了。除了媒介形态的融合外，新媒体的融合还表现为手段的融合。多媒体传播被认为是新媒体传播的典型特征。

3. 互动性

传统媒体是单向传播，尽管传统媒体也有一定的受众反馈机制，但与新媒体相比，那种反馈是被动而微弱的。而对于新媒体来说，媒介的信息传播可以成为双向的，这也使得传受方面的双向交流成为可能，这种双向交流的能力往往被人们称为"互动性"。互动性是区分传统媒体与新媒体的主要特征之一。这种互动性正是基于数字化的特征发展起来的，使用者能根据自己的个性化需求进行信息筛选，获得所需信息，然后对信息加工进行再传播。

4. 即时性

基于数字化的特征，新媒体还具有更强的即时性。这是传统媒体所无法具备的。

新媒体的信息接收和传播都是在非常短的时间内完成的，甚至是实时的，这大幅提高了媒介的传播效率。而且，新媒体突破了原有信息传递的地域限制，依托于互联网可以实现全球范围内的传播。

5. 网络化

计算机与通信技术的结合，也意味着网络化。在新媒体语境下，网络化指的是信息终端之间的联网。尽管在新媒体早期网络化还没实现，但是，网络化是推动新媒体普及与发展的重要因素。而今天，网络化也成为新媒体的基本特质。

5.1.2　新媒体营销的概念

1994 年，中国开始出现新媒体。随着新媒体平台数量的增多以及在群众中的不断普及，新媒体影响力不断扩大。借用新媒体进行营销活动的新媒体营销模式应运而生。新媒体营销是指利用新媒体平台进行营销的方式。具体来说，新媒体营销是以移动终端、大数据云计算等新技术为基础，打破传统媒体的时空界限，实现自主化、个性化的互动式数字化传播的新型模式。在传统的媒体中，主要的表现形式是电视或者是报纸等信息传播渠道。在互联网与信息技术的快速发展背景下，新媒体营销突破了传统市场营销的诸多限制。不管是个人还是企业，都可以通过新媒体达到营销的目的。对于个人而言，新媒体可以提供多渠道、多模式的创业机会，便于最大化地实现个人价值；对于企业而言，新媒体可以提供更加丰富的营销方式，扩大企业的营销市场，带来更大的营销空间。

新媒体营销的特征主要有以下三点。

1. 多元性

新媒体营销的多元性体现在新媒体营销多样化的传播媒介与多种载体形式。企业在互联网时代下开展新媒体营销，可以使用图片、视频、音频、文字等载体，设置多元化的传播媒介，提升消费者对营销信息的关注度。新媒体营销渠道的多元性还体现在企业在进行新媒体营销的同时，可以与线下实体店进行协同合作，从而促进整体营销渠道的多元化。

2. 互动性

新媒体营销的互动性是互联网时代下独有的特性，体现在企业与消费者之间的实时交互。企业在借助互联网技术开展新媒体营销活动时，不仅企业可以主动向消费者传播营销信息，而且消费者可以对大量信息进行自主选择。消费者倾向于选择符合自身需要、有价值的营销内容。同时企业可以根据消费者的选择推送更具有吸引力的营销信息，实现企业和消费者的沟通与互动。

互动性强的特征也改变了传统营销只能由企业到消费者的单一方向传播劣势，建立了企业与消费群体间相互交流的互动渠道，便于进行及时的交流，并获得消费者的反馈。企业可及时调整产品结构和营销模式，抓取新媒体的后台数据并进行数据挖掘，进而发现消费群体的潜在购物需求，同时利用数据在消费群体中准确定位单一的消费者，在营销的同时给予消费者个性化的体验，实现精准营销。

3. 普及性

新媒体营销的普及程度与互联网的普及程度紧密相关。随着互联网逐渐成为日常生活中不可或缺的部分，伴随互联网而产生与发展的新媒体同样走入了人们的生活。此外，手机等移动传播媒介的普及，为新媒体营销提供了载体，奠定了新媒体营销迅速发展的基础，新媒体营销逐渐成为人们广为接受的营销模式，并在短时间内实现普及，拥有大量的潜在消费群。相关企业的管理人员利用了新媒体方便、快捷的特点，将产品的信息以及企业的信息深入人们的日常生活中，使人们可以在无形之中受到企业产品的影响，逐渐地提高对产品的兴趣和购买欲望。新媒体营销的发展也趋于便利化与平台化，企业对消费者群体的掌握与新媒体的营销策略也逐渐转向移动互联网设备。

新媒体营销与传统营销相比的显著优势在于，新媒体营销可以借助互联网应用，更有效地整合网络资源，大幅提升营销效率。其优势具体表现为以下三点。

1. 互动性强

新媒体营销的优势首先体现在互动性强。新媒体营销的载体是基于互联网产生的各种平台，充分发挥了其信息交互便利的优势，这让商家打通了和客户交流的最直接渠道，信息的传播更加公开、透明，点对点相互交流的便捷性使得商家能够第一时间知道客户的需求，双方的交互更加精准，这既有利于客户及时找寻到最符合自己需求的商家和产品，也使得商家能够随时发现自身产品的特点和不足，有利于商家改进产品及服务，最终形成企业和消费者之间的良性互动。

2. 精准营销

新媒体营销的优势还在于能够实现精准营销。通过互联网技术，企业可以在新媒体营销过程当中获得大量消费者的个人习惯、购买喜好、购买需求以及购买方式等信息。根据这些信息，企业可以借助大数据分析获取当前消费者的内在需求，预测消费者的消费趋势，同时发掘更多潜在的目标客户。企业还可以根据不同的客户喜好，将客户进行分类，再根据不同的群体分别进行针对性的差异化营销，从而塑造不同于其他企业的客户群体，增加客户的专属性。区别于传统营销的无差别推广，精准的营销能够使企业的营销更加高效，获得的用户群更加准确、长久。新媒体营销可帮助企业建立完善、精准且充满潜力的客户信息库，为企业实现可持续发展提供源源不断的信息资源支持。

3. 营销成本低

新媒体能以较低的成本实现企业更大的效益增值。新媒体营销所需要的平台和载体相对较容易获得而且比较灵活，如企业可以通过知名电商平台销售自己的商品，或者自己注册网页销售商品，在推广营销的时候，既可以通过资讯平台，也可以通过广播、搜索媒体、影音媒体、自媒体等多种平台手段。这种便利的条件，使得营销渠道的成本相较于广告、传单等传统营销渠道明显更低，对企业来说，性价比更高。除此之外，新媒体营销的参与对象是整个网络中的成员，各个成员也是信息传播对象，使得信息扩散速度更快，从而有利于提升企业市场营销的成效。

5.1.3　新媒体营销的理论

1. 4P 理论

杰罗姆·麦卡锡（E.Jerome McCarthy）第一次将企业的营销要素归结为四个基本策略的组合，即著名的 4P 理论：产品（product）、价格（price）、渠道（place）和促销（promotion）。4P 是营销策略组合的简称，是企业以客户需要为出发点，根据经验获得客户需求量和购买力的信息、商业界的期望值，有计划地组织各项经营活动，通过协调产品策略、价格策略、渠道策略和促销策略，为企业实现营销目标提供最优手段。

2. 4C 理论

1990 年，美国西北大学教授劳特伯恩（R.F. Lauterborn）从客户的角度提出了新的营销观念和理论，即 4C 理论。该理论以消费者需求为导向，重新设定了市场营销组合的四个基本要素，即客户（customer）、成本（cost）、便利（convenience）和沟通（communication），瞄准消费者的需求和期望。4C 理论关注：① 4C 理论认为消费者是企业一切经营活动的核心，企业重视客户要甚于重视产品，要生产消费者想要买的而不是企业能生产的产品。② 4C 理论强调企业应该努力降低客户的购买成本。③ 4C 理论认为提供给消费者的便利比营销渠道更重要，便利原则应贯穿于营销的全过程。④企业还应以消费者为中心实施有效的营销沟通。

3. 全渠道营销

全渠道营销是指企业采取尽可能多的渠道类型进行组合和整合（跨渠道）销售的行为，以满足客户购物、娱乐和社交的综合体验需求，这些渠道类型包括有形店铺和无形店铺，以及信息媒体（网站、呼叫中心、社交媒体、E-mail、微博、微信）等。

"全渠道"主要具有三大特征。①全程。一个消费者从接触一个品牌到最后购买的过程中，全程会有五个关键环节：搜寻、比较、下单、体验、分享，企业必须在这些关键节点保持与消费者的全程、零距离接触。②全面。企业可以跟踪和积累消费者购物全过程的数据，在这个过程中与消费者及时互动，掌握消费者在购买过程中的决策变化，给消费者个性化建议，提升购物体验。③全线。渠道的发展经历了单一渠道时代即单渠道的发展阶段、分散渠道时代即多渠道的发展阶段，到达了渠道全线覆盖即线上线下全渠道阶段，全渠道覆盖包括实体渠道、电子商务渠道、移动商务渠道的线上与线下的融合。

4. 长尾理论

长尾最早用来描述诸如亚马逊、Netflix 之类企业的商业和经济模式。"长尾"实际上是统计学中幂律（power laws）和帕累托分布（Pareto distributions）特征的一个口语化表达。过去人们只关注重要的人或重要的事，如果用正态分布曲线来描述这些人或事，则人们只关注曲线的"头部"，而将处于曲线"尾部"、需要更多的精力和成本才能关注到的大多数人或事忽略。而在新媒体网络时代，由于关注的成本大大降低，人们有可能以很低的成本关注正态分布曲线的"尾部"，关注"尾部"产生的总体效益甚至会超过"头部"。因此，所谓的长尾理论，是指只要产品的存储和流通的渠道足够大，需求不旺或销量不佳的产品所共同占据的市场份额可以和那些少数热销产品所占据的市场份额相匹敌甚至更大，即众多小市场汇聚成可产生与主流相匹敌的市场能量。

5.1.4　我国新媒体营销发展现状

iiMedia Research（艾媒咨询）数据显示，2019 年，中国新媒体营销广告投放量排名第一为快消品行业，网服电商、文化娱乐分列第二、三位。在投放增长方面，耐消品、金融保险、文化娱乐排名前三。2019 年全行业新媒体营销广告投放占比中，视频形式投放广告的占比呈上升趋势，较 2018 年投入占比上升了 7%，图文形式的广告依旧是新媒体营销广告主要的投放形式，但占比呈下降趋势。快消品及房地产行业在视频营销广告上的投放占比增长快速，并形成了以视频形式为主的营销模式。

随着新媒体营销模式的不断创新和突破，一些新兴平台陆续发展起来，如直播平台、短视频平台、社交电商平台等。同时，新媒体营销也呈现出以下发展趋势。首先，在移动端应用迅速发展的背景之下，新媒体营销活动开始向移动端转移。其次，新媒体营销中的社交互动更加频繁。新媒体自诞生之日起，就具有天然的社交属性，其内容可连接性更强、操作更加便捷，使得人人都能在媒体上方便地获取信息又成为传播者，因此在新媒体上进行互动变得很容易。除此之外，用户的主导性也日趋变强。用户可以在新媒体上表达自己的观点，使得用户群体构成一定的影响力，符合用户偏好的产品会受到更多拥护。因此，用户主导内容的产生会成为一种趋势。

我国新媒体营销取得蓬勃发展的同时也面临着一些挑战和问题。①部分企业忽略了新旧媒体营销环境的差异性，忽略了线上线下消费人群本身存在的差异性。②由于信息不对称，信息贫乏的品牌营销主体在选择营销平台和合作对象时处于不利地位，加上数据造假、注水刷量、创意被盗、物料泄露等问题，亦给品牌带来了一定的威胁。③当前专业的新媒体营销人才仍然十分匮乏，且人们对于营销的重视程度依然普遍较低，企业的营销管理人员多为年龄较大的管理者，在工作中可能欠缺创新精神，在紧跟时代潮流方面有一定的困难。④企业国际化营销发展缺乏国际营销意识，加上专业的全球化营销人才缺乏，全球化营销进程较为缓慢。

与传统媒体相比，新媒体双向传播的特点使得用户之间互动性更强，便于及时得到效果反馈。利用新媒体平台进行营销活动，有助于建立品牌与用户之间的情感联系，有效刺激购买欲望，营销达到的效果也更易于评估。并且，新媒体用户规模不断扩大，覆盖用户以消费力强劲的中青年群体为主。新媒体平台潜在的影响力产生了巨大的营销价值，新媒体营销将成为未来营销模式的主流，各行各业将继续加大新媒体营销上的投入。

5.2　新媒体的类型

新媒体可以按照营销载体分成网站平台、社交媒体、视频平台、搜索引擎等。

5.2.1　网站平台

网站平台包括门户网站、各品类行业网站、地方性本地网站、与品牌相关联的网站等。其中，门户网站可被看作"第一代新媒体"。1998年，门户网站建设热潮兴起，互联网在中国开始被普及。在门户网站的发展初期，很多门户网站只是提供搜索服务和网站目录服务，后来这些门户网站逐渐拓展出各种新的业务，如电子邮件、发布新闻、在线调查、开通话题专栏、提供论坛博客等，功能逐渐变得全面而复杂。1994年的美国雅虎网就是第一个互联网门户网站，雅虎为用户创建了一个链接合集，整合了互联网上优质的网络链接，大大提高了用户查找网站的效率。

拓展阅读 5.2

企业利用网站平台营销时，可以采用投放广告的形式。网站平台新媒体广告的主要形式有 Banner 广告、焦点图广告、对联广告、漂浮广告、文字链接广告、弹窗广告、拉链广告、导航广告、视频广告等。网站平台营销的特点包括：受众范围广泛，包含各个层次的人群；有利于提高品牌的全国或本地知名度；有利于拓展全国或本地市场；首页推广费用高。

5.2.2　社交媒体

社交媒体是指互联网上基于用户关系的内容生产与交换平台，是人们彼此之间用来分享意见、见解、经验、观点的工具和平台，现阶段主要包括社交网站、微信、微博等。近年来，随着移动社交网络的发展，用户在社交媒体平台上花费的时间越来越多。iiMedia Research 数据显示，2019年中国移动社交用户规模达8.62亿。庞大的移动社交用户规模也意味着更多的市场可能性。消费者在需求产生、信息收集、购买、使用、评价等各个消费环节中，都表现出对社交互动越来越强的依赖性。

在社交时代，如何利用社交媒体进行社会化营销和广告投放已经成为每一个品牌需要思考的问题。社交媒体营销是指企业为了达到营销的目的，以产品、文字、图片、语音、视频等形式在社交网络服务上创造特定的信息或内容来吸引消费者的注意，引起线上用户的讨论，并鼓励用户透过其个人的社交网络去传播散布这些营销内容。因此，用户在互动过程中既可能成为产品消费者，也可能成为信息的传播者和产品的宣传者。

移动端技术的发展催生大量移动社交媒体平台，社交电商基于社交传播发展迅猛。社交电商发展很大程度上借助如微信等社交媒体平台发展的步伐，依托其庞大的用户基数实现去中心化裂变传播，触达更多的用户，降低营销获客成本。

5.2.3 视频平台

早在 2008 年，网络视频就已经正式宣告了其在互联网格局中的重要地位。据统计，当时网络视频的使用率为 71%，用户量已经达到了 1.8 亿，超过搜索引擎成为中国互联网的第四大应用。主流的视频平台包括：以腾讯视频、爱奇艺、优酷等为代表的长视频平台，以抖音、快手、微视等为代表的短视频平台，以映客、斗鱼等为代表的视频直播平台。

长视频平台营销包括贴片广告、冠名、内容植入、口播、移动端开机图、角标等形式。这类营销的一大优势在于可以针对群体特征制定具体的营销内容。例如，在美食视频中加入食品类广告。

短视频营销是以短视频媒体作为载体，通过硬广投放机制、内容植入机制、内容定制机制、网红活动机制、账号运营机制和整合营销机制等形式进行的营销活动。通过短视频可以展示产品生产流程、展示产品操作流程、展示产品性能测试、对比不同产品的优劣、展示产品应用场景等，短视频还可用来展示产品其他方面的故事，如产品品牌故事诉说、产品所包含的情感等，卖家可以根据自己的需求结合创意制作各类短视频。短视频营销也有一定的优势。首先，与文字和图片等表现形式不同，视频的制作难度较大，不仅需要进行视频的内容策划、脚本写作，还可能需要编导、摄像师、音响师和灯光师等人员的配合，因此，营销策划更具有专业性；其次，用户在观看短视频时一般比较放松，视频内容能够更轻松地传达给用户，更容易进行产品和品牌形象的树立；最后，短视频时间短、内容丰富、表现力强的特点使其更容易在碎片化时间内吸引用户的眼球，更容易实现品效合一的营销效果。

视频直播营销是以直播平台为载体，通过现场展示的方式传递企业品牌或产品信息。电视或广播等传统媒体平台的现场直播是最早的直播方式，如体育比赛直播、新闻直播等。随着移动互联网和智能手机技术的快速发展，基于互联网的直播方式兴起，可以利用直播软件实现直播。直播营销的特点在于：①直观即时，可以与用户进行实时互动，快速引起用户的情感共鸣。②设备简单，一部手机就可以完成直播。③直达受众，直播营销不会对直播内容进行剪辑和加工，这种直观的方式更容易打动用户，激发其购物欲望。直播营销的常见模式主要有"直播＋电商""直播＋发布会""直播＋企业日常""直播＋广告植入""直播＋活动""直播＋访谈"等。直播营销的优势则在于能够通过更低的营销成本、更广的营销覆盖范围、更直接的营销方式、更有效的营销反馈机制来获取更佳的营销效果。

5.2.4　搜索引擎

搜索引擎按其工作方式主要分为三种，分别是全文搜索引擎（full text search engine）、目录索引类搜索引擎（search index/directory）和元搜索引擎（meta search engine）。搜索引擎营销是依据用户使用搜索引擎的习惯和方式，利用互联网的信息检索机制，将营销信息精准投放给目标用户的营销方式。用户检索所使用的关键词反映出用户对于该问题（产品）的关注，这种关注是搜索引擎被应用于营销的根本原因。借助互联网技术，企业在搜索引擎上对产品进行推广宣传、品牌传播、服务介绍等营销活动，在消费者进行产品搜索过程中，引擎根据用户搜索词进行相关信息推送，并且实时分析消费者兴趣爱好，实现信息的精准投放。目前搜索引擎平台主要有百度、谷歌、360、搜狗等。搜索引擎营销已经发展成为现在企业必不可少的营销方式，通过对信息的搜索和传播，精准投放用户群，为公司带来更多的关注度和点击量，有效提升公司知名度和影响力。

搜索引擎在营销中的作用主要表现在四个方面：①网站推广。所谓网站推广，也就是为用户发现网站信息并登录网站创造机会。在用户获取信息的所有方式中，搜索引擎是比较重要的一个信息获取渠道。这就意味着，搜索引擎是网站推广的一个有效工具。②产品促销。用户在购买产品之前，尤其是如汽车、住房、电器、数码产品等这一类高价值产品之前，经常会到搜索引擎中搜索相关信息。在这个过程中，搜索引擎就可能成为一个有效的产品促销工具。③网络品牌建设。网络品牌是企业网络营销活动的综合体现，在网络品牌建设过程中，搜索引擎的作用不可忽视。企业的网站信息应该被主要搜索引擎收录，即增强网站的搜索引擎可见度，从而获得被用户发现的机会。④网上市场调研。企业可以通过搜索引擎获取行业资讯、了解国际市场动态、进行竞争者分析，从而制定更加合理的营销策略。

搜索引擎营销的主要模式有免费登录目录索引、付费登录目录索引、搜索引擎优化和关键词广告。免费登录目录索引是最传统的网站推广手段。目前多数重要的搜索引擎都已经开始收费。单网站访问量主要来源于少数几个重要的搜索引擎，即使被大量低质量的搜索引擎收录，对于网络营销的效果也没有太大意义。付费登录目录索引类似于原有的免费登录，仅仅是当网站缴纳费用之后才可获得被收录的资格。一些搜索引擎提供的固定排名服务，一般也是在收费登录的基础上开展的。搜索引擎优化是通过对网站栏目和网站内容等基本要素的优化设计，提高网站对搜索引擎的友好性，使得网站中尽可能多的网页被搜索引擎收录，并且在搜索结果中获得较好的排名，从而通过搜索引擎的自然检索获得尽可能多的潜在用户。关键词广告是付费搜索引擎营销的主要模式之一，也是目前搜索引擎营销方法中发展最快的模式。基于网页内容定位广告（contented-targeted advertising）是关键词广告的一种模式，即关键词广告联盟。

5.3　新媒体营销策略

5.3.1　新媒体营销方法

从营销方法来看，常见的新媒体营销方法主要有病毒营销（viral marketing，也可称为病毒式营销）、事件营销（event marketing）、社会化营销、饥饿营销、互动营销、情感营销、软文营销、会员营销等。

1. 病毒营销

"病毒营销"这一概念，最早由贾维逊（Steve Jurvetson）及德雷伯（Tim Draper）在 1997 年发表的《病毒营销》一文中提出：病毒营销是一种具有强大力量的市场营销工具，它利用你的客户作为传播者，使公司信息能够快速得到扩散。他们将其初步定义为"基于网络的口碑传播"。病毒营销通过利用公众的积极性和人际网络，让营销信息像病毒一样传播和扩散，营销信息被快速复制传向数以万计、数以百万计的受众，它能够像病毒一样深入人脑，快速复制，广泛传播，将信息短时间内传向更多的受众。网络病毒营销有着极富吸引力的"病原体",其第一传播者传递给目标群的信息不是赤裸裸的广告信息,而是经过加工的、具有很大吸引力的产品和品牌信息,而正是这一披在广告信息外面的漂亮外衣,突破了消费者戒备心理的"防火墙",促使其完成从纯粹受众到积极传播者的变化,成效倍增。

美国著名的电子商务顾问 Ralph F.Wilson 博士曾将病毒营销策略总结为六项基本要素。①提供有价值的产品或服务。大多数病毒营销都以赠送有价值的产品或服务来引起注意。在市场营销人员的词汇中,"免费"一直是最有效的,大多数病毒营销战略都以提供免费产品或服务来引起注意。通过"免费"产品或服务吸引眼球,达到病毒营销效果。②提供无须努力便可向他人传递信息的方式。与生理病毒传播的扩散过程一致,病毒营销信息只在易于传染的情况下才会传播,因此,携带营销信息的"病原体"必须具有易于传递和复制的特点,如 E-mail、视频、帖子、文字链等简易可行的传播形式。③信息传递范围很容易向大规模扩散。病毒营销追求的是一种爆炸式的传播效果,要求病毒信息在短时间内急剧增殖。信息传递范围由小及大向更大规模的受众扩散。为了像野火一样传播扩散,病毒传播的通道必须是开放的、可扩充的。④利用公众的积极性和行为。巧妙的病毒营销策略是利用公众的积极性,"病原体"信息的传播扩散,都是依靠公众自发的行为。只有将"病原体"信息包装成公众所喜闻乐见的形式,才能最大限度吸引公众的眼球,让公众乐意积极地传播你的营销信息。⑤利用现有的通信网络。根据哈佛大学心理学家斯坦利·米尔格拉姆的六度分割理论,通过六个人,你可以认识世界上任何人,这也从侧面验证了社交关系网络的强大联通能力。有效利用社交关系网络,人们可以迅速地把各种信息扩散出去。⑥利用别人的资源。最具创造性的病毒营销战略是利用别人的资源来达到自己的目的。例如百度知道初期推广的"唐伯虎"系列广告视频,最初只是通过百度员工的邮件进行小范围传播。但是当网络上兴起了诸如"土豆""优酷"等视频共享平台以后,视频分享成为互联网的一种潮流,仅仅通过简单的上传,便有更多的人可以通过各个视频平台下载观看并再次分享出去,在极短的时间内获得了比以往多几倍的受众。积极有效利用公共资源无疑有助于病毒式信息爆炸增殖传播。

2. 事件营销

西方传播学家伊莱休·卡茨和丹尼尔·戴扬曾经在《媒介事件》一书中提到"媒介事件"(media events)这一概念,自此以后广告和营销策划人逐渐开始重视媒介事件的特点和价值，目前它已然变成国内外最为流行和最有效的市场推广与公关手段，即所谓的事件营销。事件营销是企业通过策划、组织和利用具有新闻价值、社会影响以及名人效应的人物或事件，吸引媒体和消费者关注，以求提高企业或产品的知名度、美誉度，树立品牌形象，并最终促成产品或服务销售的营销方式。事件营销的核心定义就是依赖事件的不确定性营销活动。

事件营销成功的要素通常包含五个方面。①参与性。也就是说，消费者可以直接参与到事件营销活动中。在如今信息爆炸的时代，信息的传递非常便捷，消费者具有非常强烈的表达欲望，因此更加喜欢互动性的体验。事件营销正是这样一个让消费者直抒胸臆的交流平台，消费者在参与活动的过程中，可以向企业传递自身的感受，包括对企业的评价和期望，这些信息都是非常有价值的情感表达。②话题性。具有一定话题性的事件营销活动，信息源能够产生强大的影响力，被社会公众所关注，形成口口相传的显著宣传效果。通常，新闻价值更高的热点事件才能成为话题性高的事件，这类事件才是媒体争相报道的焦点，更能引发消费者的共鸣，并且还能为企业带来积极的正面影响，不断提升口碑和人气。③接近性。接近性意味着消费者与事件营销活动在时空或者心理上有一个共同点，两者产生了非常紧密的关联。因此，在策划营销事件时，要采用心理上、地理上、利益上等相近的原则，选择与受众生活接近的事件。④趣味性。这一要素意味着事件营销活动要激发消费者主动接近和探索的心理欲望。营销事件具有趣味性，可以更好地勾起人们的好奇心，使人们的好奇心得到满足。⑤创意性。有创意的事件营销活动可以让消费者耳目一新，将商业色彩淡化，使消费者更容易接受，这种营销活动可以潜移默化地将产品定格在消费者心中。

3. 社会化营销

社会化营销（又称为社会化商务）是指以社交媒体为基础，允许用户自主生成内容并为用户提供社交场所，辅助消费者做出购买决策的一种营销方法。它借助社交网站、社交媒介、网络媒介等新媒体，通过社交互动、口碑影响力、用户提供的内容等手段对商品进行展示、分享和互动，达到有效推广商品的目的。社交性、社会化口碑推荐和交互性三大特性是社会化营销的核心特征。时至今日，社会化营销的内涵已经不再局限于消费者生成的评论，社会化购物工具、虚拟社区和论坛、社会化应用和自媒体广告都成为社会化营销的重要内容。

社会化营销具备两个特点。①存在被动需求模式，即用户不是主动产生消费需求，而是受到其他用户购物分享的影响被动产生需求，这里口碑起到很重要的引导作用。②存在用户引导消费模式，即用户对某一商品的消费欲望往往会因为其他用户的分享、点评、图片展示等而被激发，这是典型的用户引导行为。基于具有社交属性的新媒体平台，用户创造的内容对其他用户产生导购作用，实现了商品或服务的营销和宣传效果。

影响社会化营销效果的因素可以从传播过程的角度来看。首先，影响社会化营销效果的是传播渠道。传播渠道可以分为交互式和辐射式两种：交互式传播的群体主要由较高同质化的个体组成，具有共同的价值观、消费偏好和购买力。从单次传播行为来看是点对点的，信息发出效率和反馈效率较高，很短时间内就能产生回应甚至做出消费决定，并且这种消费意愿可以积累，若第一次口碑传播较为成功，信息接收者做出购买决定且反馈良好，则下次传播效率更高，循环往复。而辐射式传播一般为点对面，群体成员同质化程度不深，传播效果以量取胜，被动性较强。其次，影响社会化营销效果的是传播对象。传播对象即被传播的产品或服务，营销是否有效，本质上是对产品或服务是否认可，并不是所有的商品都适合社会化营销。有学者认为，产品结构的复杂程度和服务质量是影响社会化营销的两大主要因素，产品结构越复杂，传播效率就越低，但传播质量较高。一般来说，具有异质性的产品更容易进行社会化营销。

4. 饥饿营销

饥饿营销是指商品供应商故意调低供应量，造成供不应求的现象，引起消费者的"饥饿感"，大大提高人们的购买欲望，从而保持产品的高价格和高利润率。饥饿营销可以用稀缺性理论来解释。稀缺性理论认为，稀缺商品会引起消费者购买的紧迫感，导致竞争性消费，而这种竞争性消费会引发消费者的"逆反"心理，即越是得不到的东西就越想要得到，从而愿意付出更多的努力来获得该商品。另外，稀缺的商品往往还具有身份的"自我识别"功能，能反映消费者的身份和地位，满足其"新奇""与众不同"的心理需求，提高消费者对稀缺商品的感知价值，影响消费者的购买行为。

实施饥饿营销需要具备一些条件。①实施饥饿营销的基础是商品或者服务所在的目标市场内竞争水平较低，如果该产品所在的目标市场存在众多的竞争者或潜在竞争者，当厂家降低产品的市场供应量时，消费者很有可能将自身诉求转移到竞争者处，此时企业最明智的选择就是提供充足的产品供应量，争取在最短的时间之内促成消费者的购买行为。②如果一个行业的市场进入门槛较高，如证券行业、金融保险行业、能源行业、高新技术行业等，即使该行业前景乐观，并且预期利润也很高，也会在政策许可、资金实力、经营水平、技术条件等多方面拦截很多竞争者，这种情况下，企业就会有充足的时间和精力应用饥饿营销策略。③实施饥饿营销还需要替代品的威胁水平低，替代品是指能满足消费者同一种需求的不同种类的产品，这两种产品虽然在性质上不同，但是它们的效能对于消费者来说是一样的，如果其中一种产品市场供应量紧缺或者价格抬高，消费者为了追求高性价比，可能将消费目光转向另一种产品。

5. 互动营销

互动营销是企业在开发、生产、销售新产品时，经常性地跟客户交流沟通，把客户的意见考虑到产品、服务设计开发中来，并充分利用交互式工具（例如Internet 和即时通信工具）进行双向交互式通信营销的一种营销方法。常见的互动营销平台包括社交媒体平台、虚拟品牌社群、论坛、即时通信工具等，如微博、微信、淘宝等。互动营销依据发布信息与发布对象的不同可划分为三类。第一类是企业向每位客户发布同样的信息，也就是一对多互动。第二类类似于社群运营，企业向不同类群的人发布不一样的信息。第三类属于个性化互动，针对每个人发布不同的互动信息。

互动营销中所要达到的目的是提高效率，增强效果，满足客户个性化需求，与客户利益共享，建立关系。在实施互动营销时首先应运用恰当的媒体开展营销活动，善于将不同的媒体整合发挥其各自的特色和优势。其次，应重视技术的变化并及时应用新的技术开展互动营销。最后，企业必须根据自身提供的商品的特点，如产品复杂程度、产品成本利润结构，酌情决定互动营销的应用程度。

6. 情感营销

情感营销是指企业将蕴含情感价值的营销信息，通过传播渠道传达给消费者，并让消费者感知信息后动情，促使消费者与品牌产生心理上的共鸣，从而达到营销的目的。情感营销的关键在于了解消费者的内心诉求，通过与客户建立情感关系，培养用户黏性，与消费者展开深入、全方位的沟通。

情感营销的表现方式一般分为情感包装、情感设计、情感口碑（或情感服务）和情感公关四种。企业可以通过这四种方式激发客户潜在的购买欲望，从而实现营销目标。在实现情感营销时，可以从四个方面入手。①确定消费者可满足的消费情感需求，并对不同的消费情感需求进行分析和区隔。②在产品设计中加入情感关怀，并注重情感商标设计，使消费者的情感需求得到满足。③制定情感价格，情感产品应制定不同的情感价格，关键是价格在感情上给予倾斜，对于巩固与重点客户的关系，培养忠诚的客户队伍，有着特殊的作用。④运用情感促销，包括制作情感广告、提供情感环境和实行情感服务三种方式。

7. 软文营销

软文是相对于硬性广告而言，由企业的市场策划人员或专业网络营销公司的文案人员来负责撰写的"文字广告"，包括特定的新闻报道、案例分析等形式。软文营销是指运用独特的概念诉求和价值重塑，用精心策划的文字广告内容激发潜在消费者的兴趣，通过强有力的针对性心理攻击，引发对产品、服务、品牌或企业文化的强烈共鸣，最终提高产品销售量的一种营销模式。从本质上说，软文营销是一种软性渗透的商业策略，主要借助文字表达和舆论传播使潜在消费者认同企业所要宣传的概念、观点和思想，从而达到宣传企业品牌、推广企业产品的目的。话题性、互动性、趣味性和渗透性正是当代新媒体软文营销的特点所在。

实施软文营销，首先应该明确企业诉求，确定企业的目标市场和营销目的。其次，应对软文的撰写做好战略规划，根据市场的变化和企业的阶段诉求来决定软文的主题。再次，软文写作部分是软文营销的关键，一篇成功的软文能够将广告巧妙地融入文章中，激发读者的阅读兴趣，进而激发其购买兴趣，甚至能创造讨论空间，让读者对广告内容的接受度更高。最后，软文的发布推广要选择合适的平台，好的宣传平台往往可以达到事半功倍的效果。

8. 会员营销

会员指一部分人群因为相似的消费理念及消费习惯而成为某个组织的特定的成员，并且这些成员会为该组织带来利益。狭义上讲，会员就是企业利用特定的利益或条件，吸引特定的客户群体"签约"成为其忠诚客户群，给予特殊的身份识别。会员营销是一种基于会员管理的营销方法，商家通过深入了解本企业会员客户的消费资料，针对本企业经营特点，有目的地组织会员客户专属的营销活动。会员营销就是通过会员积分、等级制度等多种管理办法，增加会员的黏性和活跃度，使会员成为终身制客户。在大数据时代背景下，应有效地实施适合当今消费者的会员营销策略，利用会员数据信息对会员营销进行优化升级。

改善会员营销效果可以从以下几个方面入手。①对会员信息进行管理和维护，包括会员基础信息、消费信息、售后信息等，分析和掌握消费者的需求与偏好。②对会员与普通消费者进行区分，并满足会员的个性化需求，提供个性化、人性化的会员服务。③完善线上线下会员识别，对于会员的线上线下消费活动均实施一体化的会员识别、会员数据采集和会员服务。④借助新媒体拓展会员沟通渠道，实现双向互动，及时掌握会员的意见和动态。

5.3.2　新媒体营销举措

从营销举措来看，新媒体营销策略主要包括以下几方面。

1. 界定营销目标用户

用户是营销活动的核心。在新媒体环境下，营销活动的开展首先需要用互联网思维思考用户的行为，充分理解用户，从用户的角度思考和设计产品。而不同个人或企业的不同产品都有不同的消费群体，因此，企业应该对不同产品界定目标用户，这样才能确定该消费群体的消费习惯、爱好等，做有针对性的营销活动。

2. 洞察消费者行为

在生活水平和质量不断提升的当下，消费者的消费行为具有显著的多元化特征，不同的消费者具有独特的消费行为。企业在开展新媒体营销的过程中，首先需要提高对消费者差异化的认识，再有针对性地制定新媒体营销策略，促使消费者产生购买行为。

有学者指出，洞察消费者行为是企业构建新媒体营销网络的起点。随着当前互联网时代新媒体营销形式的不断丰富，企业在利用新媒体渠道进行信息发布和传播时，应当注意对消费者消费心理和消费需求的获取，了解目标消费群体的特点，利用互联网对消费群体的潜在需求以及新需求进行深入挖掘，立足用户的使用和购买习惯，为用户推荐切实所需的产品，不断完善企业销售模式，最终达到提升市场占有率和竞争力的目的。

在洞察消费者行为的基础上，可进一步对消费者群体进行细分，实现有针对性的个性化服务。不同的用户可能存在不同的消费偏好和产品需求，个性化推荐和服务能够提升消费者的消费体验与购买意愿。

因此，企业在进行新媒体营销的活动时，需要在大范围传播的基础上，对消费群体的消费习惯、价格敏感度、购买意愿等进行分析，打破传播信息传统途径的限制，将满足消费者多元化的需求作为主要目标。

3. 打造个性化品牌形象

企业可以利用新媒体打造与自身品牌定位相协调的企业形象。利用新媒体实现企业形象与自身的品牌定位相一致。客户对企业品牌的认识首先源自企业的形象。因而企业要保证二者的协调一致，避免发生冲突，从而对品牌营销产生负面影响，企业经营者不仅要对此进行深入思考，而且还要借助大数据分析消费者在新媒体平台对目前企业品牌的讨论、评价等，掌握消费者的心理需求，通过新媒体技术和互联网思维的应用，设计出与企业品牌定位一致并且具有个性的企业形象，在营销过程中进行推广。

4. 协调线上线下渠道

在实际营销过程中，往往存在着线上与线下沟通不畅的问题，要有效解决这一问题，新媒体企业应当采用相应的技术手段，充分协调好线上和线下两个营销部分，以先进的技术以及优质的服务为营销保障，促进线上和线下工作密切配合与衔接，搭建出系统完整的新媒体传播平台，优化销售环节，以线下的一些实际行为为线上消费提供可靠保障。从一定意义上来讲，当前线下销售的物流方式和实体店创立都直接影响着产品在线上营销的销量和品牌的传播效应，直接影响着消费者是否产生购买行为。由此可以看出，只有将线上、线下进行有效整合，两者互相辅助、互相影响，才能充分发挥新媒体营销的价值和意义。

5. 构建多元化营销体系

随着技术的不断更新和发展，新媒体营销工具层出不穷。新媒体之间的快速迭代、受众的渠道迁徙以及商家对新兴营销模式的青睐，使得新媒体营销工具的生命周期大大缩短。这些不同的营销工具和平台应该得到整合，使其发挥更大的价值。企业在实施营销时，应该积极引入多种媒体形式，建立起更为丰富和完善的新媒体营销矩阵。尽管新媒体的产生和出现为企业营销提供了更多机遇，但想要真正实现自身营销水平的提升，还应该完善新媒体营销体系，并在多方面展开营销工作。如今移动端应用的快速发展加快了各方信息沟通速度，新媒体营销应该在此背景下以网络技术为基础，打造包括各种新媒体工具、消费者、企业等在内的营销生态系统，把分散的营销平台整合成为一个多样化的营销生态系统。这个生态系统以消费者为核心，围绕消费者需求展开营销活动，各媒体之间相互配合，形成互补和跨界传播，构建更加完整丰富的价值链。

多元化营销不仅在于融合使用多种营销工具，还在于采用多元化营销模式。新媒体营销模式的使用不代表摒弃传统营销模式，企业可以先采用"传统营销 + 新媒体营销"的模式，多个渠道齐头并进，进行短期的推广营销测试，收集市场和用户反馈，尝试整合微博、微信等多种新媒体营销渠道，根据测试反馈的结果来设计最佳应用方案，了解用户的实际偏好。当企业找到最行之有效的设计方案后，可以增加推广投入成本、提升品牌的知名度、加大营销力度，争取在短期内通过新媒体营销加深用户对于企业品牌的认知，达到更好的营销成效。

5.4　新媒体营销大数据分析

在移动互联网下，各企业主体可以利用大数据了解生产、消费和市场信息。在企业营销时，通过建立详细的市场数据库，对相关的海量数据和信息进行监测、挖掘和分析，然后通过人力的进一步研究，就能相对精确地分析网络背后消费者的真实状况和需求，从而制订有针对性的营销方案，再通过数字平台，向消费者等利益相关者进行有效的多层面沟通。

5.4.1　大数据精准营销

大数据作为一种新的技术，具有其自身的特点，首先可以引领社交媒体的精准营销，通过多种平台实现客户端与网站的相互交流，可以根据客户的需求为其量身定制相应的信息，对于媒介营销领域和整个信息产业都具有不可替代的作用。大数据使得精准地预测客户消费行为成为可能，大数据信息分析技术通过对特定消费客户的数据和集合信息进行综合分析，了解和综合分析客户的消费需求，对消费行为进行精准预测，采用相关的网站，为每一个客户建立一个行为模型，对其日常行为进行跟踪，因此我们可以精准地预测到我们的用户在某一特定时间段的需求和消费行为。大数据还能够帮助传统企业有效地进行市场营销和策略的制定与优化。凭借大数据的优势，一些企业每天都可以自己对营销信息进行分析和利用，以此来更好地了解客户的需求，进而不断提升产品的性能，让客户得到更优质的服务，同时增强企业的竞争力。此外，大数据还可以使营销变得更个性化。通过收集用户行为，大数据进一步扩大了数据库的规模，为企业网络营销提供更多的客户数据支持，进而大大提高企业网络营销的有效性和针对性。随着对每个企业的客户需求进行数据分析，营销活动也更个性化。

大数据还让消费描述变得更为清晰，通过对交易数据、市场活动数据、用户信息数据的收集和综合分析，从而精准地定位相关媒体用户的需求，提供适合相关媒体用户的产品，并向用户推介，再通过社交媒体数据分析反馈的平台将相关媒体商品信息的发布推送到服务于用户的移动终端、公司门户网站和相关媒体商铺以及超市等商品消费前端，引导用户参与市场运作。

5.4.2　大数据客户管理

企业可以利用大数据建立 CRM（客户关系管理）体系，收集整理目标客户或是潜在的目标客户的数据，建立个性化管理档案，对用户进行精细化管理，对用户的内容属性、活动属性等进行会员标签建设，针对不同标签下的客户定制个性化推广及促销策略，为广大客户和企业提供线上线下无缝连接的网络安全体系以及会员网络营销服务，全面有效地对用户进行深度挖掘，通过 CRM 系统收集数据对客户进行维护管理，改善并提高服务质量和效率。

5.4.3　大数据改善营销方案

企业可以利用大数据进行新媒体营销工具的选择和营销方案的制订。首先，可以根据多种新媒体平台积累的营销数据分析结果，制定适应企业自身发展特点和规律的营销工具组合，合理分配不同新媒体营销工具的投入成本。其次，大数据还能帮助企业将自身的特点与不同的新媒体平台进行融合，分析对比不同媒体带来的实际收益和成果，在此基础上制订最为合适的新媒体营销方案。

5.4.4　大数据定价

企业可以利用大数据制定明确的成本核算体系，明确各类服务单价以及促销价格，对成本进行严格控制，让客户服务的最终质量与其成本呈正相关，在确保其质量的情况下，利用大数据，结合市场上其他公司同类服务的收费标准以及自身投入成本进行分析，计算出最佳的收费方案。因为价格是促成交易的重要因素，利用大数据得出几种最佳收费方案，提高定价的科学性，同时为客户提供多种付款方式，提升企业形象，有利于公司的长期发展。

🔍 案例讨论

完美日记，不同渠道的独特营销打法

作为近年崛起的国货品牌中的新秀，完美日记始于粉底液，到如今涉猎各类化妆品，其成长速度惊人。完美日记崛起的背后离不开其精准而强有力的内容输出，其营销模式也几乎涵盖了时下所有热门新媒体渠道。

1. 微信公众号

完美日记在微信公众号的投放一般是单篇直投，善于抓住用户贪图便宜的心理，多使用"半价""秒杀""0 元 /1 元"等字眼抓住用户的眼球。但值得注意的是，完美日记没有重点发力微信，这也归因于其产品品类的特性。完美日记以美妆为主，不同于护肤品，用户会更加关心其成分、研发、安全性等方面。而美妆产品大家基本不关注这些点，更多关心的是涂上去好不好看、性不性感。

2. 小红书

小红书为目前国内美妆重度用户主要聚焦社区，内容以美妆、保健品、配饰、服装等品类为主。小红书成为完美日记营销的主力输出平台，截至 2021 年 5 月，完美日记的小红书品牌账户已经拥有 192.2 万粉丝、379.2 万获赞与收藏，粉丝数远超知名国货、外资彩妆品牌。用户总计分享关于完美日记的笔记超过 33 万篇，分享帖的点赞、分享和评论数高则过万。完美日记从 2017 年底开始布局小红书，投放的明星、头部 KOL、腰部 KOL、素人的笔记几乎席卷了小红书，种草爆文在小红书上不断二次传播，形成裂变式传播。

（1）明星投放。小红书前期找了欧阳娜娜、林允等明星进行种草，后期找了周迅、刘宇等明星代言，通过明星带来短期、爆发式关注和讨论。

（2）头部 + 中腰部 KOL 试色种草。KOL 种草的笔记，封面图都是以试色形式出现，这样很容易从视觉上吸引用户。

（3）素人购买后，在小红书上分享产品使用体验，形成了二次传播和声量叠加。

3. 抖音

完美日记在抖音的投放策略不是通过达人属性进行投放，而是找到粉丝画像与产品匹配的各个类型账号，在不破坏每个账号本身内容调性的前提下，将产品软植入进去进行推广。这套投放策略实际已经摆脱了美妆品牌的投放惯性。在抖音直播方面，完美日记优先选择调性符合的中腰部主播进行推广。采取"少量明星主播＋大量垂直领域"的中腰部主播的混合推广打法，全方面攻陷目标用户的注意力。一方面，完美日记邀请陈赫、王祖蓝等顶流明星和李佳琦等网红大咖做直播带货，打响产品的知名度和扩大品牌影响力，增加消费者对推荐单品的信任感。另一方面，完美日记也邀请大量粉丝量级处于 10 万～ 50 万、100 万～500 万区间的美妆主播，在直播中插入售卖完美日记的相关产品，让目标消费者在刷直播时"逃不过"完美日记，营造出大家都在用的效果，从而影响其最终的消费决策。

4. 微博

微博拥有庞大的用户基础，作为美妆行业的主战场，完美日记肯定不会错过。

（1）深度挖掘粉丝经济。完美日记携手流量明星朱正廷推出小黑钻系列唇膏，作为人气偶像，朱正廷自带话题流量，"颜值与实力并存，既是乐华七子 NEXT 暖心队长、宠粉狂魔，还是舞蹈实力派、颜值担当"。种种话题标签让其与完美日记自携手之初，便形成了线上线下的霸屏之势，#朱正廷完美日记#、#十分出色　正合我意#、#完美日记小黑钻唇膏#三大话题全网阅读量高达 7.79 亿，跻身热门话题 TOP10 行列。

完美日记对此次流量代言也下足了功夫，不仅在官宣之时吊足了粉丝胃口，还设置了众多讨好粉丝的小心机，邀请陈漫拍摄代言海报，解锁应援采用的也是加购物车而不是购买的方式，为朱正廷投放了外滩震旦大楼的广告。利用撩粉、宠粉将粉丝经济最大化，粉丝的参与感和互动感非常强烈，小黑钻限量礼盒开卖 3 秒便全部售罄。其他代言人文淇、罗云熙、刘宇、赵露思等都是青年演员或新生代艺人，在微博上都具有一定的粉丝量，能够引起广泛的讨论。

（2）跨界联名，乘"国潮"之风。完美日记针对其定位的消费群体先后和 Discovery 探索频道、大英博物馆、纽约大都会艺术博物馆联名推出眼影及口红，并在微博上推出相关话题，引起热烈讨论。

2019 年"双 11"，完美日记的联名借"国潮"之势，联合《中国国家地理》推出了"幻想家十六色眼影盘"，其广告词"时间让丹霞沉淀出澎湃的赤彤，阳光让梯田展现出灵动的彩，折射让高原增添粉黛色神秘，流动让湖泊尽致伸展蓝色自由。""也许一生都无法欣赏完这片你深爱着的土地，那么如果它主动奔向你呢？"深深地抓住了"95 后"消费群体的性格特点，在微博上推出的相关话题"上眼中国美色"阅读量达到了 742.5 万。

案例思考

1. 针对不同新媒体渠道的特点，完美日记有哪些营销方式的创新？

2. 完美日记采用了哪些新媒体营销策略？你认为还有哪些策略可以采用？

思考题

1. 新媒体有哪些特征？

2. 新媒体是如何产生和发展的？

3. 与传统营销相比，新媒体营销有哪些特色和优势？

4. 目前，新媒体类型主要有哪些？分别以什么方式实现营销？

5. 新媒体营销有哪些策略？每种策略各具有什么特点？

6. 新媒体营销可以在哪些方面利用大数据技术？

即测即练

第 6 章 平台经济与共享经济

 本章学习目标

1. 了解平台经济与共享经济的概念和发展历程。

2. 掌握共享经济的思维模式。

3. 掌握共享经济下新兴企业的创业模式。

4. 理解共享经济模式的发展。

本章思维导图

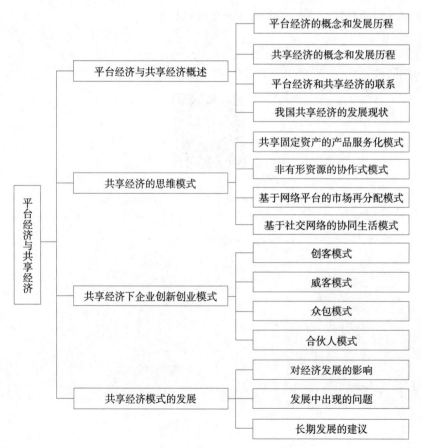

🔍 **案例导入**

哈啰出行：行好生活每一程

　　近十几年来，我国商业形态从形式到内容都发生了颠覆性的变化。其中，平台经济作为互联网时代商业模式创新的一种具体表现形式，为构建共享经济有效市场提供了可行路径。而共享经济作为"互联网+"时代下的"新经济"，是一种源于社会生活实践并依靠互联网平台运作的全新商业模式。

　　哈啰出行（以下简称"哈啰"）是国内专业本地出行及生活服务平台，在其创立至今的 5 年里，致力于应用数字技术红利为公众提供更便捷的出行以及更好的普惠生活服务。哈啰 CEO 杨磊表示，哈啰的逐步成长壮大是时代造就的产物，极大得益于国家的创新驱动发展战略对共享经济和互联网各类创新的支持，以及国家推动平台经济规范健康持续发展的大政方针。共享经济和平台经济的时代成就了哈啰，同时，哈啰对于这个新兴商业模式的影响和意义也是不一般的。

　　哈啰于 2016 年 9 月在上海成立，从大家熟悉的共享单车业务起步，逐渐进化为包括两轮出行、四轮出行、酒旅以及到店服务等多元化的出行及生活服务平台。截至 2020 年年底，哈啰旗下哈啰共享两轮业务共进驻全国超 400 城（含县级市），用户累计骑行 240 亿公里，累计减少碳排放 66.7 万吨，哈啰顺风车已覆盖全国超 300 城，认证车主逾千万名。北京时间 2021 年 4 月 24 日，哈啰首次提交 IPO（首次公开募股）申请，计划在纳斯达克证券交易所挂牌上市。招股书显示，哈啰 2018 年、2019 年、2020 年营收分别为 21.14 亿元、48.23 亿元、60.44 亿元。从营收构成来看，哈啰的业务主要分为包含共享单车和共享助力车的共享两轮车业务板块，以及别称顺风车的拼车业务板块。

　　5 年前当第一辆哈啰单车走上街头时，共享单车行业的"彩虹大战"激战正酣，这一崭新业态的益处与弊端相继显现。5 年后的今天，包含共享单车和共享助力车的共享两轮出行行业已历经多轮自我纠偏，主动摆脱用户押金困扰、行业自律告别过度投放、依靠技术实现定点停放，正大步迈进政企共管共治的新时代。这其中，哈啰发挥着引领和示范作用，企业自身也基于此逐步从边缘走到聚光灯下，成为行业中流砥柱。

　　在资源紧缺的互联网时代，哈啰成为共享经济的代表，在不断发展壮大的同时，它也在不断思考企业社会定位、践行企业社会责任。多年实践让哈啰认识到，拥有一个"友好生态"是行业的唯一出路。2020 年，哈啰率先提出了"共享单车

3.0 时代"新主张。2021 年,哈啰又率先实施"0530 城市保障计划",推动各城市运维团队争分夺秒响应路面调度需求,进一步改善路面秩序,再次在业内树立典型。循着"实现共同富裕"的逻辑,哈啰旗下的顺风车和网约车业务自诞生之日起便带有极强的"普惠"色彩,尽最大诚意和技术能力去兼顾乘客和车主(司机)利益,顺风车坚守非营利性,网约车则避免司机被"困在系统里",向行程匹配技术要效益,而不是陷入平台与各方的"零和游戏"中。

　　共享经济和平台经济是互联网背景下的"新经济""新商业"形态,价值巨大、影响深远。作为一种全新的商业模式,它涉及的永远不只是某一方的问题。从企业角度看,不仅要不断地开拓创新,更需要跳出自我,与政府、社会各组织机构联结在一起;从政府的角度看,政府的扶植与监管也要顺势而为改变传统的模式,促进共享经济持续健康发展;而从社会的角度看,共享经济的共享性,对大众的素质也提出了相应的要求。国家、社会、政府从来都是一个有机整体,共享经济和平台经济的发展,需要多方共同探索,才能绘制出全新的美好蓝图。

　　资料来源:https://www.hello-inc.com/news.html,有改动。

6.1　平台经济与共享经济概述

6.1.1　平台经济的概念和发展历程

　　平台经济是一种基于数字技术,由数据驱动、平台支撑、网络协同的经济活动单元所构成的新经济系统,是基于数字平台的各种经济关系的总称。所谓平台经济,实际是借助一种交易空间或场所,促成双方或多方客户之间的交易,收取恰当的费用而获得收益的一些商业模式,它们往往有着较高的利润回报。在国际上,如 Facebook、Google、Apple 等都是典型的"平台经济"型企业。在国内,阿里巴巴、百度、腾讯等也是典型的"平台经济"型企业。腾讯的商业模式特点是以 QQ 软件为平台,低成本地扩展出互联网增值服务、移动及通信增值服务和网络广告等,其中对应的原理就是平台经济学。我们可以看到,其所揭示的"平台经济"一般规律为:平台免费,增值收费;产品免费,服务收费。未来是平台制胜时代,建立了平台,就能在竞争中居于有利位置,掌握主动权;就能够筑巢引凤,吸引各种资源加入。企业占有的社会资源越多,抗风险的能力就越强。

近年来，互联网平台快速崛起，已经成为新经济的引领者。互联网平台是"分享行为"的赋能者，平台经济则是共享经济不可或缺的载体，其发展为产业的发展带来了巨大的价值与能量，使得资源共享的范围扩大、程度加深，进而使得产业内部的边界越来越模糊，产业通过平台实现跨界融合的现象也越来越显著。互联网技术打破了传统意义上价值链和产业链的运行规则，与传统产业相融合，积极引领业态创新，激发了许多新业态的生成。

在平台经济发展的早期，直接面向终端消费者的电商平台率先崛起，其中，免费是主要推动力。电商通过免费的平台缩短了交易双方之间的距离，减少了中间环节和成本，让消费者可以购买到更廉价的商品。同时，消费者可以通过线上平台与众多商家直接进行交流，打破了信息不对称的局面。伴随着互联网技术与产业融合的程度逐渐加深，应用平台模式发展的产业领域日趋多元化。平台模式组织的资源种类越来越多，对资源的组织能力也越来越强，并由此涌现出大量新兴产业领域的平台。平台逐步由一种商业工具发展为一种经济形态，进入一个平台经济时代。

目前，阿里巴巴、百度、腾讯、京东等全球 15 大互联网公司均基于平台模式运营。同时，平台巨头企业正在纷纷构建自己的产业生态系统，即将为供需双方提供交易场所的第三方平台转化为同时为各类专业化第三方平台服务商提供支持、孵化和发展服务的第四方平台，发挥该新兴产业的创新创业孵化器作用，并由此汇聚起推动经济结构转型升级的新兴力量，成为新经济的重要组成部分。

6.1.2　共享经济的概念和发展历程

拓展阅读 6.1

共享经济是由国外引入的一个概念，它的起始地是美国，其理论起源于 20 世纪 70 年代。作为一场经济变革，共享经济并不算新生事物，在 2000 年已经开始出现，甚至还可以追溯到更早，许多新兴公司尝试在不同领域应用共享经济，如 WeWork 提供办公空间共享服务，帮助不同规模的团队提升办公效率、节约办公成本；Kickstarter 通过提供众筹服务帮助具有创意方案的客户实现资金共享等。但是，早期共享经济的市场反响一直不温不火。直到 2008 年金融危机之后，政府、机构和个人都不得不通过缩减开支来应对严峻的经济形势，通过共享闲置资源来获取额外收入的需求不断增加，很大程度上推动了共享经济实质性的发展。

2014 年和 2015 年共享经济的发展呈现出井喷式爆发，在短短两年时间内，共享经济的投资规模增长了 5 倍多。根据相关机构的统计结果，2014 年和 2015 年的投资额分别为 85 亿美元和 142.06 亿美元（合计 227.06 亿美元），然而，2000 年到 2013 年全球流向共享经济的投资额累计仅 43 亿美元。不仅如此，从覆盖的行业来看，共享经济正在加速渗透到人们的衣食住行等诸多领域，深刻影响着人们的生产和消费方式。随着移动互联网络、云计算、大数据等新技术的发展，全球商业环境发生了巨大变化，共享经济应用进入新时代。

在经历了实践爆发和理论迭代后，共享经济在 2017 年进入理论共识和实践创新的阶段，大家关于"是什么？为什么？"的讨论已逐步达成共识。政府、学术界和企业开始将注意力放在共享经济新模式的创新上，尤其在 2020 年应对新冠肺炎疫情期间，政府出台了有利于共享经济企业发展的政策措施，激发共享经济平台企业进行商业模式创新，还出现了共享员工等新业态，共享经济依然保持着强劲的增长态势。

如今，共享经济已经在租车、P2P 网络借贷、众筹、住宿等行业进行了广泛应用，参与共享的主体也不再仅仅是个人，还出现了企业级共享。共享经济对国民经济的修复和重塑，大大超出了人们的预期。此外，共享经济也正撼动着传统经济理论的根基，其龙头企业 Uber 和 Airbnb 公司市值在 2016 年就已经分别达到了 600 亿美元、250 亿美元，远远高于从事相同或相似服务的传统企业估值。人们不再把所有权看作获得产品的最佳方式，不再注重购买、拥有产品或服务，反而更多地采取一种合作共享的思维方式，更倾向于在需要时暂时获得产品或服务，或与他人共享产品或服务。使用而不占有，是共享经济最简洁的表述，但这远远不是共享经济的全部。

6.1.3　平台经济和共享经济的联系

平台经济作为共享经济的载体，平台治理与共享经济的发展息息相关，是共享经济发展的保障。关于如何做好平台治理，中国社会科学院信息化研究中心秘书长姜奇平曾提出"一个重点，三个有利于"。"一个重点"是按照共享发展理念，重点处理好发挥市场决定作用和政府作用的关系，支持和鼓励分享经济发展，在发挥市场配置资源决定性作用的同时，要注意发挥网络配置资源的主导性作用。按照共享发展理念，重点处理好发挥市场决定性作用和政府作用的关系，这是治理的目标。平台治理还强调"三个有利于"。①要有利于全面推进市场化的生产资料分享。②要有利于通过共享经济建立公共资源出让收益合理共享机制。③要有利于以平台支撑方式推进共享经济。相关政策不能与"三个有利于"冲突，如果冲突，即使从局部看没问题，但是站在中央和全局的角度看未必是对的。

近年来，电商平台垄断、"大数据杀熟"等问题不断涌现，严重影响了经济市场的良性发展。在这样的背景下，平台治理更显得尤为重要。平台经济在开创互联网时代新业态的同时也给传统政府管制模式带来了冲击与挑战，而在发展中遇到的这些问题，必须在加快发展平台经济的过程中予以解决。在政府层面，应当合理运用经济、法律和行政调控手段，灵活应对信息技术革命引发的各类问题，特别是要致力于解决平台经济与多重管制模式之间的不匹配，以及既得利益集团对于营造平台企业公平竞争环境的行政干扰等问题。

平台经济在优化资源配置、促进市场学习、降低交易成本等方面具有不可替代的作用与优势。李克强总理在十二届全国人大三次会议上首次提出的"互联网＋"行动计划，表明了发展平台经济，培育更多基于"互联网"的新兴产业和新兴业态，符合我国产业转型升级和创新驱动发展的趋势。为此，加快政府管制模式变革才是进一步发挥平台经济在经济转型升级过程中的创新驱动作用的关键，从而以更大范围和更高层面的市场开放，创造出更加适宜平台经济发展的市场环境。

6.1.4　我国共享经济的发展现状

由于我国经济社会的不断发展以及互联网信息技术水平的提高，共享经济应运而生。2015 年 10 月，我国首次提出要发展共享经济。同年 12 月的第二次世界互联网大会上，习近平主席特别强调了共享经济的重要性，并明确了共享经济的战略意义。伴随着共享单车的出现，"共享经济"这个名词深入中国经济发展的各个行业，共享汽车、共享雨伞、共享厨房、共享充电宝等多种共享产品相继出现，共享经济从概念的提出向实际的运作跨出了实质性的一步。

近几年，我国共享经济一直保持高速增长。国家信息中心分享经济研究中心发布的《中国共享经济发展年度报告（2020）》数据显示，我国 2020 年共享经济市场交易数额高达 33 773 亿元，相比 2019 年增长了 2.9%。其中，生活服务、生产能力、知识技能三个领域共享经济交易规模位居前三，分别为 16 175亿元、10 848 亿元和 4 010 亿元。从发展速度来看，知识技能和共享医疗两个领域交易规模同比分别增长 30.9% 和 27.8%；共享住宿、共享办公和共享出行三个领域交易规模出现显著下降，同比分别下降 29.8%、26% 和 15.7%；生活服务领域同比下降 6.5%。2017—2020 年我国共享经济市场的发展情况如表 6-1 所示。

表 6-1　2017—2020 年我国共享经济市场的发展情况　　　　　　　　亿元

领　　域	2017 年	2018 年	2019 年	2020 年
共享出行	2 010	2 478	2 700	2 276
共享住宿	120	165	225	158
知识技能	1 382	2 353	3 063	4 010
生活服务	12 924	15 894	17 300	16 175
共享医疗	56	88	108	138
共享办公	110	206	227	168
生产能力	4 170	8 236	9 205	10 848
总计	20 772	29 420	32 828	33 773

共享经济的快速发展成为服务业转型发展的重要驱动力，对于优化我国产业结构、稳定就业、转变消费方式具有重要的作用。

除了市场交易额逐年增加以外，共享经济企业平台也越来越多。共享经济渗透在我国生产生活中的方方面面，通过整合大量分散化的闲置资源，满足了人们生活中多样化的需求。共享经济涉及了各行各业，通过对相关资料的收集整理，目前我国主要领域的共享资源及企业平台如表 6-2 所示。

表 6-2　我国主要领域的共享资源及企业平台

领　　域	具体表现形式	主要共享经济企业平台
交通出行	共享单车	摩拜单车、哈啰单车、青桔单车
	网约车	美团打车、曹操出行
	共享汽车	首汽租车
空间	房屋共享	途家网、小猪短租
	办公场所共享	氪空间、优客工场
金融	网络众筹	天使汇

续表

领　　域	具体表现形式	主要共享经济企业平台
二手物品交易	二手车、物品等	闲鱼、转转、爱回收
生活服务	技能、服务	猪八戒网
	医疗	丁香园、微医
	饮食	熊猫星厨
知识、教育	认知平台	知乎
	教育平台	Coursera

资料来源：http://www.china10.org/，有删改。

共享经济以其独特的运行模式、灵活的用工方式和创业型就业的特点，保持了经济的高速增长，新业态、新模式、新技术、新动能等不断涌现，已成为服务业转型发展的重要驱动力，是当前国民经济增长的主要贡献力量。

6.2　共享经济的思维模式

通过 6.1 节介绍的共享经济基本概念和发展情况，我们了解到共享经济的思维模式是"使用而不占有"，其运行模式的核心基础是"闲置资源—使用权转移—收益"。供给方拥有闲置资源或碎片化时间，在特定时间内暂时转移闲置资源使用权或提供服务；需求方不直接拥有资源的所有权，而是通过租、借等共享方式获取物品短期使用权，发挥其使用价值，从而为供给方带来相应的金钱或精神收益。共享经济最重要的特点是以互联网市场平台为支撑，市场平台通过双向补贴和体验等方式吸引供给方和需求方，平台上足够多的供给方为需求方多样化的需求提供了更多选择，足够多的需求方为供给方提供了稳定持续的客源。

虽然涉及不同行业的共享经济企业在规模、发展速度以及未来前景上都各不相同，但是共享经济的商业模式大体上都可以归纳为以下四种：产品服务化模式、协作式模式、市场再分配模式和协同生活模式。

6.2.1　共享固定资产的产品服务化模式

2008 年以来，越来越多的网络平台开始出现，将个人的闲置资产（汽车、卧室、车库、办公室空间等）共享给其他人以获取收益，参与成员可共享公司或私人所拥有的闲置资产，付费获取短期使用权而不必拥有产品。不难看出，这其实是一种将产品服务化的模式。英国的劳里·杨在其畅销书《从产品到服务》中提出了全球经济和企业正在从产品模式向服务经济转型的理念。他以极为务实的方式向读者描述了变革的原因和方法论，揭示了产品服务化是商业演化的一个必然趋势。在工业经济时代里，客户驱动着新服务经济的发展，那些无视客户需求的企业将被市场无情地抛弃。随着经济和生活水平不断提高，人们越发倾向于增加在教育、健康、娱乐和餐饮服务等方面的支出。这种趋势引发了市场对服务的爆炸式需求，进而成为企业竞相开拓的新经济增长点。事实上，共享经济模式是在次贷危机时期被大众广泛传播和接受的，共享经济和服务经济的理念相伴而行并逐渐地渗透到了全球经济转型的整个进程中。在 6.1 节我们已经提到过，共享经济的一个非常重要的特点就是使用权胜过拥有权，这也将势必导致企业的商业模式从产品模式向服务模式转型。

《连线》（Wired）杂志创始主编凯文·凯利预测说，在未来的 30 年里，有形的物品都会成为服务，不再会是产品。他认为，我们正在从一个静态的名词世界前往一个动态的动词世界。举几个例子，作为世界上最大的运输服务公司，Uber 旗下不再拥有出租车；作为世界上最大的内容网站，Facebook 也不输出内容；作为世界上最大的电子商务服务商，阿里巴巴并没有任何的仓储，这就是典型的产品服务化模式。在当今这个时代，所有权的重视程度逐渐被弱化。用户也是如此，他们可以不购买电影票，而选择在视频播放平台上面随时随地想看什么就看什么；可以不购买自行车，而选择使用现在大街小巷随处可见的共享单车；甚至可以不购买一套房子，而是在 Airbnb 上根据自己的喜好和需要找到随时随地随心可以租赁的个性化房间——只要有渠道能访问到这些资源并获取使用权，是否拥有已经不再那么重要。

这种颠覆了传统经济私人产权思维的产品服务化共享经济模式对于用户而言，带来了双重好处：①用户不再购买物品而是用相对于获取物品所有权低得多的价格短期租用物品，这不仅降低了这件物品的平均使用费用，还在很大程度上减少了拥有一件物品的额外负担（如物品维修费、保养费、存储空间等）。②用户与产品的关系从归属关系变成了使用关系，产品只是满足某种需求的一个工具，它可能只是为了满足吃喝玩乐的某种需要而已，并且还不一定是一种长期需要，用户可以从共享平台上以较低的成本获得这些产品的短期使用权，共享经济平台将提供有关用户所需产品的各项服务。

从某些方面来讲，产品服务化的共享模式就是按需经济，这将会在未来衍生出各行各业的 Uber。这里面的关键就是将产品变成服务。实体的东西是很难分享的，但是一项服务却能够很轻易地分享出去，Uber 正是将汽车变成了打车服务。未来也是如此，产品将被转变为服务并共享出去。

6.2.2 非有形资源的协作式模式

非有形资源往往和数字化相结合，通过网络平台与众人分享。在数字文化中我们能够更好地发现并理解在线的各种共享行为模式。在这种模式下，人们分享相投的兴趣或协作实现某个共同目标，非有形资产互相协助涉及园艺、技术、劳务、家政服务、医疗服务等诸多行业。

我们拥有大众协同机制，维基百科仅仅是这一新兴集体主义中一个较为突出的例子。此外，还有 Digg、StumbleUpon、Reddit、Pinterest 以及 Tumblr 这样的社交评论网站或插件，在国内，也有抖音、小红书、知乎、豆瓣、新浪微博等社交分享平台。其实，所有类型的维基都是共享主义的体现，数以亿计的普通人可以到专家或朋友的资源库里查找照片、图画、新事物和新创意，然后再对这些材料分级、评判、共享、转发、注解，并将它们重组到自己的资源库中，形成自己的数据流。

维基是指通过协作而产生的文档集合，任何人都能方便快捷地创建文档并对其中的内容进行增删或修改。各式各样的维基引擎运行在不同的平台和操作系统上。沃德·坎宁安在 1994 年发明了协作式的网页，如今他追踪记录着将近 150 个维基引擎，每个引擎都支持着数量众多的网站。我们把这种基于数字化内容的协同生产和消费模式称为共享经济的非有形资源协作式模式，与其说它是一种共享行为，不如说它更像是一种态度、一类技术或一些工具，它可以促进合作、分享、聚合、协调、灵活机制和其他新兴的社会合作形式。凡是被连接进网络的人都在通过全新的共享经济协作模式集体运营着这个网络，这是一个没有人拥有，或者说每个人都拥有的网络。我们的贡献不会被售卖，但我们的分享却拥有巨大的价值。

互联网是世界迄今为止最伟大的发明之一，它已经将全球几十亿人口连接到了在线的数字化共享网络之中，并通过鼓励内容共享来挖掘存在于互联网每一个节点上的过剩产能。随着参与共享经济协作模式的用户越来越多，我们能够方便学习到的知识、快速获取到的信息和联系到的人也会越来越多。这也就为线下的共享经济供需双方的匹配提供了强大的技术支持。这种模式意味着，社会上的每个人都可以采集并加工世界上的信息、知识和内容，维基百科只是迄今为止最为人们津津乐道的数字化共享模式的一个案例罢了，未来我们将能够看到一个共享所有知识和技术的数字化平台。此外，考虑到全球范围内，每个人都可以根据人们面临问题的规模、范围和所在位置，成为不同共享行为的合适人选。而共享经济当前正在做的事情就是，为内容的生产者和消费者或者供给者和需求者建立联系、搭建桥梁。

6.2.3　基于网络平台的市场再分配模式

在互联网出现之前，人们能够接触到的人群都分布在相差不大的需求和兴趣点上，这样就使得分享产品难以实现。即便二手商品循环再利用的共享理念已经普及了，在线下精确找到需要这件物品的对象所花费的时间和精力也是不可预估的。但是互联网的出现打破了传统社会无法逾越的时空界限，二手物品的流通已经在全球范围内变成一种广为接受的现象。

以基于互联网的社区租借和二手交易市场为主要代表。社区租借是通过和邻里共享物品来节省资金和资源，以 NeighborGoods.net 为例，其主要采取免费交易的模式（以借代租），通过向建立私密分享群组的用户和有认证需求的用户收费实现盈利。社区租借网络平台提高了闲置物品的使用效率，还加强了社区里的沟通交流。新加坡的 C2C 二手商品交易平台 Carousell 也是一个社区，买卖双方可以关注他们最喜欢的用户，与朋友分享他们淘到的物品。每个用户还有自己的个人主页，用于展示他们打算销售的物品。Carousell 的用法十分简单：打开应用，给物品拍张照片，利用内置过滤器给它"打扮一番"，简单描述以后添加到列表即可。国内也有享借等网络平台提供类似服务。eBay 和 Craigslist 是二手交易平台的典型代表。20世纪90年代，很多人喜欢追随当季潮流，淘汰过时商品，从而催生了大量物品交换网站，交换模式包括双向交易、买卖、赠送和多人交易等。后来又出现了 Swap、Netcycler、thredUP 等提供商品交换服务的平台。

"这个世界上没有垃圾，只有放错了地方的资源。"这句耳熟能详的话是共享经济市场再分配模式所赖以快速发展的重要基础。生活在现代消费主义社会，每天都有很多人丢弃无处安放或者不再需要但仍然可以发挥使用价值的物品，这些被丢弃的物品很可能恰恰是其他人认为有价值的资源。过度消费所带来的弊端已经在今天暴露无遗，人们维持商品在其生命周期内一直保持被使用状态的成本可能并不太低。我们购买任何一件物品的成本不仅仅是标签上显示出来的数字，还包括了我们的时间和精力、往返商场的交通费用、后期维护保养的费用等。很多人在迫不得已的情况下会选择直接扔掉或者以非常便宜的价格处理掉这些不再被需要却仍然有使用价值的商品。

闲鱼是阿里巴巴旗下的二手交易平台，用户在选择心仪的二手物品后，可以直接通过支付宝付款，收到物品并满意后再确认付款。在阿里推出二手交易平台闲鱼之后，京东也创建了拍拍二手 App，实现京东商品的一键转卖。2015 年年末，58 赶集联合微信支付正式上线推出 C2C 二手闲置交易平台转转。公开的数据显示，在闲鱼上，每 0.3 秒就能卖出一件物品；而转转也宣称截至 2016 年年初，已有超过 300 万真实个人加入转转，每日"解救"价值 560 万元的闲置宝贝。

市场再分配模式带来的最明显的影响，就是促进了每一件商品的循环利用，延长单件商品的生命周期，将商品的使用价值充分发挥。即使重新分配这些二手物品也会产生沟通成本或运输成本等费用，但是这些成本还是会远远低于生产一个全新的相同物品的成本。数据显示，每一个成品商品所包含的材料占整个生产过程消耗掉的总原料的 5%，并且在此过程中产生的工业垃圾占人们制造的所有垃圾总量的 98%。因此，最有效的减少资源浪费的方法就是减少新商品的购买量，从而进一步降低商品的生产量。与其把还有使用价值的很多好东西当作垃圾扔在小区的垃圾箱，不如通过共享平台找到一个愿意接受你的二手物品的人。

6.2.4　基于社交网络的协同生活模式

共享经济影响着经济领域的各个方面，甚至在不久的将来，我们对金融和货币的理解也将会发生重大的转变，这并不意味着货币不再重要甚至完全消失，而是说我们还会有更多类似于共享经济的模式来代替货币在社会中的部分功能。金钱实际上只是我们获得想要的东西的某种中介或者货币而已，这种基于货币关系的传统商业形式并不产生社会关系，交易的双方在各取所需并完成交易之后就几乎不再有任何联系。但共享经济为我们提供了一种基于社会化网络媒介的协同生活方式，我们不但可以获得生活所需的物品，而且还能与更多的参与者建立起一种信任关系，产生并保持持续的联系。

以 Facebook、微信为代表的社交网络平台帮助用户与现实生活中的亲朋好友和同事等分享生活体验，进而衍生出了熟人间的协同消费。这种模式实现朋友间点对点、点对面的协作生活方式或者圈子营销，因此形成了社交式的共享经济模式。如依靠微信平台而兴起的微商行业，实质就是"开放平台 + 朋友圈"，通过互相关注和用户交流，从个人在社交媒体里面的动态信息和人际关系链出发，将线下产品或服务推广融入线上社交当中，通过"口碑营销"在不同圈子和群体形成指数传播。国外共享经济通常拥有专门的网站各司其职，而国内更多的是借助原本就有大量用户群体的社交平台来实现协作消费。例如豆瓣小组、QQ 群、贴吧、论坛以及微博中的微群等都出现了拼车、拼饭和拼屋等现象。

在共享经济大热的今天，你可以用闲置的 1 小时开 Uber 挣几十几百元；也能把家里的空余房间收拾一下，放在 Airbnb 上增加收入；如果你刚好是某个领域的 KOL，或者身怀什么技能，还可以在某个行业领域上成为行家，以每小时 300 ~ 500 元的价格出售自己的时间。

2011 年，联合国的人口学家预测全球人口在 2100 年将突破 100 亿而不是此前预测的 90 亿，但是目前我们还没有找到让全球 100 亿人口都过上发达国家人民的生活的方法，唯一已知的前进道路就是不断促进经济增长。但是现实的残酷也已经向我们表明，过去那种依靠粗放型消耗资源的经济增长方式已经达到了经济学家们所说的增长的极限，未来我们将要依靠什么继续推动经济的增长呢？建立在共享理念基础之上的协同生活方式提供了一条可行的路径。促进经济增长重要的不是有多少人口，而是这些人口选择什么样的经济增长方式和生活方式。可以预见的是，在不远的未来，人类将要共享的需求清单还会不断增加，直到有一天我们共享所有事物。我们可以通过共享平台交换、租借、赠送的不仅仅是上述的那些物品，还可以是一个沙发、一间办公室、一顿午餐、一些技能，以及我们所拥有的知识、时间、创意、心情等，这些有形或无形的资源与我们的共享行为一同构成了共享经济的协同生活方式。

除了以上归纳的四种模式之外，随着互联网技术和信息社会的不断发展与进步，共享经济的思维模式也在不断迭代更新，更多创新模式正在显现，并且逐步改变了越来越多企业和消费者的行为习惯，促进着经济的可持续发展。共享经济模式并不是一种环保主义的道德绑架或者宣传口号，它是真真切切地建立在满足每一个共享平台参与者的个人利益的基础之上的，如果共享行为能够给所有参与者都带来满足他们预期的回报，人们将会非常乐意参与到共享经济的浪潮中发挥自我价值。

6.3 共享经济下企业创新创业模式

在当今消费市场，个性化、多样化和社交化已逐渐成为新的消费需求，服务消费、信息消费、绿色消费、时尚消费和品质消费也正在成为新的消费趋势。在共享经济持续升温的今天，企业如何把握新消费趋势，去适应市场需求是当前亟待考虑的一个问题。在共享经济理念下，许多传统企业逐渐向平台型组织转变，更加强调员工的能动性和创新性。另外，组织与外部联系加强，合作网络节点增多，合作形式更加多元化。众创等依托互联网出现的新型创新创业支撑平台陆续出现，与此同时，还产生了包括创客、威客、众包、合伙人等企业新型创新创业模式。下面我们简单介绍一下提到的这几个企业创新创业模式。

6.3.1 创客模式

创客指的是创造者，即各个行业和领域的优秀代表。创客模式在企业内部体现为在原有雇佣关系的基础上，搭建各类平台，制定规章制度，根据平台需求和员工赋能进行二次雇佣，充分授权，从而提升企业的创造力和组织绩效。在这种模式下，企业通常在内部组建小型创客团队，内部独立核算，以此鼓励全体员工参与到企业的经营中来。例如，海尔的自主经营体模式，每位员工都被视为自主经营、自负盈亏的小企业领导者，员工在被充分授权的制度管理下，提高了工作的自主性，激发了创新能力，最终实现企业和员工的双赢。类似的还有阿米巴经营模式、腾讯的封闭式创客团队模式。微信产品就是在这样的模式激励下成功研发诞生的。企业内部的创客模式能够有效促进组织与员工的目标高度融合，减少冲突，提升员工的积极性和工作绩效，进而提高组织的竞争力。

6.3.2 威客模式

威客的英文为 Witkey，是由智慧和钥匙两个词的英文 wit 和 key 组成，也是 the key of wisdom 的缩写，对威客较为准确的定义是利用互联网把自己的智慧、能力、经验、知识转换成真实收益的人。因此，威客模式即指使用互联网进行知识管理的网络创新交易模式，实质就是个人对个人类型的电子商务模式。至今，威客网站平台上威客的数量已达上千万，每天的交易额高达上百万元。威客网站提供了一个平台，企业作为需求方通过威客网站平台，可以根据需求发布与技术、科学、工作有关的问题，威客则通过网站提交解决相应问题的答案。例如，猪八戒网是中国威客行业领先的服务平台，是服务于中小微企业的人才共享平台，通过大数据技术进行线上线下资源整合，构建人才与雇主之间的双边市场，实现人才与雇主精准对接，将创意、智慧和技能转化为商业价值和社会价值。而企业通过猪八戒网，面向大众征集目标方案，从受众群体的角度出发实现创新，生产出更符合消费者需求的产品。威客模式不仅能够帮助企业降低人力资源管理成本，还可以有效借用企业外部智慧力量，从而推动企业创新发展。

6.3.3　众包模式

众包是指借助互联网等手段把原本由内部员工或外部承包商所做的工作任务，以自由自愿的形式外包给一个大型的且没有清晰界限的大众群体。众包模式成为一种基于互联网的工作任务分配模式，即企业能够利用网络将任务分包给接包方，而接包方通过提供创意、劳动或解决方案等方式完成任务，获得酬劳。在传统商业模式下，企业自身主导价值创造，而在众包模式下，开放性的外包方式让更多主体参与到价值创造的过程中，提升了企业的竞争力。众包下的企业和群体之间相互了解、合作，分享自己传统运营模式下的封闭资源，进而吸引更多人更有价值的资源共享。

6.3.4　合伙人模式

合伙人模式是企业收集整合各类资源，与企业内部或外部创业伙伴构建松散的雇佣关系，可以根据合作对象的来源将其分为内部合伙人模式和外部合伙人模式。内部合伙人模式，就是在企业内部选择创业合作伙伴，让其在企业的支持下进行创业或者承担某些业务内容和项目，创业的成果由企业与员工共享。例如芬尼克兹裂变式创业模式，其创始人宗毅在企业内部开展创业大赛，鼓励员工参与创业，使得优秀员工和优秀创意脱颖而出，并由此裂变出一批经营状况良好的新公司。裂变式创业模式指员工在母公司创业成立子公司，母公司控股新创成立的子公司，这就是内部合伙人模式的一种典型表现。外部合伙人模式，是指公司和外部合伙人投资组成合伙企业，共同参与合伙经营。例如腾讯的开放创新平台，为其用户提供基础性服务、平台、场地和技术等支持，帮助外部开发者开发出更多更好的项目，并将该项目在开放创新平台上运营，为腾讯带来创新和活力。内部合伙人模式能够为企业提供创新的动力，为企业留住骨干人才，推动企业的转型升级。外部合伙人制度能够有效整合企业内外部资源，在合伙人与企业之间形成互补优势，进一步提升企业的价值。

共享经济的出现改变甚至颠覆了传统商业的运营模式，共享经济模式将成为传统企业转型、带动产业升级、促进供给侧改革的重要驱动力，并已经成为当今创新经济的主流。共享经济的意义不仅在于促进全球经济的增长，更为企业商业模式变革和创新提供了新思路。传统企业无论大小强弱，都有参与共享的需求和动机，而社会上的资源拥有者，包括普通的消费者和组织消费者不仅有参与共享的利益动机，也能够提供企业所需要的资源。因此，传统企业应当拥抱共享经济，进行战略与运营上的共享活动创新，这样才能借助共享经济实现企业发展目标。

6.4　共享经济模式的发展

6.4.1　共享经济对经济发展的影响

经过前面几节的介绍，我们知道了共享经济的出现对传统商业模式产生了重要的影响，不仅降低了消费者的交易成本，还减少了信息的不对称性。"劳动者—企业—消费者"的传统模式正逐渐被"劳动者—互联网平台—消费者"所取代。共享经济模式对于传统经济模式的冲击主要体现在消费方式和市场格局等方面。例如 Airbnb、小猪短租等企业的兴起对于传统酒店行业便是一种打击，随着 Airbnb 等新型产业的兴起与发展，信息成本能够较大幅度地降低，然后逐步解决掉信息不对称的问题，以更低的价格来获取更佳的产品与服务质量，这便是相对传统经济来说，共享经济的一大优势所在。而传统经济模式主要为粗放型经济模式，其低利润率、高渠道费用、高运营费用和高库存费用的特点使得传统企业的市场受到挤压，由于消费者更愿意接受共享经济，传统经济正逐步被替代。近年来，传统经济模式也逐渐开始融入"互联网+"的时代大背景，积极努力适应现代环

境，试图打造自主品牌，打破传统模式的局限性。在未来，传统经济会越来越多地践行新的市场方向，以实现社会资源利用率最大化。接下来介绍四点共享经济对当前经济发展的主要影响。

1. 对经济市场的影响

互联网信息技术不仅推动了共享经济的发展，而且还有效减少了资源供给方与需求方之间信息不对等的情况。信息技术的有效应用，使得需求方在进行共享经济的过程中可以通过线上的评论反馈机制，了解更多的物品或者服务信息，进而做出更加合适和满意的选择，有效避免了信息不对称情况的出现，有助于经济市场的良性发展。在互联网信息技术的作用下，大量买方与卖方聚集在同一个网络平台上，这不仅能够增强消费者选择的多样性，而且通过消费者的评价反馈，还能够促进卖家提高自身产品或服务质量，增加服务供给者之间的竞争力。除此之外，网络平台上的交易，不仅能够简化搜寻环节，还省去了讨价还价的过程，有效降低了物品和服务的交易成本，同时，还能够在网络平台的支持下进一步扩大交易的范围。对于消费者而言，共享经济的出现有效改变了传统买卖双方信息不对称的问题，并且为消费者提供更多的选择，提高消费质量。对于服务提供方的卖家而言，共享经济有效提升了闲置资源的利用价值，有效加快了企业的发展进程，尤其是提高了企业经济收益。

2. 对就业岗位的影响

随着共享经济的发展和普及，社会增加了许多新的就业岗位，相较于传统岗位而言，共享经济提供的岗位更加灵活自由，这也就间接地使得传统岗位数量逐渐减少甚至被取代。随着共享经济的不断发展，更多传统工作岗位的收入将持续缩减。近几年，随着共享经济的崛起，网约车由于其经济便捷的特点逐渐代替出租车成为交通行业中的新秀，严重影响了出租车司机的收入，甚至一些国家还出现了出租车司机集体罢工抗议的情形。相关研究提出，经过长期的统计和观察，从长远的角度来看 Uber 司机的收入比出租车司机的收入更加可观，在交通市场的竞争逐渐激烈的情况下，对于司机收入的影响也就更加明显。与此同时，共享经济模式与传统雇佣模式相比，运营平台无须为从业者提供一定的社会福利保障，企业平台有效避免了该方面的支出。实际上，共享交通平台的运营以及相关算法和员工绩效评估体系等的构建，已经形成了对从业司机的制度化管理，这种远程管理模式使得受雇方与雇佣平台之间存在严重的权利不对等的问题。

3. 对传统行业的影响

共享经济的经营管理模式与传统模式存在着较大差异，而前者能够为消费者提供更多的福利和便利，这就对于传统行业产生了一定的影响。除此之外，消费者对共享经济的青睐也促进了共享经济模式的不断扩张和发展，进一步挤占了更多传统行业的市场，强烈冲击了原有的经济和市场秩序，改变了原有的经济结构，迫使社会利益进行重新分配。在共享经济的冲击之下，人们对于传统服务行业的需求量降低了，使得传统行业与新业态之间的竞争不断增强，即便如此，基于对消费群体的考虑，共享经济还不能够完全取代传统行业。此外，共享经济的出现，也吸引了大量其他类型的消费者，此类消费者可能在过去完全没有购买过相关服务的经历，从而进一步扩大了消费市场。在新业态的冲击之下，传统服务行业想要进一步确保自身稳定、可持续的发展，就需要不断地创新、升级，有效实现行业的进步和发展。

4. 对社会效益的影响

经济全球化势不可挡，人们的生活水平也在不断提高，这就导致了各大中型城市的服务需求不断增加，人们对生活品质的要求也越来越高。而共享经济的发展和推广，对于社会效益产生了良性的影响，极大地提升了社会效益。仍然以在全球范围内都受到认可的网约车为例：根据纽约时报的分析结果可知，共享交通的飞速发展，使得 Uber 逐渐获得了人们的认可，也正因如此，曼哈顿晚高峰的交通情况有所改善，拥堵问题缓解了 10% 左右，提高了城市交通运行的效率，只需要少量的共享车辆就能够有效解决城市道路对于出租车的需求问题，极大地缓解了城市交通压力，改善了城市交通拥堵的问题。除此之外，共享交通的出现还改善了酒驾的情况，有效减少了由于酒驾导致的交通事故，降低了此类事故的死亡率，提高了城市道路交通的安全性。在国内，共享单车的广泛推广与使用也极大地提高了人们出行的方便程度，节约了时间和存储空间的同时也更加环保。诸如此类的共享模式不胜枚举，较大程度地整合了社会资源和提高了社会效益。

综上所述，随着互联网信息技术以及其他科学技术的不断发展，共享经济在近几年的蓬勃发展，不仅对经济市场和传统行业产生了一定影响，对于社会中的就业岗位以及社会效益也有不可忽视的影响。通过对这些新兴行业的不断探索研究和总结实践，共享经济将会在我国得到更加长远、更加成熟的发展，对于国民经济水平的提升有着重要意义。

6.4.2 共享经济发展中出现的问题

前面已经提到共享经济相对于传统经济的创新性发展及冲击，但在现实社会中，共享经济模式仍然存在着许多值得探索的逻辑痛点。

1. 共享经济快速发展带来的市场过剩

新事物正在兴起，一些公司却面临着破产或解散。移动互联网的快速发展、通信流量费用的降低、智能手机和平板电脑等移动设备的普及、城市快速发展等综合环境的成熟等各个因素为共享经济准备了条件。但市场对于共享经济的认知还有些许欠缺，导致了各类产品的疯狂增长，各大企业竞争激烈，通过产品的投放以获取最大利益。由于正处于发展初期，加之制度的不完善，产品过剩成为典型现象，反映了发展的盲目性。

2. 共享平台的风险控制和监管不到位

对于大多数人来说，共享经济平台是一个崭新的平台，在汲取了其他国家的成功经验之后，我国大量企业疯狂地加入这一模式跑道中来，它们认为单纯地效仿国外的运行模式就可以获得预期的收益，却忽略了经济环境不同、风险管理不同等现实问题。我国大部分共享平台内部都缺少风险控制机构，一味地追求高利益的同时出现了一些与职业道德相悖的违规操作，最终使得共享平台陷入绝境。由于共享经济相关的产品投放范围广、辐射深，共享平台的监管问题也成为一大难题。举例来说，提倡绿色出行深受消费者喜爱的共享单车就存在两方面的监管问题：①共享平台缺乏对共享单车质量的监管，使得单车质量得不到保障，进而导致消费者对平台失去信心。②共享平台无法对消费者进行监管，个别消费者对单车使用不当，不仅影响他人的使用，也给共享平台带来了不少经济损失。

3. 部分共享经济平台发展尚有不足

2018 年 6 月 15 日，国家发展和改革委员会举行了 6 月份定时定主题新闻发布会。政研室副主任、新闻发言人孟玮出席发布会。孟玮表示："平台企业必须严格执行相关政策措施，在保证消费者人身和财产安全、强化身份核验和内容治理、保证公平交易、保护消费者权益等方面，切实承担起主体责任。"如今共享平台在建设上仍存在不足，用户个人信息泄露的安全事件时有发生，用户人身安全及财产安全得不到有效的保障。平台应该提高准入门槛，加强监督以及完善体系的建设。

4. 用户个人素质水平参差不齐

当前，共享经济已经从衣、食、住、行各个方面渗透到我国居民的日常生活当中，因为使用共享平台的用户个人素质水平参差不齐，便难以避免一些违背道德的现象出现。例如，在使用 Airbnb 订房时，作为需求方的房客不爱惜房间里的公共物品，用床单擦鞋子、将贴身衣物放入烧水壶加热消毒等。又如，在使用共享单车时，为了自己方便用车，有人直接用私人车锁将车子锁上不让他人使用、不把车子停放到指定的还车区域等。除此之外，在进行共享的时候还有许多不文明、不道德的现象出现并且屡禁不止。用户素质参差不齐所产生的道德风险隐患不仅给共享产品其他用户的使用带来了不必要的麻烦，而且随着时间的推移、风险事件的累积，用户会逐渐对共享经济失去信心，宁愿选择买或者不使用也不愿意再进行没有质量保障的共享，不利于共享经济的长期发展。

5. 共享经济发展政策不够完善

共享经济正逐步渗透到经济社会的各个领域中，但个别行业和地方政府在部分领域还存在管理空白，企业经营相关业务时难以进入或无法可依，政府的监管缺失可能会导致共享经济市场的秩序混乱，一些企业为追求高利益而不择手段却适得其反，为经济的增长带来了阻碍。

以上这些问题都是不可忽视且值得我们思考的，共享经济可持续发展不仅需要建立起相应制度，还需要实施合适的对策才能解决好痛点，才能保障共享经济平台健康运行。

6.4.3　共享经济长期发展的建议

当前，共享经济发展迅速，人们将之视为一种新的资源配置方式，可以让资源快速流动和供需高效匹配，全社会的闲置资源都能够参与共享。但如何发展共享经济？用户体验、大数据支撑、信用体系建设、政府政策建立以及整合合适的共享资源等，每个方面都至关重要。以下是促进共享经济长期良性发展的几点建议。

1. 提升用户体验，挖掘优质客户

共享经济之所以能够崛起，主要得益于它对人性需求的深度挖掘，满足了社会可持续发展的要求。对于共享平台来说，只有用户获得了极致体验，才能够为平台带来更高的收益价值。如果共享平台没有用户作为收益的基石，就不会有平台的未来前景。当前，全球人口总数已经超过了 70 亿人的规模，这一庞大的人口规模中隐含着巨大的闲置资源和多样复杂的用户需求所产生的不可估量的商机，如果能够从中挖掘出更多的目标用户，企业所获得的利益也是无法估量的。

而企业要做的就是最大限度地主动挖掘用户，而不是像传统思维那样被动地获得用户。

2. 打破"数据孤岛"，实现互联互通

大数据是信息时代最重要的生产资料，是未来商业的核心。谁拥有数据，谁就拥有未来。当骑上共享单车之前，无论是摩拜还是哈啰单车，用户都必须把自己的电话号码、真实姓名和身份证号递交给平台。而在骑行时，共享单车也在默默收集用户的行车数据。2017年，中国共享单车规模大幅度增长，增长率达到63.2%，用户规模突破2亿人。而到了2020年，用户规模达到了2.87亿人。目前，这个数字还在不断增长。共享经济的目标就是减少信息不对称、降低交易成本、更加高效低廉地达成供需双方之间的交易。因此，需要依赖大数据来实现精准的信息匹配。

3. 从规模扩张的粗放运作模式，向品质、质量、安全等优质服务转变

2020年新冠肺炎疫情对各行各业的影响都较大，全球产业链和产业结构都会重新洗牌，共享经济要抓住产业结构调整的档期，发挥其灵活性、创新性的运作模式优点，调整运作策略，转变拼规模、拼速度、抢市场的粗放式运作模式，从依靠补贴、风投注资转变为高品质、优服务、更安全、更快捷的精细化运作模式，重视客户体验和客户价值，挖掘潜在的绿色、创新、高需求的产业，将不同产业链进行整合，形成共享经济的综合产业链。

4. 应用区块链技术，向智能化、创新式产业转变

随着智能化和新技术的升级，区块链技术在共享经济中的应用成为一种强强联合的高需求。共享经济由于发展时间不太长，还处于新兴发展阶段，发展模式和管理方式都处于摸索状态，随着共享经济融资规模和业务规模的不断扩大，各种问题逐渐凸显出来：服务断裂化、行业平台独立化、隐私数据泄露等。区块链技术通过新技术和智能设备的研发，利用去中心化和信任机制的新技术实现加密分享、定位追踪、刷脸识别、语言支付等，将传统的共享经济商业模式进行创新，为共享经济的发展提供了新机遇。

5. 提供社会保障制度的便利渠道，精准化管理和激励从业人员

共享经济开拓了全新的就业模式，灵活就业、弹性工作、兼职工作、便捷结算的工作特点，吸引了大量人员加入该领域。2019年，我国共享经济参与人数约8亿人，其中服务提供者约7 800万人，平台企业员工约623万人。就业人数稳定快速增长，共享经济催生了一批网红主播、网约司机、"带货女王"等，但是其就业人员的工作性质普遍具有工作场所流动率高、工作时间弹性大、用工关系短等特点，对就业人员的管理比较困难，员工因无社会保障或者短期利益达不到预期而流失，造成共享经济的员工流动率较高。为了共享经济长期良性的发展，政府应为共享经济就业人员提供社会保障的专属通道，方便员工申报失业、养老和医疗等保险，开通企业保险的异地转存等便捷通道，建设服务平台，为工作环境复杂、强度大、工伤频发的就业人员（如外卖员）建立意外险、工伤险等保障制度，降低员工的流动率。

6. 建立完整的、具有经济韧性的共享经济产业链

2020 年初，新冠肺炎疫情暴发，现有的产业链暴露出很多问题，如传统产业细分行业众多、产业链条长、价值分配复杂、依赖性高等。共享经济抓住这次全球产业链重新洗牌的机会，重新组建产业链，构建共享经济的绿色、安全、独立的产业链，形成异质性产业协同聚集群落，调整线上线下的业务活动，减少外部依赖性，增强产业链的抗风险能力和柔韧性，形成产业聚集效应，在产业集群内的企业之间，信息、人才、知识、技术等资源快速无偿地进行传播，实现人员共享，促进技术创新，形成上下游紧密协同的集约高效共享经济产业集群。

7. 营造良好的运营商环境，维护市场公平，规范市场秩序

目前，我国共享经济还处于发展的初级阶段，即摸索阶段，还没有出台系统的法律法规和政策予以保障与规范，虽然各地政府出台了地方的政策，但全国政策不统一。在疫情防控的契机下，政府应根据共享经济的发展特点，出台维护运营环境、反不正当竞争和反垄断等相关的制度，规范共享经济的运营市场，为经营者出台评判标准和纠纷处理的依据，鼓励共享经济新业态的多元化发展，并对违规操作者制定违规界限，约束和引导共享经济的交易行为，为共享经济发展提供良好的外部环境，努力降低共享经济平台的制度性交易成本，促进共享经济更加长远健康地发展。

 案例讨论

小猪短租：开启中国住房共享经济新模式

如果你家有空置的房子或房间，你愿意共享出来挣钱吗？实际上，大部分人是从 Airbnb 的传奇中，知道了"与陌生人共享一张沙发"到共享自己多余的房间

或房子这一新鲜事物的。而在 Airbnb 兴起不久，国内也有许多创业者看准了其中的商机，小猪短租就是其中成绩不错的一位选手。随着共享经济的概念深入人心，现在越来越多的人在外出旅行时，不再局限于选择标准化酒店或者是招待所住宿，而是依靠互联网来搜索符合自身需求的房屋来解决短期住宿的问题。在这样的背景下，充分利用闲置房源的在线房屋短租模式就受到了旅行者的欢迎。

小猪短租是国内知名的 C2C 短租民宿预订平台，2012 年成立，2012 年 8 月正式上线，是国内最早依托共享经济，为用户提供短租住宿服务的互联网平台。小猪短租持续拓展多元化房源，服务超过 2 800 万用户，其房源包括普通民宿、四合院、花园洋房、百年老建筑、酒店公寓、海边小屋，也有绿皮火车房、森林木屋、星空景观房等，租住方式包括日租、公寓短租、别墅短租、卧室短租、沙发短租等，全方位满足用户不同租住需求。小猪平台覆盖国内 395 个城市、海外 225 个目的地，目前全球房源超过 35 万套，其中国内房源 30 万套、海外房源 5 万套，每日接受房源上线申请数超过 1 500 个，在超过 20 座城市设立办公室，2017 年交易额超过 25 亿。小猪数据显示，2017 年分享住宿入住总量前五名城市，分别为北京、上海、成都、深圳、广州；订单增速前五名，分别为天津、重庆、长沙、昆明、三亚，天津订单增长速度达到 700%，新一线、二线城市潜力大于一线城市；从整体用户入住天数占比情况看，新一线与二线城市合计占比为 44.6%，接近一线城市的 47.3%，未来房屋共享将进一步向新一线与二线城市渗透。

小猪短租不仅仅是一个租住平台，还致力于构建具有人情味的社交住宿社区，鼓励房东、租客分享个人生活，在网站上展示自我，拉近陌生人间的距离，促进房东、租客互动交流，以及租客间分享。公司先后推出"城市之光"书店住宿计划、"打工换宿"，以及住进花店、剧场、乡村等系列针对平台核心"80 后""90 后"用户的活动，满足用户深入体验当地文化的需求，契合其崇尚自我、敢于体验新鲜事物的特征。受益于平台房源供给数量增加、体验不断改善，很多商务出行用户也开始使用小猪短租，商旅业务上线 3 个月内，订单量增长近 500%。

2016 年，共享经济首次写入政府报告，表明国家支持共享经济发展；2016 年，审计署公布的数据显示，国内现有闲置房源近 7 000 万套，分享比例仅为 2.57%，未来闲置房源开发仍有很大空间，为在线短租提供充足供给侧资源，有助于解决国内房产存量问题，有效盘活闲置资源。虽然 2020 年受到了疫情的影响，但《中国共享住宿发展报告 2020》显示，2020 年 3 月以来，共享住宿市场交易额、订单量和接待人数开始逐渐恢复：3 月、4 月、5 月的交易额环比分别增长 78%、199%、35%；订单量环比分别增长 141%、152%、50%；接待人次环比分别增长 81%、112%、28%。这些数据无一不在向我们证明共享经济正在成为未来发展的趋势。

资料来源：https://www.sohu.com/a/237122852_609541，有删改。

案例思考

1. 小猪短租成为国内共享房屋市场的佼佼者，其有哪些特点和优势？

2. 疫情后的共享房屋市场为何能够快速恢复？

3. 与传统酒店业模式相比，共享房屋有哪些优势？

思考题

1. 共享经济有哪些要素和特点？

2. 共享经济是如何产生和发展的？

3. 与传统商业模式相比，共享经济有哪些优势？

4. 共享经济存在哪些问题？有哪些相应的解决措施？

5. 你有哪些对共享经济长远健康发展的可行建议？

即测即练

第 7 章　互联网医疗

 本章学习目标

1. 了解互联网医疗的概念与发展。

2. 熟悉我国互联网医疗目前的业态和模式。

3. 掌握互联网医疗健康生态圈。

4. 理解互联网时代的移动医疗。

5. 了解我国互联网医疗典型的参与企业。

本章思维导图

🔍 案例导入

春雨医生：Mhealth 概念拓荒者

随着移动互联网的快速发展，移动医疗行业逐渐兴起，各医疗健康类 App 也如雨后春笋一般涌现，春雨医生就是其中的代表之一，也是现在我国"互联网＋医疗健康"领域的领军产品。春雨医生的理念是利用移动互联网帮助人们掌握健康、延缓衰老以及治疗病痛。春雨医生开创了通过移动设备进行实时医患沟通——"在线问诊"的先河。真实临床医生手机接诊，涵盖全科，每天 7×24 小时极速响应。

从 2011 年 11 月创立至今，春雨医生以移动科技服务医患，先后开创了在线问诊、"空中医院"、家庭医生、开放平台、互联网医院和社区健康小站等互联网医疗服务模式，摸索出了 24 类慢病管理 360 度整体解决方案，确立了 5A 互联网诊疗标准，搭建了"速度、专业度、服务态度"三位一体的在线问诊服务质量控制体系。

春雨医生在最初的阶段，定位为一款以网络诊疗为主要服务业务的移动医疗 App，医生与患者之间的互动可以有自诊、问诊两种形式。轻问诊，做的是众包抢答的形式。系统中平均每个问题在两分钟以内响应，用户可以免费在春雨医生咨询，这些使得春雨医生获得了第一手的健康大数据。

经过一段时间的发展，春雨医生的用户量不断提升，但在盈利方面并未找到合适的切入口。"空中医院"和私人医生服务，即春雨医生拓展自身业务和探索自己盈利模式的一项举动。"空中医院"的定向问诊是指让医生在春雨平台开店，售卖自己的服务，包括图文咨询、电话咨询、挂号预约、买断医生一定时间的私人医生服务。医生对自己的服务进行定价，用户选择其所需要的医生以及购买其所需要的服务。私人医生一方面是线上的家庭医生，对患者建立相关的健康档案，包括所有与健康相关的数据，长期地服务于一个客户，充当私人医生的角色；另一方面是线下服务，包括分诊服务、预约线下签约的医院专科专家，线下的春雨诊所会把收集来的相关数据和档案汇集到线上，然后对采集到的数据进行处理，将之提供给药厂、药店和医院换取利润。按照当时的规划，线上平台是春雨医生诊疗体系的基础，可以解决患者 70% 的问题，而剩下的 30% 则由诊疗体系第二级的春雨诊所来承担。再往上的第三级则致力于解决需要重大手术或者需要大型检查设备的问题。而诊疗体系的第四级即春雨国际医疗是通过跨境医疗将患者送出境就医，或者引进国外的医生资源为国内的高端患者提供服务。

2015 年 11 月 19 日，春雨医生与中国人保财险宣布签订了产品创新战略合作协议，共同进入健康服务保险领域。具体合作方式上，春雨医生将根据人保财险客户群体的特点及不同层级，提供基于线上健康咨询、春雨诊所、权威医疗机构以及春雨国际的分级诊疗体系服务，提供分级别以及标准化的服务内容，支持中国人保财险进行健康服务型保险的产品创新。

2020年1月，国内发生新冠肺炎疫情。1月24日，春雨医生上线了"共同抗击新冠肺炎"义诊专题页面，免费为广大用户提供在线问诊服务，得到了社会各界的广泛支持，1 200多家机构和企业加入了春雨义诊联盟。在线下，春雨医生在100多个开设了春雨健康小站的社区，以小站的体温、血氧测量等设备协助物业进行公共卫生消毒、防疫，通过医生直播课形式帮助广大居民了解新冠肺炎的防护知识、居家消毒的方式方法。疫情中，春雨医生的接诊量激增，尤其是1月24日至2月8日，平台数据每天都在呈几何倍数增长。

此次疫情对于医疗行业产生了极大的影响，一方面问诊方式从线下转移到了线上；另一方面，健康在人们心中的地位上升到了一定高度，这挖掘了医疗行业的发展潜力。医药咨询机构沙利文发布的中国医疗健康应用报告显示，2019年中国互联网医疗市场规模达到267亿元，2026年或将增至1 978亿元。面对这千亿级别的市场，能取得其中的一小块就已经可以创造不少的经济效益了。在疫情之后，人们对于健康的重视程度，必然会使这个市场释放红利，而身处赛道之中的春雨医生，或将成为巨头也未可知。

7.1 互联网医疗概述

7.1.1 传统医疗痛点

目前，传统医疗模式显示出诸多弊端，具体可概括为以下几个方面：看病难，就医挂号难，大病急病立即救助难；看病贵，医疗费用较高；看病烦，排队5小时就诊5分钟的现象普遍，检查、检验等流程较多；质量差，有些不常见的急病容易误诊；矛盾深，医患关系紧张，纠纷数量逐年增加明显。其背后的原因包括下列几点。

（1）医疗模式的偏差。重临床轻预防，传统医疗体系注重发病后的治疗，对慢性病的长期管理较为缺乏。重医疗轻护理，重视临床的诊断而忽视护理队伍的建设。以疾病为中心，而不是以患者为中心。部分医院走上了以药养医和以查养医的道路。

（2）诊疗过程缺乏规范。专科划分的细致导致医疗碎片化，病人的疑难杂症往往去不同的医疗机构进行诊治，造成了医疗协同和连续性医疗困难增大。信息采集落后，信息共享程度低。

（3）医疗资源总量不足。执业医生、护士缺乏，高层次人才少。

（4）医疗资源分布不均。地区、城乡之间，医疗资源差距大。

（5）分级就诊机制不完善。小病大治、大病小治等情况出现频繁。无序就医，轻症患者总想去大医院，使得重症患者挂不上号而只能去小医院暂时接受治疗。

（6）就诊流程不合理。医院缺乏以患者为重的服务模式，服务流程不够优化，服务手段不够先进。

7.1.2　互联网医疗的概念

当医疗行业遇上信息时代，变革正在一步步发生。互联网医疗，可以从狭义和广义两个角度来进行理解。狭义上的互联网医疗是指以提升医疗服务的质量、效率和公平为目标，在医疗服务的全链条上应用互联网的产品、技术和服务等。广义上的互联网医疗是指借助互联网、物联网以及依托于其之上的大数据、人工智能、区块链、5G 等技术，实现健康医疗服务从被动就医到主动预防、从治疗疾病到健康管理、从以疾病为中心到以用户为中心的跃迁。广义的互联网医疗集合政策、经济、社会和技术等多方面要素，在改革公共卫生体系、改善医疗服务流程、改变看病就医理念和改进健康医疗价值闭环等方面起重要作用。

"互联网医疗"这一概念可以追溯到 20 世纪出现的"E-Health"，可以理解为通过互联网和相关技术提供或增强卫生服务和信息，包含电子健康档案、电子处方、远程医疗、健康知识管理等多个子概念。美国很早就成立了区域卫生信息组织、国家卫生信息技术协调员办公室、卫生信息共同体、卫生信息技术标准委员会，并发布了医学研究院患者安全数据标准。英国拥有三类互联网医疗服务系统：国家层面的中央服务系统，可以在任何地点通过特定身份识别患者的就医记录等；地区层面的地方服务系统 Albasoft，各地区系统之间可以相互连接和支持；个人护理解决方案服务系统 NHC choices、Grey Matters、Cellnovo、Handle my Health 等。丹麦凭借计算机信息技术的高度发展，也拥有较为成功的互联网医疗服务体系。丹麦拥有两个比较成熟和便捷的中央医疗保健数据网络系统 Sundhed.dk 和 MedCom。

丹麦居民可通过数字签名登录 Sundhed.dk 来查看自己的健康数据和用药记录，并且可以预约医生、订购药物和更新处方，还可以与医疗卫生主管部门进行沟通。MedCom 则实现了丹麦 5 000 多所医疗机构和 50 多家不同的技术供应商使用同一个电子表格系统来为患者提供初级保健服务。

7.1.3　我国互联网医疗的发展

1994 年，我国实现与国际互联网的全功能接入，在随后几年里四大门户网站相继成立，互联网开始影响国内的方方面面。此时以 PC 互联网为主，我国的医疗行业受到的影响主要在医疗信息系统方面，医疗机构的工作流程开始与计算机融合，预约挂号、分诊、电话咨询等服务使传统医疗模式得到初步的改变，但是患者与医疗机构几乎没有通过互联网产生互动。

到了 2011 年，门户时代成为黄昏，移动互联网旭日东升，国内移动互联网创业氛围火热。3 年后，随着京东等多家互联网企业上市或被收购，造富神话频频上演，"互联网"成为社会上见诸报端的热词。2014 年被业界称为"中国互联网医疗元年"，互联网医疗迎来了爆发式的增长。这一年，在政策和资本的影响下，国内新增互联网医疗企业超 150 家，并购交易额超过 100 亿元。

2015 年 3 月 5 日，政府工作报告中首次出现"互联网+"行动计划。3 月 6 日，国务院正式印发《全国医疗卫生服务体系规划纲要（2015—2020）》，明确提出要借助移动互联网、大数据、云计算、物联网等信息化技术，提高医疗健康服务的效率，推动医疗卫生服务模式的升级。7 月，《国务院关于积极推进"互联网+"行动的指导意见》（以下简称《"互联网+"指导意见》）出台，推进了互联网与社会各个领域的深度融合。对于医疗卫生领域，《"互联网+"指导意见》提出要推广在线医疗卫生新模式，提出了下列要求。

"发展基于互联网的医疗卫生服务，支持第三方机构构建医学影像、健康档案、检验报告、电子病历等医疗信息共享服务平台，逐步建立跨医院的医疗数据共享交换标准体系。积极利用移动互联网提供在线预约诊疗、候诊提醒、划价缴费、诊疗报告查询、药品配送等便捷服务。引导医疗机构面向中小城市和农村地区开展基层检查、上级诊断等远程医疗服务。鼓励互联网企业与医疗机构合作建立医疗网络信息平台，加强区域医疗卫生服务资源整合，充分利用互联网、大数据等手段，提高重大疾病和突发公共卫生事件防控能力。积极探索互联网延伸医嘱、电子处方等网络医疗健康服务应用。鼓励有资质的医学检验机构、医疗服务机构联合互联网企业，发展基因检测、疾病预防等健康服务模式。"

在各项政策的推出和资本的进入下，互联网医疗迎来百花齐放的狂热发展期。重金投入之下，众多互联网医疗公司从在线的"轻问诊"，跨过红线进入医院诊疗的核心领地。2015 年 11 月，在一场论坛上，春雨医生创始人张锐与当时北大人民医院院长王杉进行了一场异常激烈的公开对话。在对话中，他们互相打断多达 18 次。

2016 年，互联网医疗行业泡沫被戳破，资本寒冬到来。2017 年 5 月，一份国家层面的《互联网诊疗管理办法（试行）征求意见稿》在坊间流传开来，其中一条就是禁止医疗机构（民营医院、公立医院）叫网上医院，但这份文件始终没有正式对外发布。一石激起千层浪，整个互联网医疗行业的相关人士在 2017 年下半年都在惴惴不安的观望中度过。

2018 年 7 月，国家卫健委、中医药局印发《互联网诊疗管理办法（试行）》《互联网医院管理办法（试行）》《远程医疗服务管理规范（试行）》三份互联网医疗领域的重磅文件。三份文件首次明确，无论是互联网诊疗行为，还是成立互联网医院，都必须依托于线下的实体医疗机构，国家对其均实施准入管理——"互联网诊疗活动应当由取得《医疗机构执业许可证》的医疗机构提供。"互联网医疗只允许复诊，不允许首诊。三份文件的发布让互联网医疗进入发展的转折期，整治行业乱象的同时进一步打开了行业成长空间，2015—2020 年我国互联网医疗的市场规模如图 7-1 所示，投融资金额及规模如图 7-2 所示。

图 7-1　2015—2020 年我国互联网医疗的市场规模

资料来源：易观咨询。

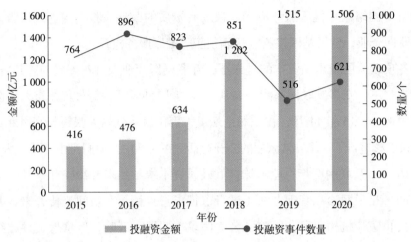

图 7-2　2015—2020 年我国互联网医疗的投融资金额及规模
资料来源：易观咨询、虎博搜索。

2018 年政府工作报告中，李克强总理提出，"实施大数据发展行动，加强新一代人工智能的研发与应用，在医疗、教育、文化、体育、养老等多个领域推进'互联网 +'"。互联网企业开始积极探索问诊、挂号、导诊、医药电商、患者管理、健康管理和本地医疗等多个领域，医疗 AI、医疗云、医疗健康大数据相关产业开始逐渐升温。新的业态也随之出现。MaxCompute 携手华大基因打造精准医疗应用云平台，基因大数据和生物医药开始融合发展。智能可穿戴设备逐渐在医疗健康中被应用为重要的数据采集终端，个人健康数据和生命体态特征的监测可以更好地为患者进行健康管理和治疗，对疾病预防、慢病筛查、辅助诊断、疗效评估等有显著效果。数据的积淀和算法的改进使得医疗 AI 快速发展，AI 系统正在成为人类医师的得力助手和部分医疗服务的得力干将，在重疾早筛、影像诊断、慢病管理等领域发挥重要作用，提升医疗服务的高效化、精准化、智能化。

2020 年，在疫情的特殊背景下，民众对互联网诊疗的需求井喷，也有人将2020 年称为互联网医疗的"爆发元年"。我国互联网医院建设项目的数量和金额超过了 2018 年、2019 年的两年总和，活跃用户与付费用户转化率均提升明显。各大互联网健康平台一时受到资本疯狂追捧，阿里健康股价涨了近 3 倍，京东健康上市半个月市值就超过百度和网易，达到 6 320.24 亿港币。2020 年 10 月 28 日，在国务院新闻办公室举行的新闻发布会上，国家卫健委透露了一组数字：目前，中国已经有 900 家互联网医院，远程医疗协作网覆盖所有的地级市 2.4 万余家医疗机构，5 500 多家二级以上医院可以提供线上服务。在政策端，围绕着打造"互联网 +

医、药、险"闭环产业政策持续了 2020 年全年，共发布了 14 项政策文件。有两项政策备受关注：3 月由国家医保局和国家卫健委联合发布的《国家医保局 国家卫生健康委关于推进新冠肺炎疫情防控期间开展"互联网 +"医保服务的指导意见》和 11 月由国家医疗保障局印发的《国家医疗保障局关于积极推进"互联网 +"医疗服务医保支付工作的指导意见》。前者指出，对符合要求的互联网医疗机构为参保人提供的常见病、慢性病线上复诊服务，各地可依规纳入医保基金支付范围。后者对于"互联网 +"医疗服务医保支付工作的重要意义、管理方法、政策完善、监管措施等做出要求和规定，对各省级医保经办机构具有实质性的、可操作的指导意义。新医保政策的出台，使得互联网医疗服务体系与医保体系产生了关联，极大地推动了互联网医疗健康领域的发展。

新医保政策推出后，河南、广东、湖北等多地医保部门和医疗机构火速改造信息系统实现在线结算。公开资料显示，目前已有数十家互联网医院接通医保，还有部分医院正在进行对接。

7.1.4　我国互联网医疗业态及问题

从 PC 互联网时代到现在，医疗健康资讯和医疗健康科普相关的产品层出不穷，从网站、论坛等过渡到现在的 App、微信公众号、社群等，目前已形成医学百科、在线医学知识库、标准化临床内容支持库、常见疾病误区和谣言纠正等成熟的内容体系，自然语言处理、机器学习等技术使得用户搜索提问的内容匹配度和准确度明显提升。互联网巨头们在此领域纷纷出手，百度联手健康医疗内容生产机构，腾讯推出"腾讯医典"（企鹅医典）。

一方面，互联网健康医疗服务围绕医疗服务的链条做延伸、拓展或者优化，从 2011 年至今各种服务的形式可能出现变化，但实质还是没有变，最具代表性的即诊前环节帮助用户做就医决策的在线问诊服务。另一方面，各种国家政策文件出台之后，互联网诊疗服务步入规范化，互联网健康医疗企业以外的医疗机构、保险机构、医药电商平台等均开始进入互联网医疗行业。在互联网诊疗服务体系中的积极参与者主要有系统供应商、互联网医疗平台、健康管理服务商、基层医疗服务商、医药电商和医疗器械厂商。

虽然我国的互联网医疗的发展已经经过了多年，而且技术进步引起的变革已经让现在的互联网医疗更加智慧化，但是高歌猛进之下，依旧有许多问题有待解决。几个突出问题如下。

（1）用药的疑问。有患者表示，曾在互联网医疗平台上看病，先后选择了多位医生进行咨询诊断。针对"呼吸不畅"的症状，京东健康上的一位呼吸内科医生给出了"气道高反应"的初诊结果，并提出"茶碱缓释片"的用药建议，"中医内科"一位医生诊断结果为"肝郁太重"，建议她服用"丹栀逍遥丸"的处方药品；平安医家上的一位呼吸内科主治医师诊断结果是咳嗽变异性哮喘待查，开具"硫酸沙丁胺醇吸入气雾剂"和"孟鲁司特钠片"两种处方药品；丁香医生上一位排名第一的主治医师让她到线下去做检查，找线下医生开药。同病不同诊，是目前互联网医疗一个突出的问题，用户可能会对于线上开具的处方的正确性和用药的安全性产生一定顾虑。

（2）获取处方药十分容易。新的《中华人民共和国药品管理法》虽然取消了对处方药网上销售的限制，但2020年11月国家药监局发布的《药品网络销售监督管理办法（征求意见稿）》明确规定，处方药网络销售商应确保电子处方来源的准确性和可靠性，处方药须凭处方在执业医师指导下购买和使用。但是，很多互联网医疗平台对于这一要求十分形式化，基本上都是只听消费者的单方面病情描述，对于实际的情况不了解、不掌握。用户只需要填写病情概述，是否有用药经历，有无过敏与不良反应等就可以成功购买处方药，整个过程十分快速，基本没有实质性的问诊过程。

（3）许多互联网平台以买药为主，问诊不受重视。一方面由于第二点的存在，许多平台的问诊套用模板，生搬硬套，只要开具出用户需要的药品即可。另一方面，科普和问诊很难直接变现，成本往往会大于收益，买药成为互联网医疗平台最快的变现途径。京东健康招股书显示，京东健康2017年、2018年、2019年和2020年上半年，零售药房业务收入占总收入的绝大部分，其中医药及健康产品销售收入分别占总收入的88.4%、88.8%、87.0%和87.6%；而平台服务收入分别仅占总收入的7.9%、7.4%、7.3%和6.8%。

丁香医生、平安医家、百度健康等平台虽然与有着浓厚电商背景的京东健康和阿里健康不同，主要依靠问诊来导流用户和患者，但是由于不具备线下医院的检查、深度诊断等一系列手段，所以不能依靠单纯的问诊收入来维持经营，最终主要的变现也只能依靠卖药来实现。许多互联网医疗平台逐渐变成了互联网卖药平台，而对医患价值更高的科普和疾病早期筛查更多地变成了成本项。

2020 年，全球医疗健康市场单笔超 1 亿美元的融资达 205 起，同比增长 80% 左右，医疗健康产业连续第十年稳定增长。互联网的出现正在改变传统的医疗模式，借助移动终端、大数据、云计算等手段，医生、患者之间的连接关系正在发生整体的变革，医疗改革和医疗市场化更是一项重要的助推力量。以医院为中心的医患关系正逐渐变为以患者为中心的医疗服务模式，虽然在前行路上还有诸多需要健全完善的地方，但是未来的医疗场景必定更加智能化、信息化，令人满意。

7.2　互联网医疗健康生态圈

随着互联网和信息技术的发展变革，"健康医疗大数据 + 医疗服务 + 社保和商保 + 健康管理"的宏观闭环正在孕育，如图 7-3 所示。依托健康医疗大数据，打造新的健康医疗商业模式，拓展医疗服务和健康管理成为许多头部互联网健康医疗企业的必然选择。与此同时，资本市场也越来越看好能够积淀医疗健康数据、进行互联网医院建设和运营以及健康管理、接入医保支付等整体性的互联网医疗项目。

图 7-3　"健康医疗大数据 + 医疗服务 + 社保和商保 + 健康管理"宏观闭环

资料来源：互联网医疗蓝皮书、36kr。

7.2.1　健康医疗大数据

健康医疗大数据是指在人们疾病防治、健康管理等过程中产生的与健康医疗相关的数据，也可以泛指所有与医疗和生命健康相关的数字化信息的集合。随着技术的发展，当下各种异源异构的数字化健康医疗数据逐年激增，形式和内涵也逐渐丰富，包括基因数据、医学影像数据、临床数据、健康护理数据等。从数据的特征和应用的领域可以将健康大数据划分为六个方面：医疗大数据，主要包含电子病历、处方医嘱等；健康大数据，以个人健康管理为核心的数据，主要产生于各类生命体征检测系统；生物组学大数据，人体生物标本相关的数据；卫生管理大数据，包括医疗卫生机构中的一些管理数据；公共卫生大数据，大样本人群疾病和健康的数据等；医学科研大数据，医学研究过程中产生的数据。

健康医疗大数据除了有通常意义上的"5V"特征，还拥有一些生命科学领域上的特殊性。最典型的是时效性，与其他行业有所不同，健康医疗大数据的采集需要尽可能多地覆盖一个人的整个生命周期，至少覆盖整个的医疗过程（包括疾病的发生、治疗、治愈等）。其次是高度的隐私性，国内外对健康医疗大数据中的隐私和安全信息一般都有相应的立法，一旦出现隐私泄露，极有可能对被采集人产生严重的影响。

有资料显示，平均每个人一生中产生的数据超过 1 100 TB，约 60% 的数据可通过智能硬件监测获取。根据易观咨询的数据，2019 年包括智能手环、血压计、血糖仪在内的医疗健康智能硬件的市场规模在 192.41 亿元人民币，较 2018 年增长 24.26%。大众群体对健康认识的提升和对智能硬件接受度及使用度的提高，将推动互联网医疗中最为基础和关键的数据沉淀，从而加速精准医疗服务和保险市场的发展，最终帮助医疗健康市场完成由重医疗到重健康的转变。

目前，健康医疗大数据的应用主要在：①是加快新药的研发，发掘不同数据之间的相关性将为新药研发提供重要线索，并且大数据分析可以弥补传统临床相关的实验方法中的不足，得到更加有说服力的结构。②支持临床诊疗。大数据可以为诊疗提供智能化支持，并且可以提供案例库里最为相似的临床路径和诊疗方案的参考，启发医生制订更加有效的治疗方案，减少人为疏忽，提高医务工作者的效率。③推动精准医疗，集合人体生物的一些特征数据和外部环境的一些数据，为特定患者制订个性化的治疗和预防方案。④提升全民健康管理。根据居民的电子健康档案，运用大数据技术对其进行分析，可以为特定居民提供个性化的健康管理服务。⑤强化公共卫生服务。通过公共卫生的监测数据分析疾病模式和溯源疾病的传播途径，提高公共卫生的反应速度，阻止传染病的扩散。⑥支持卫生管理决策，分析医疗卫生资源的适用情况，提高医疗卫生机构的管理水平和服务效率。

7.2.2　互联网医疗服务

互联网医疗服务，对于患者主要的应用包括在线挂号、在线问诊、远程医疗和药品流通等，对于医生的应用包括学习专业知识、医生间交流经验等，对于医院则涉及信息化、互联网医院等。目前，在线问诊、互联网医院和医药流通是互联网医疗的三大板块，围绕着医疗服务的关键环节，涉及医生、医院和患者三方主体。

在线问诊，通常是像春雨医生、平安医生互联网公司提供的，在线轻问诊和健康咨询等相关服务，一般不开具处方，只是一种咨询的形式。互联网医院，是实体医院的一些服务放在了线上，如线上挂号、线上问诊和复诊、远程医疗和购买处方药等服务，拥有开具处方的权利，是传统医疗服务在互联网上的延伸，是集线上分诊、问诊、处方、支付、配药、复诊于一体的互联网医疗综合服务提供者，拥有传统医院的强大背书。互联网医院可以通过互联网以更为方便的方式提供传统的医疗服务，效果上有保证，而效率上更加有提升，是未来的互联网医疗服务发展的重要方向。易观咨询 2020 年的预测数据显示，未来 1 年到 3 年内，习惯在线上获得问诊、续方、开药等服务的患者将从不足 10% 增长到超过 50%。

随着国家关于互联网医疗相关政策的不断出台，加上新冠肺炎疫情的影响，中国互联网医院数量在 2020 年出现了井喷式增长，在未来将会继续保持上升的态势。根据发起的主体和运营的模式，可以将目前出现的这些互联网医院划分成三类建设模式：自建模式、共建模式和平台模式。自建模式，由线下实体医院主导互联网医院的建设和运营，由医疗 IT 厂商承担建设互联网医院的实际工作和任务，建设完成后由线下实体医院支付所花费的费用。自建模式的典型代表有：浙江大学医学院附属第一医院互联网医院（2016 年 2 月成立）、广东省人民医院互联网医院（2019 年 4 月正式上线）、四川大学华西互联网医院（2020 年 3 月正式上线）。共建模式，由线下实体医院主导建设和运营，由互联网企业提供技术服务并参与运营，部分诊疗收入将作为互联网企业的报酬。共建模式的代表有：安徽省立医院互联网医院（腾讯提供技术支持，安徽省立医院提供医疗服务）、湖北省互联网医院（由武汉市中心医院和阿里健康共同打造）、乌镇互联网医院（微医集团提供技术支持，数千家重点医院提供医疗服务）。平台模式，由政府主导，采用医联体的模式，线下医院接入平台，政府向医疗 IT 厂商支付费用。平台模式的典型代表是平顶山市郏县区域互联网医院（政府购买服务、第三方平台建设运营、区域医疗机构参与），该互联网医院向上可连接全国2 700多家医院，向下可以和14家乡镇卫生院、377个村卫生室相连，可以实现省市县乡村五级医疗机构有效贯通。2020年新冠肺炎疫情期间，采用平台模式的互联网医院不在少数，海南省的新冠肺炎诊疗服务平台、江苏省的"江苏健康通"App等均是典型的例子。

互联网医疗中的医药流通包括药品的零售和流通环节，目前主要包含B2B、B2C、O2O和处方流转这几种模式。B2B模式是在互联网的影响下传统的医药供应链转型的普遍形式。医院及其他医疗机构、药店、药企等原来在线下交易，现在转移到了线上，借助B2B交易平台，产生连接，B2B的业务模式有平台模式和自营模式两大类。九州通医药集团就是一个B2B的典型例子，其在医药流通领域已有近20年的积累，是一家以西药、中药、器械为主要经营产品，以医疗机构、批发企业、零售药店为主要客户对象，并为客户提供信息、物流等各项增值服务的大型企业集团。B2C模式下，企业和消费者直接产生连接，企业可以在销售药品的同时提供健康咨询，同样可以分为平台型和自营型，平台型即引入不同的零售商或者药房入驻平台，类似于"淘宝"；自营型即B2C公司自己进行药品采购并在平台上销售，药品订单通过快递发货。目前纯平台型的不多，1药网和京东健康等均是平台和自营相结合的模式，康爱多、健客等线上大药房则为自营模式的典型代表。O2O模式下，线上线下有机融合，将药品实现区域内专业化的即时配送，解决消费者急需。目前O2O模式主要出现在自营、第三方和外卖平台上，拥有成熟外卖配送渠道的美团、饿了么和布局线下的阿里、京东等电商巨头在此赛道上具有很大的优势。叮当快药为典型的自营平台，其有自己的App和小程序，在一定范围内可以做到半小时送药到家。阿里健康和京东健康为典型的第三方平台，其与线下的连锁药房有合作，可以提供即时的送药服务。美团、饿了么这些外卖平台也与连锁药房和自营平台进行合作，并且可以提供配送服务。处方流转模式，主要是指医院内处方以电子化的形式同步流转至院外的指定零售药房，随后患者可通过该电子处方内的信息在指定实体药房及电商平台处购买到包括处方药在内的相关医药商品。目前，针对处方外流的药品配送模式，可以划分为商业公司参与配送和零售药店参与配送，也可以称之为"医院—流通—患者"模式和"医院—药店—患者"模式。

7.2.3　医保和商保

我国的医疗保障体系由社会医疗保险（简称"医保"）和商业健康保险（简称"商保"）两者共同组成，医保包含城镇职工基本医疗保险、城镇居民基本医疗保险、新型农村合作医疗等，商保包括医疗险、重疾险等。根据艾瑞研究院的数据，截至 2019 年末，我国拥有居民医保的人群已占到全部人群的 96.7%。医保覆盖面十分广泛，但是有起付线、报销限额和报销范围等一些限制，而且力度有限，缺乏个性化。商保则可以为医保提供一个补充，为医保覆盖不到的需求提供一个解决方案。随着我国相关政策的不断出台，互联网和医疗保障制度相结合的模式正在不断探索。

从社会医疗保险的角度看，我国"互联网 + 医保"的商业模式正处于探索阶段，相关政策在 2019 年以来相继出台，部分省市展开了相应的实践，相关的经验成熟度不高，各地正在加快各地医保信息化建设升级。关于全国范围内推广应用医保的电子凭证，慢病患者"异地远程就医，当地医保结算"的模式等实际问题目前政府正在探索之中。与此同时，在监管可控下，如何给予第三方互联网医院或者互联网医药零售平台与线下机构同等的医保政策支持也是各个地区正在考虑的重要问题。2020 年 2 月 14 日，天津市医保局发布《市医保局关于在新冠肺炎疫情防控期间支持定点医疗机构开展互联网诊疗服务的通知》，在全国范围内率先在省级层面打通互联网诊疗服务医保线上报销渠道。2020 年 2 月 19 日，江苏医保局、江苏卫健委联合下发《江苏省医疗保障局 江苏省卫生健康委员会关于新冠肺炎疫情防控期间开展"互联网 +"部分医疗服务的通知》，文件明确了"互联网 +"医疗服务项目价格、医保支付政策、医保结算等。2020 年 2 月 23 日，上海市针对全面服务疫情防控和统筹做好日常医疗保障推出"医保 12 条"措施，支持"互联网 +"医疗服务试行纳入医保支付。"互联网 + 医保"正在逐渐成为互联网和医疗保障制度最明显的结合。

互联网保险，是指依托于互联网和移动通信等技术，通过自营网络平台、第三方网络平台等，订立保险合同、提供保险服务。互联网保险起源于美国，其与传统保险的差异主要在于：产品个性化程度较高，种类较多，且购买门槛较低，由于无须代理人进行销售，定价可以更低。互联网与商业保险相结合的应用，目前在我国较少，互联网健康险也正处于起步阶段。根据水滴保险研究院的数据，互联网健康险从 2015 年到 2020 年发展迅速，从 2015 年的 10.3 亿元规模，到 2019

年的 236 亿元，再到 2020 年超 300 亿元的规模。

在 2020 年新冠肺炎疫情影响下，居民健康管理和疾病风险意识大幅提升，这势必将加速推动健康险的发展和互联网渠道的渗透。从目前健康险线上业务的竞争格局来看，以数据和技术驱动，拥有互联网科技力量的公司将占据竞争优势。传统保险行业内的多数公司也正在跟进，如具有互联网基因的众安保险，建立自身科技中心，提早进行线上布局，由科技部门直接转化为利润部门；平安保险则与第三方公司合作布局线上业务。

互联网健康险未来的发展可能会出现以下几个趋势：①更加规范化，随着互联网健康险的高速发展，一些问题也慢慢凸显出来，2020 年末到 2021 年初，银保监会密集出台了多项与互联网健康险相关的监管措施，互联网健康险业务在未来应该会进入一个良性的发展期。②重疾险可能成为创新重点，《重大疾病保险的疾病定义使用规范（2020 年修订版）》于 2021 年 2 月 1 日起开始实施，该规范将原有 25 种重疾定义完善扩展为 28 种重度疾病和 3 种轻度疾病，并适度扩展保障范围，给保险公司提供了很多创新空间。③短期医疗险竞争可能会更加激烈，长期医疗险发展应该会加速，而互联网中介门槛将会变高。

7.2.4　互联网健康管理

随着健康意识逐渐增强，人们对诊疗保健的需求也日益增长，越来越多的人从被动的就医诊疗转向日常预防保健，进行主动的健康管理。健康管理的对象包括健康人群、亚健康人群、疾病人群，健康管理的核心目的是实时掌握健康状态，防范危险情况的发生，健康管理的方式是无病预防、临床前期预防、治病防残三级并举。目前，健康管理与互联网结果的一些应用主要有：线上健康资讯查询，借助医疗健康智能设备软硬件进行健康监测、基因检测等，仍处于初步探索的阶段。在此领域涉足的企业不少，服务模式也有多种，但是最主要的是以糖尿病管理为服务的企业（如掌上糖医、糖护士等），高血压、心脏病等也有不少的企业进入（如益健康）。此外，一些成熟的医药器械上市公司，在为慢病管理服务提供医药器械的同时，也通过自建平台和对外投资的方式针对慢病管理服务进行布局，力图打造软硬一体的健康闭环服务，目前在行业中也占据一定的竞争优势。

我国互联网慢病管理企业主要盈利方式集中在电商交易、会员和咨询等服务费用方面，商保介入少，医保支付能力有限，患者自付意愿不强，没有成熟的商业模式去整合医疗资源，企业的发展一直不温不火。根据健康中国行动推进委员会发布的《健康中国行动（2019—2030 年）》，慢性病已成为居民的主要死亡原因和疾病负担，占总疾病负担的 70% 以上，成为制约健康的重要因素。在未来，相信互联网慢病管理会有政府、行业、企业多方参与，促成全产业链条的构建，实现高速发展。

医药行业具有特殊性，"互联网 + 医""互联网 + 药""互联网 + 险""互联网 + 健康管理"需要同步发展，目前我国许多企业通过不同角色加入互联网医疗这个行业中来。图 7-4 为互联网医疗生态版图。

图 7-4　互联网医疗生态版图
资料来源：易观。

随着医疗体系全面进入信息化和智能化时代，互联网医疗将为全民健康的提升承担核心作用，以患者或用户为中心的多入口、无边界、个性化、全生命周期健康管理的模式有望在未来实现。

7.3　移动医疗

7.3.1　移动医疗的概念

移动医疗，国际医疗卫生组织将其定义为"M-Health"，指通过移动信息技术（例如移动电话、卫星通信等移动终端）来提供医疗服务和医疗信息，也可以理解为传感器或者可穿戴设备与应用软件及医疗服务的结合。目前，移动医疗应用的模式根据面向的用户不同可以分为三种：①面向医疗工作者的 B2B 模式，该模式下的移动医疗主要是指医学知识库的使用、医护工作者之间交流等。②面向患者或者医疗服务接受者的 B2C 模式，该模式下的移动医疗主要指在线诊疗、预约挂号、信息查询等。③ D2C（direct to consumer）模式，基于移动信息技术建立的医疗卫生服务终端，将医疗服务信息直接通过移动终端发送至患者或医疗服务接受者手中。移动医疗的出现，一定程度上缓解了传统医疗的一些问题，而且随着这些年移动互联网的高速发展，移动医疗正在成为互联网医疗的重要载体和手段，未来应用场景广阔。

根据比达咨询的数据（图 7-5），我国 2020 年上半年度移动医疗用户规模达5.9 亿人，其中在线医疗用户规模占比最高，占比为 46.8%；健康管理占比36.4%；医药服务占比 6.0%。整体的市场规模达到 87.5 亿元。

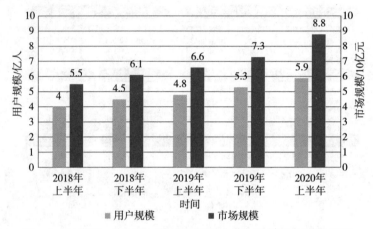

图 7-5　2018H1—2020H1 我国移动医疗各市场用户规模和市场规模
资料来源：比达咨询。

7.3.2　移动医疗的国内外应用

移动医疗目前在国外的应用领域主要包括：①信息推送和通信，包含约诊提醒与治疗提示和诊疗相关数据的管理。②监测，移动医疗在国外被广泛用于慢性病的监测，此外还可以对患者使用药物的依从性进行监测。③监控，目前印度的地区疾病预警系统中就包含了移动医疗跟踪功能。④诊断，包含诊断支持和远程医疗，美国 FDA（食品药品监督管理局）于 2011 年首次允许医生使用手机或者平板电脑查看医疗影像，并进行诊断。目前，我国移动医疗的应用领域可以划分为三类。①移动医疗类的 App，包含在线诊疗、挂号、医药服务等多个类别。②可穿戴的设备，包含智能手环、血糖仪、血压计等。③远程医疗，包含实时会诊和非实时会诊等功能。

在线诊疗等相关内容前文有所涉及，在此不再讨论。移动医疗在医院中的应用，可以医疗照护为例。医疗照护可以分为院内和院外。院内的移动医疗照护可以分为两方面：护理管理和健康宣教。在护理管理方面，个人数字助理和电子推车是主要使用的两种设备，可以预防一些不良事件的发生；在健康宣教方面，护理人员可以使用移动医疗设备进行健康知识和信息的发布，让患者对疾病有更深入的了解，促进患者的康复。院外的移动医疗照护也可以分为两个方面：疾病延续护理和健康行为的促进。疾病延续护理，可以使得患者在转移场所时获得连续且适当的护理，护理人员可以通过 App 或者可穿戴设备等移动终端对患者的健康状况和病情进行监测，随时进行沟通，并由专家给出后续的护理方案和意见。健康行为的促进，类似于院内的健康宣教，通过信息流来对患者进行积极的影响。

7.3.3　移动医疗中的可穿戴设备

可穿戴设备，目前是移动医疗发力的重点之一，也很好地体现出"移动"的特性。随着人们健康认知的提升和技术的发展，国内外对于可穿戴产品的需求量逐年增高，使之具有广阔的市场前景。目前，移动医疗领域主要有两类可穿戴设备：①体外数据采集设备，如血糖的实时监测设备。②体征数据收集设备，如心率、脉搏、体温等的监测设备。前者可以用于慢性病的管理，后者可以帮助用户制订合理的生理活动方案和进行健康管理。可穿戴医疗设备最大的作用是收集用户的健康数据，但是目前规范化和专业性的行业标准还没有形成。可穿戴设备的具体应用可以从下面几个例子来理解。

（1）个人健康管理。以华为的运动手环为例，其可以帮助用户记录日常的生理和行为数据，如步数、能量消耗、心率、血氧饱和度、压力和睡眠质量等，从而为用户提供科学合理的休息和运动规划。

（2）疾病预防。以 24 小时动态心脏监测仪为例，其可以进行 20 秒心电速测，对 24 小时的心电进行追踪，对运动心率进行监测，并对心脏负荷进行评估，可以尽早发现心律失常的风险。此外，一些设备可以在许多疾病发病前检测到相关指标的变化，让佩戴者尽早进行治疗。

（3）慢性病管理。以掌上糖医为例，其可以通过"智能硬件 + 软件""线上 + 线下"的方式为糖尿病患者提供基于大数据的定制化医疗服务，极大地提高慢性病患者的便捷程度和医疗服务的准确性。

7.3.4　大数据时代下的移动医疗

随着大数据时代的来临，移动医疗产生数据的速度十分快，体量也变得很庞大，分散性和异构性的数据特点使移动医疗数据的挖掘与统计分析工作面临严峻挑战，医疗大数据应时而生。人工智能等技术的成功应用使得移动医疗正在向智慧医疗蜕变。目前，人工智能在智慧医疗主要的应用有三个：①虚拟助理系统，帮助医生、护士、技术员做诊断护理。②大数据的集成、挖掘等。③智能影像。对于处理医学影像数据、基因数据和生物标志物数据等这些临床研究和医疗服务中的结构化数据，目前传统的机器学习和深度学习算法已被广泛应用。而人工笔记、医学期刊与患者调查等非结构化数据，目前主要依靠医学自然语言处理技术来进行分析。根据艾瑞咨询的数据，2012—2020 年，支持向量机（SVM）、逻辑回归（logistic regression）、神经网络均是医学文献中使用的热门算法。

除了人工智能，5G、区块链、VR 和 AR（augmented reality，增强现实）等技术目前也在医疗领域中逐步试验和应用，未来的移动医疗定会更加智能化和智慧化。在终端层面，医疗器械和终端设备可能会打破时间和空间的限制。医院中查房手持的终端 PAD、远程会诊视频会议终端、视频采集终端、可穿戴设备等终端等可以通过集成 5G 通用模组的方式相互链接，实现集成化、移动化的实时、连续监测。在平台层面，可穿戴设备可以满足居民日常健康管理和慢病康复治疗，基于传感网络的物联网应用架构可以支持各类医疗终端的数据采集，区块链技术可以对底层数据进行加密，保证医疗病患数据的隐私性。

随着技术的发展和相关资源的完善，移动医疗正凭借着成本低、效率高等特点，为普通民众和医务人员带来高效、便捷的服务。

 案例讨论

九州通——中国民营医药商业企业领跑者

九州通是一家以西药、中药、器械为主要经营产品，以医疗机构、批发企业、零售药店为主要客户对象，并为客户提供信息、物流等各项增值服务的大型企业集团。公司立足于医药健康行业，是中国医药商业领域具有全国性网络的少数几家企业之一，于 2010 年 11 月 2 日在上海证券交易所挂牌上市，连续多年位列中国医药商业企业第四位，领跑中国民营医药商业企业。

自 2011 年开始，九州通开始延伸业务布局，正式开启智能化发展时代。2011

年，九州通开启了在医药 B2C 领域的战略发展新模式，开始布局中医药全产业链，并成立九州通医院事业部开展医院营销。2015 年，九州通上线中药材电子商务综合服务平台——"珍药材"54315.com。2016 年，好药师 App 上线，使得公司成功跻身医药 O2O 行业第一阵营。2017 年，九州通自主研发的九州云仓智能物流平台上线，并提出"FBBC"的发展战略（"F"指上游制药厂，第一个"B"指九州通，第二个"B"指终端药店和诊所，"C"指消费者），打通 B2B、B2C、O2O 的业务。

2015 年，九州通集团开启了数字化转型之路。首先，九州通业务管理由事务驱动转向流程驱动，打破各个部门之间的系统壁垒，通过各项接口和传输协议实现业务流程的信息化。之后，联结母公司与各个分子公司的系统，将主数据和数据仓库迁移至集团总部管理，实现基础数据的标准化和集中化。接下来，九州通集团更新信息系统底层架构，采用面向服务架构（SOA）和企业服务总线（ESB）等技术，集成系统内部数据传输。最后，九州通集团通过加强各领域流程的自动化建设提升运营效率。

到 2018 年底，九州通集团完成了信息系统的数字化升级，为内部控制的实现提供了更为丰富、便捷的工具箱。一是集团总部对各个分子公司的控制能力增强，能够及时了解其业务动态；二是分子公司之间的业务往来有了统一的标准，在内部控制实施手段上采用同一套体系，明确了各责任主体间的职责；三是提高了内部控制自动化效率，通过缩减人工参与环节，减少了业务流程中的风险点。

2019 年，九州通集团展开智能化建设，利用人工智能、机器学习和大数据等技术，对组织、流程和规则进行重构，通过数据驱动企业经营，实现管理和治理的智能化。

2020 年，九州通开始尝试战略转型，开启"平台化、数字化、互联网化"道路。公司开始致力于整合集团内资源并进行战略转型升级。"平台化"转型做大器械规模，做强中药品牌，创新总代总销模式；"数字化"构建全集团三大中台，推动构建全景数字物流供应链；"互联网化"打造大健康服务平台。

根据年报，2020 年，九州通实现营收 1 108.6 亿元，同比增长 11.42%。整体来看，近 4 年来和国药、上药、华润医药相比，九州通业务增速更稳，整体增幅也更大。并且，2020 年年底九州通客户数量达到 39 万家，是上年的大约两倍，其经营品种品规数量也增长了 19.93%，达到 44.39 万个。整体而言，九州通近几年的成绩十分亮眼。但是上市至今 10 年过去了，九州通一直在赚辛苦钱。2020

年1 000多亿元的营收，净利率仅为2.77%，看似比过去增长不少，但实际上净利润中一大部分是全资子公司上海九州通医药有限公司获得的土地补偿收益。2016年九州通投资的医美企业爱美客（国内玻尿酸三巨头之一）于2020年为九州通带来了7.87亿元的投资收益。除了进军医美市场，九州通还投资了手术机器人制造商华瑞博科技、基因检测公司上海鹍远等企业，这些都可以看作九州通在盈利突破点的尝试。

🔍 案例思考

1. 九州通在互联网医疗健康生态圈中扮演什么样的角色？

2. 九州通在发展过程中经过了哪几步关键优化路径？

🔍 思考题

1. 互联网时代的医疗特点有哪些？和传统医疗的区别和共同之处是什么？

2. 概述我国政府陆续出台的政策对于互联网医疗各时期的影响，以及互联网医疗的发展历程。

3. 简要叙述我国互联网医疗的宏观生态和微观生态。

4. 说一说互联网医疗与移动医疗的关系。

5. 我国互联网医疗发展的困难和瓶颈是什么？

6. 自行了解一个互联网医疗平台，利用商业模式画布进行分析。

7. 国家卫健委医政医管局局长焦雅辉表示，互联网医疗是一把双刃剑，使人民群众享受到便利的同时也蕴藏着一些风险。试阐述互联网医疗存在的风险，结合国家颁布的相关监管政策谈谈你的看法。

🔍 即测即练

第8章 互联网游戏

 本章学习目标

1. 了解网络游戏的概念和中国网络游戏产业生态现状。

2. 理解网络游戏和电子商务的联系。

3. 掌握网络游戏产业链与运作模式。

4. 了解电子竞技和网络游戏的关系。

5. 掌握电子竞技产业链。

本章思维导图

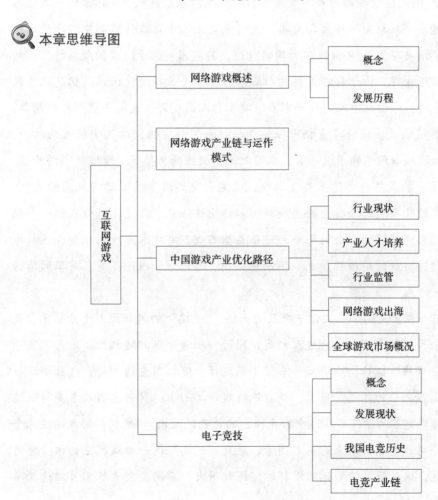

案例导入

绝地求生：大吉大利，今晚吃鸡

2017 年 3 月，一款射击游戏的测试版上线著名网络游戏平台——Steam，之后迅速风靡全球，掀起一股电脑端游戏热潮，"吃鸡""PUBG"成为中外年度游戏热词。熟悉电脑端游戏的读者可能知道，这个游戏就是由韩国电子游戏开发商蓝洞旗下的 PUBG 公司所开发及发行的多人制大逃杀游戏——《绝地求生》，英文名为 Player Unknown's Battlegrounds，因此也被简称为 PUBG。《绝地求生》是一款大逃杀类写实射击游戏，游戏机制受到日本《大逃杀》电影的启发，经典游戏玩法为 100 名玩家一起进行射击竞技，收集各类物资争取存活到最后，从而获得胜利。因为最终胜出的玩家会收到"大吉大利，今晚吃鸡"的提示语，所以《绝地求生》也被玩家称为"吃鸡"。

"吃鸡"游戏能够在国内外游戏圈均掀起狂潮，首先离不开大逃杀这一文化的推广和大逃杀游戏机制的确立与完善。大逃杀文化源于日本作家高见广春的小说《大逃杀》，该书在 2000 年被改编为同名电影，其内容类似于游戏的收集物资，相互攻击，极限生存，由于存在过多的血腥暴力元素而长期遭受诟病。但是此类极限生存的元素，却由此进入游戏玩家和游戏制作人的视野。大逃杀规则机制简单，进入和理解门槛低，同时具有相当强的竞技性和不确定性，这几个特性的结合，从传播学和游戏心理学的角度而言，本身就具有极强的传播性、观赏性、游戏性，这就注定了一款成熟的大逃杀类型游戏，肯定会受到诸多核心端游玩家的追捧。之前火起来的几个大逃杀类型的游戏就可以证明这一点。但是，仅仅在核心游戏玩家中火起来是不够的，之前几个大逃杀类型游戏，游戏本身规则机制在不断地完善，同时，游戏的精细程度也在不断地提高，可以说，PUBG 是在前辈的肩膀上成长起来的。

正如前面在"大逃杀"文化中提及的一样，"吃鸡"的游戏规则十分简单，玩家容易上手和理解，可以快速进入游戏。同时，物资分布的随机性、地形的复杂性与玩家分布的随机性，给游戏带来了不确定性。随机因素的加持，也让游戏在一定程度上是公平的体现。当然，较其他游戏种类而言，射击类游戏本身特性造成的外挂作弊更多的情况不在这个公平概念的讨论范围内。"吃鸡"游戏的这几个基础特性是游戏能够火起来的基本因素，也是"吃鸡"这一游戏玩法的核心魅力所在。同时，规则简单带给玩家发挥的空间就很大。不同类型的玩家可以选择不同的玩法，如竞技类型、战术类型、枪械战争类型、收集类型等。这种玩家的丰富度也给游戏带来了体验上的丰富多样。游戏的观赏性也由此而来。同时，《绝地求生》的游戏制作人，是主导过多款大逃杀类型游戏制作的布兰登·格林，其对大逃杀游戏的深刻理解也是推动这一游戏获得广泛喜爱的基础。

而直接推动《绝地求生》进入广大玩家视野的，无疑是直播的巨大催化作用。《绝地求生》出现后，迅速登上国内外各大游戏直播平台，被知名游戏主播推荐。《绝地求生》前辈——大逃杀类游戏《H1N1》在核心游戏圈的火爆，使得大逃杀类型游戏成为国内外平台上众多游戏主播直播的关键内容。绝地求生的出现，由于其玩法的多样，成为游戏主播直播的最优选择，为主播带来了相当大的流量。同时，绝地求生自身的特性也让游戏直播观众能够更好地体会游戏的魅力，多种趣味和较低的进入门槛也极大地吸引观众转换为游戏玩家，这直接促进了《绝地求生》在全球范围内的传播。

玩家由传统端游转向"吃鸡"游戏，也由传统端游类型普遍重复带来的审美疲劳所致。在此之前，持续有热度的游戏基本局限于 MOBA 和一些基础的 FPS 类射击游戏。而大逃杀类型游戏的出现本身就是对沉寂的端游的一次巨大冲击与创新。《绝地求生》作为建立在多款大逃杀游戏基础上的一款较为成熟的游戏，其给游戏玩家带来的新鲜性是足够的，带给普通玩家的冲击力更是巨大的。而且吃鸡在带来新鲜感的同时，具有很强的竞技性，具备硬核游戏的基本要素。

"吃鸡"的火爆还有两个极为重要的基础因素，即硬件的进步与核心游戏玩家付费习惯的养成。端游玩家的设备已经在 10 多年间进行了更新换代，虽说广大普通玩家还是无法直接用自己的电脑享受游戏，但是经过十几年的硬件领域的发展，核心的游戏玩家已经可以在自己的游戏配置下畅玩这款对网络配置和硬件配置要求较高的游戏。吃鸡带来的热潮也引发了电脑硬件升级换代的热潮，为之后其他要求更高的游戏的传播打下了硬件基础。同时，互联网游戏的核心受众在过去的 10 年里得到了迅速的扩大，Steam 这一类游戏平台的推广流行也培养了众多硬核游戏玩家的付费习惯和游戏氛围。互联网游戏玩家已经越来越成为游戏玩家中的主流。

《绝地求生》现象级爆红的背后，也反映了中国游戏行业和游戏玩家的发展与进步。中国玩家在《绝地求生》的玩家数量中占据四成，可以说中国玩家的参与是"吃鸡"火爆起来的关键因素之一。同时，腾讯公司入股《绝地求生》开发公司蓝洞，并同蓝洞携手推出《绝地求生》的移动版本，在国内外市场推出运营。《绝地求生》的火爆及后续《绝地求生》手游的大受欢迎，既是世界游戏发展历史上的重要节点，也是近年来中国游戏产业发展进步的一个剪影。

8.1　网络游戏概述

8.1.1　网络游戏的概念

网络游戏（online game），也被称为线上游戏、在线游戏，简称"网游"。顾名思义，网络游戏是指以互联网、移动通信网等信息网络为传输媒介，以游戏运营商服务器和用户个人计算机为处理终端，以游戏客户端软件为信息交互窗口的游戏产品和服务。玩家可以通过控制在线游戏中的人物角色或者场景与其他用户进行互动，实现娱乐、沟通和交流等目的。

伴随着社会现代化、信息化程度的不断推进，在人们的物质需求日益得到满足的基础上，精神娱乐层面的需求也不断涌现并受到重视。而网络游戏由于其具有故事性、社会性和交互性，已经成为当代人休闲娱乐的主要方式之一，网络游戏的市场规模亦在过去的 30 年间不断扩大。网络游戏的诞生丰富了人类的精神世界和物质世界，让人类的生活更丰富、更快乐，从而起到了促进全球人类社会进步的作用。

网络游戏可以根据游戏终端的不同主要划分为三个类别：电脑客户端游戏（简称"端游"）、移动端游戏（简称"手机游戏/手游"）以及网页游戏（简称"页游"）。电脑客户端游戏主要是指需要在电脑上下载安装包比较大的软件客户端才能够运行的网络游戏；移动端游戏一般指在手机等移动端上下载安装就可以运行的网络游戏；网页游戏是指直接通过浏览器访问网页，运用传统的 Flash Player 或者 Java script 等技术来运行的网络游戏。根据游戏类别的不同，网络游戏也可以划分为角色扮演、模拟策略、棋牌休闲、休闲竞技和社区互动五大种类。角色扮演游戏一般以 MMORPG（massive multiplayer online role-playing game）、RPG（role-playing game）为主；模拟策略游戏一般以 SLG（simulation game）、TCG（trading card game）为主；棋牌休闲游戏一般以棋牌游戏和冒险类游戏为主；休闲竞技游戏包括赛车游戏、舞蹈游戏和球类游戏等；社区互动游戏具有较强的社交属性，如真心话大冒险、农场偷菜等典型的社交游戏。

8.1.2　网络游戏的发展历程

网络游戏的发展历程是伴随着计算机的不断演进而不断推进的，其间也伴随着游戏形式和类别的往复更迭。从时间上来说，网络游戏的发展最早可以追溯到 20 世纪 70 年代的大型机上。网络游戏自身的特性使得其需要计算机进行大量运算并需要网络传输较大容量数据。由于早期计算机、网络的限制，此时的网络游戏通常是以纯文字消息为呈现方式，重视玩家与玩家间的交互，不追求视听觉的刺激与还原。随着 20 世纪 80 年代计算机硬件及软件技术的进步，网络游戏服务器逐渐出现在小型的工作站服务器上，受到了学生群体的广泛欢迎，其中尤以 MUD 最具代表性。与此同时，传统的单机游戏，尤其是射击或即时战略游戏，开始通过局域网技术，实现小规模联机，也即 2 ~ 8 人规模的联机游戏。但是这类网络游戏进行时，需要交换数量惊人的同步消息，因此通常较适合高速的局域网，难以实现人数规模更庞大的网络游戏，限制了网络游戏规模的扩大。20 世纪 90 年代中期，游戏产业开始采用类似 MUD 架构的技术发展网络游戏。此类架构不同于依赖高速局域网联机的射击或即时战略游戏，取而代之的是借由优化的通信协议及复杂的预测式算法，来达成网络游戏所需的信息同步。这类型的游戏与 MUD 一样，需要居中运算的游戏服务器，并且能够实现万人以上同时联机进行游戏的规模。这种类型的游戏后来被统称为大型多人在线游戏，以和早期的局域网游戏有所区别。大型多人在线游戏由于玩家人数较多、规模庞大，通常属于角色扮演游戏类型。这个时间段也诞生了网络游戏中的一个代表作——《魔兽世界》（World of Warcraft）。21 世纪初期，由于互联网在全球范围的进一步扩张和互联网技术的进步，网络游戏玩家的需求进一步高涨，建立在前面网络游戏技术基础上的新一代网络游戏就此诞生。经过前几代的积累，此后的大型网络游戏无论是游戏性、可玩度还是画面水平都有了极大的提升，游戏的种类也进一步扩张，出现了今天最为流行的游戏类别——MOBA 游戏。

从上述概括的游戏发展历程来看，网络游戏的历史可以概括为四个时代。

1. 第一代网络游戏：1969—1977 年

由于当时的计算机硬件和软件尚无统一的技术标准，因此第一代网络游戏的平台、操作系统和语言各不相同。它们大多为试验品，运行在高等院校的大型主机上，因此当时的游戏都是非持续性的，机器重启后游戏的相关信息即会丢失，无法模拟一个持续发展的世界。游戏也只能在同一服务器 / 终端机系统内部执行，无法跨系统运行。当然这些游戏也都是一些编程人员编写出来免费供人们娱乐的。第一款真正意义上的网络游戏可追溯到 1969 年，当时瑞克·布罗米为 PLATO（programmed Logic for Automatic Teaching Operations）系统编写了一款名为《太空大战》（*Space War*）的游戏，支持两人远程连线。这款游戏从严格的定义出发，并不能算作网络游戏，更确切的定义应该是连线游戏。但由于其开创了后世网络游戏的雏形，因此被视作世界第一款网络游戏。

值得注意的是，世界第一款网络游戏《太空大战》问世的年份和 ARPAnet（advance research projects agency network）诞生的年份相同，都是 1969 年。ARPAnet 是美国国防部高级研究计划署研制的世界上第一个包交换网络，它的成功直接促成了今天的互联网以及传输控制协议（即 TCP/IP）的诞生。所以并非先有互联网而后有网络游戏，而是互联网和网络游戏同时诞生，甚至可以说互联网的发展即是网络游戏的发展。

2. 第二代网络游戏：1978—1995 年

在这个时间段中，一些专业的游戏开发商和发行商开始涉足网络游戏，如 Activision、Interplay、Sierra Online 等都曾在这一阶段试探性地进入过这一新兴产业，他们与 Prodigy、AOL 等运营商合作，推出了第一批具有普及意义的网络游戏。

这时的网络游戏出现了"可持续性"的概念，玩家所扮演的角色可以成年累月地在同一世界内不断发展，并且游戏可以跨系统运行，只要玩家拥有电脑和调制解调器，且硬件兼容，就能连入当时的任何一款网络游戏。今天网络游戏能如此普及，都是这两项技术性突破带来的结果。因此这一时间段的网络游戏市场迅速膨胀，刺激了网络服务业的发展，网络游戏开始进入收费时代，许多消费者都愿意支付高昂的费用来玩网络游戏，这也是点卡这种游戏盈利模式的雏形。

1978 年，MUD1 游戏诞生，这是一个纯文字的多人世界，拥有 20 个相互连接的房间和 10 条指令，用户登录后可以通过数据库进行人机交互，或通过聊天系统与其他玩家交流。MUD1 是第一款真正意义上的实时多人交互网络游戏，它可以保证整个虚拟世界的持续发展。尽管这套系统每天都会重启若干次，但重启后游戏中的场景、怪物和谜题仍保持不变，这使得玩家所扮演的角色可以获得持续的发展。MUD1 的另一重要特征是，它可以在全世界任何一台 PDP-10 计算机（等离子屏幕计算机）上运行，而不局限于埃塞克斯大学的内部系统。

在第二代网络游戏发展的时代，前中期都被 MUD 游戏统治，在末期出现的世界上第一批图形化网游，开启了第三个网络游戏时代——可视化客户端网络游戏时代。

3. 第三代网络游戏：1996—2006 年

由于越来越多的专业游戏开发商和发行商介入网络游戏，一个规模庞大、分工明确的产业生态环境最终形成。"大型网络游戏"（MMOG）的概念浮出水面，网络游戏不再依托于单一的服务商和服务平台而存在，而是直接接入互联网，在全球范围内形成了一个大一统的市场。包月制被广泛接受，成为主流的计费方式，从而把网络游戏带入大众市场。人们开始认真思考网络游戏的设计方法和经营方法，希望归纳出一套系统的理论基础，这是长久以来一直缺乏的。

第三代网络游戏始于 1996 年秋季《子午线 59》的发布，采用了包月的付费方式，而此前的网络游戏绝大多数均是在免费时长到期后，按小时或分钟计费。采用包月制后，游戏运营商的首要经营目标已不再放在如何让玩家在游戏里付出更多的时间上，而是放在了如何保持并扩大游戏的用户群上。而随着互联网的普及以及越来越多的专业游戏公司的介入，网络游戏的市场规模迅速膨胀起来。

在此时间段出现的《魔兽世界》，同样是一部少有的网络游戏杰作，是著名的游戏公司暴雪（Blizzard Entertainment）所制作的第一款网络游戏，属于大型多人在线角色扮演游戏（3D massively multiplayer online role-playing game）。《魔兽世界》于 2004 年年中开始发行，游戏在发售运营之后获得的成功至今为止无人能超越，后来的网络游戏中多多少少都有一些《魔兽世界》的影子。可以说是《魔兽世界》的出现让中国网络游戏市场陷入后来长达数年的病态爆发状态。正因如此，网络游戏的第三个时代被戏称为客户端游戏时代。

4. 第四代网络游戏：2008 年至今

随着网络时代不断变迁和网络用户的需求不断高涨，第四代网络游戏就此诞生。除此之外，随着私服、外挂等非法程序的侵入，第三代网络游戏渐渐走向低谷，也使第四代网游迅速崛起。在第四代网络游戏代表作中，大型网络游戏仍然占有很大的比重。

但是随之而来的问题则是大型网络游戏陷入一个比较尴尬的境地——创新之处乏善可陈。继《魔兽世界》之后，再没有一款大型网络游戏能达到其当年的影响力。除大型网游之外，随着 Web 技术的发展，国内外开始兴起不用客户端也能玩的游戏，即网页游戏。网页游戏依靠 Web 技术确实变成了网页上就能玩的在线多人游戏类型，受到许多办公室白领族的追捧，网页游戏的成功证明了未来网络游戏轻量化的可能性。

　　而近几年来，随着手机游戏技术的日益成熟，手机游戏的巨大商机开始展现在人们面前。传统游戏产业的商家已经从家用机游戏、PC 游戏等传统的游戏领域逐渐向手机游戏领域扩张，并与手机游戏开发商以及服务提供商进行更加紧密的合作。手机游戏市场已成为目前移动领域最具有活力的市场，并已经赶超 PC 端游戏，在整个网络游戏市场份额中占比过半。统计也显示手机游戏是国内移动互联网用户中最受欢迎的免费 / 付费应用。78.4% 的移动互联网用户曾玩过手机游戏；在付费用户中，有 46.9% 的用户购买过手机游戏。

8.2　网络游戏产业链与运作模式

　　随着高速网络的普及，我国网络游戏产业发展迅速，已成为信息产业和文化产业的重要组成部分。近年来，我国网络游戏产业不断优化资源配置，产业链逐渐完善，已经成为推动我国信息产业蓬勃发展的重要动力之一。但是大家很少能了解到网络游戏产业链结构。下面就对网络游戏产业的产业链结构进行一个简单的梳理。

　　网络游戏行业产业链的主链条包括游戏开发商、游戏运营商、游戏渠道商、电信运营商及游戏玩家。产业的辅助链条包括开发服务厂商、计算机软硬件厂商、网络安全厂商、网络硬件厂商、集成商与服务商、软件平台厂商等，如图 8-1 所示。

　　1. 产业链上游的游戏开发商

　　游戏开发是指组织研发团队进行游戏软件程序的开发，经过多轮测试加以完善后形成可商业化运营的产品版本，产品上线运营之后，持续进行后续开发以不断推出更新版本的活动。

　　游戏开发商是网络游戏产品开发的主体，包括制订游戏开发计划、组织策划、程序、美术、测试等一系列工作，是游戏知识产权的拥有者，通过授权或者代理研发为用户提供网络游戏产品。游戏开发商有两种类型：①开发游戏产品同时也从事游戏运营，还通过代理运营、联合运营或受托开发等方式扩宽盈利渠道。②专注于游戏产品开发，自身较少参与游戏运营，通过代理运营、联合运营的方

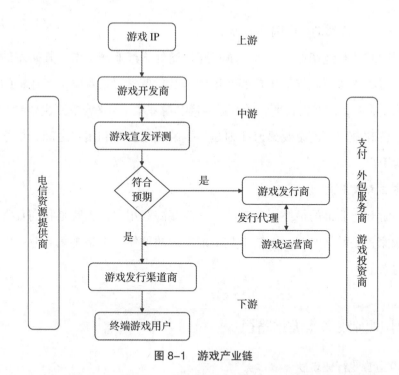

图 8-1　游戏产业链

式向游戏运营商收取授权金和收入分成或接受运营商委托开发游戏产品。

　　另外，辅助网络游戏产品开发的游戏开发服务商主要是为游戏的研发提供基础的支持服务，包括美工、程序、音乐音效的代工开发、游戏引擎的授权、游戏题材内容的授权等。

　　2. 产业链中游的游戏运营商

　　游戏运营是指搭建游戏上线运营的软硬件环境，为玩家提供网络游戏服务，通过道具收费、时间收费等模式获取运营收入的活动。

　　3. 产业链下游的游戏渠道商

　　游戏渠道商是介于游戏运营商和最终游戏玩家之间的中间商，包括信息、产品、支付渠道及衍生品经营等相关服务渠道商。信息渠道商包括各类媒体、门户网站等；产品渠道商包括线上和线下渠道等；支付渠道商包括网银、第三方支付平台等；衍生品经营服务包括网络游戏虚拟货币交易服务企业、游戏内置广告经营企业等。

　　4. 电信运营商

　　电信运营商为上游的游戏运营商提供服务器托管、带宽租用、服务器租用等IDC 服务，以及为下游的最终游戏玩家提供互联网接入和移动电话等基础电信业务，如中国电信、中国移动、中国联通等。

就网络游戏行业产业链而言，游戏开发商处于产业链上游，其研发的网络游戏产品质量将直接影响终端用户的使用体验及付费意愿，对整个产业链的利润水平具有重大影响；游戏发行商、游戏运营商和游戏渠道/平台等则主要参与游戏的发行、运营和推广；而游戏渠道商则是连接游戏运营商和用户之间的桥梁，终端则为游戏用户。

5. 终端游戏用户

网络游戏产业链的最终服务对象——终端游戏用户，也就是我们日常所称呼的游戏玩家，是网络游戏产业链中数量最庞大的群体，也是游戏产业链中绝大部分收入的来源。

8.3　中国游戏产业优化路径

8.3.1　中国游戏行业现状

根据中国游戏行业发展报告，截至 2020 年 6 月，我国网络游戏用户规模达 5.40 亿，占网民整体的 57.4%；手机网络游戏用户规模达 5.36 亿，占手机网民的 57.5%。

拓展阅读 8.1

而已经上市的 56 家中国游戏公司，根据它们公布的最新游戏业务财报数据整理，可以将它们划分为四个层次，见表 8-1。

表 8-1　中国上市游戏公司营收层次

游戏公司梯队	游 戏 厂 商
第一梯队（营收 >100 亿元）	腾讯、网易、三七互娱、世纪华通
第二梯队（30 亿元 < 营收 <100 亿元）	完美、IGG、哔哩哔哩、游族等
第三梯队（10 亿元 < 营收 <30 亿元）	创梦、金山、心动、巨人、玩友等
第四梯队（营收 <10 亿元）	星辉、天舟、禅游、盛天、三五互联、飞鱼科技等

可以看到，不同层次之间的公司差异巨大，同一梯队的公司也有着巨大差异。总体上均呈现出赢家通吃的马太效应。2015 年，腾讯、网易、三七和世纪华通 4 家厂商的市场占有率仅为 56%，5 年后便上升至 80%。截至 2019 年末，这 4 家头部厂商的收入合计 1 860 亿元，占当年中国游戏市场实际销售收入的 80%。其

中腾讯凭一己之力拿下了 49% 的市场份额，半壁江山轻松收入囊中；紧随其后的网易则拿下 20% 的市场份额；三七和世纪华通合计拿下 11% 的市场份额。游戏业务收入方面，腾讯以 1 147 亿元的游戏业务收入高居中国游戏行业收益第一，这一收入数字甚至高于除腾讯外第一梯队与第二梯队所有的厂商收入之和的 1 057 亿元，腾讯，无疑是中国游戏行业当之无愧的霸主；而位于第四梯队的厂商占游戏厂商总数的 55%，但是收益占比却极低，处于游戏行业"食物链"最底层。

8.3.2　中国游戏产业人才培养

中国游戏产业人才的现状概括起来有三大特征：人才需求大、电竞人才需求缺口尤其大和游戏产业人才教育同游戏行业需求不匹配，游戏人才教育落后于游戏行业的发展与调整。

数据显示，自 2015 年以来，中国游戏产业用户规模呈逐年上升的趋势。2018 年中国游戏产业用户规模为 6.3 亿人，增长率为 7.3%。2019 年用户规模为 6.4 亿人，增长率为 2.5%。近几年我国游戏产业用户规模增长率均为正值，由此可见我国游戏产业发展形势良好。从 2019 年中国游戏产业不同职位游戏人才需求分布情况来看，游戏运营职位人才需求较大，占比为 32.4%。其次游戏开发职位和游戏策划职位人才需求也较大，分别占比 26% 和 23.1%。游戏设计职位人才需求占比 10.4%。

在国内游戏产业人才市场中，运营类应该是最"稳"的岗位。报告披露的数据显示，运营类岗位求职人数占比最高，达 27%，但同时运营类岗位的实际人才需求占比为 32.4%，同样为占比最高的职位；从比例上来看，运营类岗位仍然出现了一定的"供不应求"。另外，尽管期望从事设计类工作的求职者占比为 19.7%，在职位中排名为第四，但设计类岗位的实际人才需求占比为 23.1%，同样属于"供不应求"的热门岗位。而策划类岗位大概是最"慌"的岗位。从报告披露的数据来看，期望从事策划类岗位求职人数占比为 23.7%，但实际上策划岗位的人才需求占比为 10.4%，出现了 13.3% 的"需求赤字"，基本上处于"供过于求"的状态。

随着游戏市场向多元化、细分化的趋势发展，以及未来休闲游戏、二次元游戏、女性游戏等细分领域影响力的增加，未来国内游戏企业对于游戏人才的需求也会朝这些新方向转型。尤其是目前处于"供过于求"的策划类人才，随着传统品类的转型以及新兴品类的崛起，也会出现明显的"转型"，不想被市场淘汰就必须适应市场的变化。

而近几年电子竞技行业的迅猛发展及其普及率的飞速提高，令这项运动逐渐摆脱了"不务正业""误人子弟"的负面形象，而电竞相关职业也逐步得到社会的认可。2019年4月1日，人力资源和社会保障部、市场监督管理总局、国家统计局正式向社会发布了13个新职业信息，其中就有电子竞技运营师、电子竞技员。电子竞技的高速发展带来企业对电子竞技人才的巨大需求。2019年6月底，人社部印发的《新职业——电子竞技员就业景气现状分析报告》显示，86%的电子竞技员从业者，其薪资是当地平均工资的1～3倍。

随着电子竞技市场的开拓，目前只有不到15%的电子竞技岗位处于人力饱和状态。人社部预测，未来5年电子竞技员人才需求量近200万人。然而当前我国电竞人才市场基本处于空白状态，人才培养体系欠缺、行业人才积累不足、人才稀缺成为这一新兴行业的发展瓶颈。基于这一现状，教育部将电子竞技正式纳入大学专业，申报电竞专业的院校从2017年的18所增长到了2018年的51所。目前开设电竞相关专业的高校有中国传媒大学、四川电影电视学院等。北京京北职业技术学院、保定华中技工学校等在内的多家高职和中职院校，也开设有电子竞技运动与管理专业。

但是我国游戏人才缺口仍然较大，存在校企不配套的问题。高技能、高经验、高职业素养及创新能力的要求，是目前游戏企业选用人才的重要考核标准。调查数据发现，游戏开发类职位的硬性要求集中在开发语言的掌握上，而游戏设计类职位则对Photoshop与手绘等美术基础有较高要求。同时，43.7%的游戏企业在招聘中要求从业人员具备1年及以上工作经验，24.3%的游戏企业要求在3年及以上。这不仅是企业成本的需求，也强调在人才培养的同时，更加注重教育结合产业实践。创造力和创意是游戏产业的新鲜血液，游戏企业对游戏玩法与美术表现上的创新要求更为明显，游戏设计对创新能力的要求达到48%，游戏策划则要求39.3%，这主要是因为目前游戏市场同质化问题严重，创新产品稀缺，直接影响着游戏产品的市场竞争力。

拥有游戏实习经验的学生在校招和企业招聘中具备明显的竞争优势，而这部分学生凤毛麟角，有游戏相关工作从业意愿的大学生中，参加过游戏企业实习的占比不足10%，因此，高校教育与企业共建就显得十分重要。目前，高校教育对创造性人才培养的投入有限，需要专业培训机构进行补充。一方面是因为游戏策划职位需要比较高的综合能力，需要对游戏有深入的了解，更需要有创新和整合能力，对学生自身的素质要求较高；另一方面，在游戏策划教育支持上的师资力量匮乏，缺少成熟的教学系统及模式，优秀的培训机构可以弥补院校教育的全真项目实践，帮助院校专业共建和师资提升。

8.3.3　中国游戏行业监管

我国游戏行业监管措施主要包括游戏版号制度、试行游戏分级制度以及未成年人游戏防沉迷监管。

1. 游戏版号制度

游戏版号全称为《网络游戏电子出版物审批》，是国家新闻出版广电总局批准相关游戏出版运营的批文号的简称，是由国家新闻出版广电总局审核发布的，对于游戏根据游戏软件著作权（含网络游戏法和计算机游戏软件保护条例）等法律法规的规定，游戏软件厂商或个人作者开发的游戏软件在开发完成后就受到著作权法的保护。游戏版号审批流程始于 2013 年，2016 年，随着我国游戏市场的快速发展，国家对于游戏行业的监管也愈加规范。2016 年 5 月，国家新闻出版广电总局办公厅发布《关于移动游戏出版服务管理的通知》（以下简称《通知》），《通知》规定游戏出版服务单位负责移动游戏内容审核、出版申报及游戏出版物号申领工作；游戏出版服务单位需按照规定程序向省级出版行政主管部门进行申请，并由国家新闻出版广电总局批复；未经国家新闻出版广电总局批准的移动游戏，不得上网出版运营。版号由两部分组成，一部分是审批文号，另一部分是国际标准书号。

其中，根据游戏种类的不同，所需提供的材料也不相同。例如客户端游戏，需提供游戏客户端、游戏文字及图片全部脚本、游戏总体介绍、开发运营公司介绍、NPC（游戏角色）人物对话、物品道具名称、技能列表说明、任务文本、防沉迷设置说明、游戏内的屏蔽词库等相关文字内容。而网页游戏则需要提供游戏服务器登录地址，并提供三份登录账号及其相应密码，该账号应当可以遍历游戏场景和功能。

游戏出版审批手续复杂，且耗时较长，但是未经审批就直接公测、发行，法律后果也相当严重。在新版号制度的规范下，游戏行业更加精品化，单个游戏产品的商业价值将显著提升。因此对游戏业而言，对未来能获得版号并投入正式商业化的游戏产品而言，这是一个利好信息，新产品减少意味着市场竞争激烈程度的降低，但单个游戏能摊到的饼变多了，单个游戏获利能力有望提高，意味着将更进一步地助推游戏产品向精品化发展，研发门槛将拔高。

但是产品总量控制，意味着国内游戏业产品生态的停滞，其中更多的是体量较大的公司，留给独立游戏工作室的空间将受限。这对靠数量取胜的公司而言是一个非常不好的消息，同时对中小公司而言，如果不能摸清楚未来版号审批的标准，这类小企业的游戏产品的商业化将变得遥不可及，进而导致创业生态的崩溃。

如果行业内剩下的产品数量被限，受冲击最大的当属平台型公司。当单个游戏对市场的话语权越来越大，渠道的控制力就会显著下降，也许未来某一天国内市场将迎来 3∶7 分成与国际接轨的可能性，但更可能出现的是大厂不再跟渠道商合作，选择自研自发。例如，国内手机厂商游戏收入目前高达六成来自腾讯、网易两家公司，这里大厂与渠道的议价能力将显著提高，毕竟渠道并不会研发游戏。

2. 游戏分级制度

我国电子游戏分级，主要是针对未成年人进行游戏保护。2020 年末，被视为游戏分级标准的《网络游戏适龄提示》团体标准正式进入试行阶段。这项标准是在主管部门的指导下，由腾讯、网易、人民网等 53 家企事业单位共同编制完成的。标准规定了适龄提示分为 8+、12+ 和 16+ 三个年龄段标准，分别以绿色、蓝色、黄色的标识符加以区分。标准实施以后，适龄提示标识符必须安放在游戏产品界面的显著位置，包括但不限于游戏官网、客户端登录界面、游戏付费界面和宣传视频、广告等，游戏企业不得加以模糊和弱化。除此以外，还规定了使用标识符的基本要求，如下载渠道、展示时长、尺寸比率、更新频率等。2021 年起将作为游戏审核上线的必备内容。"这项标准专注网络游戏的合规出版和合理使用，主要是面向未成年人消费者提供正面引导，体现了未成年人保护法的基本精神，这项标准还丰富了对未成年人保护的方式和手段。"张毅君指出，"对游戏企业而言，尽可能将风险化解在造成危害之前。对社会各界来说，可以更加好地履行对未成年人守护的责任。对推动游戏行业的规范化、健康化发展必将产生持久深远的影响。"

3. 未成年人游戏防沉迷监管

2021 年 7 月 24 日，中共中央办公厅、国务院办公厅印发《关于进一步减轻义务教育阶段学生作业负担和校外培训负担的意见》，要求引导学生合理使用电子产品，控制使用时长，防止网络沉迷。这一指导意见出台的背景，正是电子游戏对未成年人成长产生负面影响的国内大环境。

根据共青团中央维护未成年人权益部与 CNNIC（中国互联网络信息中心）于

2020 年 5 月发布的《2019 年全国未成年人互联网使用情况研究报告》, 2019 年中国未成年网民规模达到 1.75 亿, 未成年人互联网普及率已经达到 93.1%。数据显示, 当前, 我国 62.5% 的未成年网民经常在网上玩游戏; 13.2% 未成年手机游戏用户, 在工作日玩手机游戏日均超过 2 小时。网络游戏的过度投入给我国未成年人生理和心理带来双重负面影响。2020 年, 我国超一半儿童青少年近视, 因沉迷网络游戏而影响学业、引发性格异化的现象呈增长趋势。游戏危害越来越得到社会的共识, 常常用"精神鸦片""电子毒品"指代。

我国游戏行业施行未成年人防沉迷监管已经超过 10 年, 早在 2007 年, 新闻出版总署等八部委就曾发布过《关于保护未成年人身心健康实施网络游戏防沉迷系统的通知》, 通过限制游戏内收益的方式来限制未成年人的游戏时长。2019 年, 国家新闻出版署颁布的《关于防止未成年人沉迷网络游戏的通知》中对未成年保护进行了全面升级, 具体措施包括实行实名注册制度、限制未成年人游戏时长、时段以及限制付费等。游戏行业积极响应政策号召, 游戏内用户实名注册制度已全面铺开, 同时, 针对未成年人识别的技术难点, 游戏行业也从运营商各自为政衍变为统一接入国家层面的防沉迷实名认证平台, 目前, 接入平台的企业达 5 000 多家、游戏超万款。

但是, 未成年人游戏防沉迷也面临一定挑战。首先是来自电子竞技的挑战: 近年来, 我国电竞产业发展迅猛, 2003 年, 国家体育总局将电竞列为正式体育项目。2013 年, 国家体育总局组建电子竞技国家队。当前, 有不少于 20 所高校先后开设电子竞技专业。这就使电子竞技摆脱其"网瘾少年"的专属印象, 而成为一份职业。但是, 电子竞技作为一项职业, 其具有一定的门槛, 并不是游戏玩得多就可以从事电竞行业。电竞职业选手做游戏训练与青少年对于网络游戏的沉迷完全是两个概念, 在宣传上不能混淆, 对未成年人造成误导。普通游戏玩家能成为电竞职业选手的凤毛麟角, 未成年人的健康成长应该始终摆在第一位, 而不是让位于一个行业的发展; 此外, 未成年人游戏防沉迷也需要游戏平台摆正定位, 增强社会责任感, 不单纯追逐利益的最大化, 而忽视对未成年人健康成长的社会责任; 最后, 未成年人游戏防沉迷从根本上来说, 不能完全依赖监管部门和游戏平台, 还离不开家庭教育的引导, 未成年人的监护人应当切实履行监护职责, 加强对未成年人使用网络行为的引导和监督。家长负有监督责任和表率义务, 为孩子树立榜样的同时增强家庭教育, 家庭教育配合学校教育, 从而教会未成年人正确使用互联网,减少出现未成年人沉迷电子游戏、影响身心健康成长的负面案例。

8.3.4 中国网络游戏出海

游戏出海，指由中国企业研发、生产的移动游戏，上线于中国港澳台地区或其他海外国家，并成功发行的模式。游戏多同时上线于中国各地及国外，游戏特点、元素等内容可能有所不同，但核心玩法大多一致。随着中国游戏企业对移动游戏玩法的创新以及游戏体验、界面的优化，中国移动游戏质量不断提升，出海步伐逐步加快。2020年，中国移动游戏出海攻势迅猛，成果丰硕，境外市场收入达到154.5亿美元，同比增长33.2%。

中国内地游戏用户数量已达增长瓶颈，海外用户开发或成新增长点。截至2019年末，中国游戏用户规模达6.4亿人，同比增加2.5%，增幅为近5年来最低。2018年，中国网民数量为8.3亿人，游戏用户数量占比76%；2019年，中国网民数量达8.5亿人，游戏用户占比75.3%。游戏用户占比网民数量维持在75%左右，渗透率已触及瓶颈。相较之下，大部分海外国家的游戏用户渗透率较低，东、西欧地区仅为55%左右，中东地区则仅为35%。这样的背景下，中国游戏行业在中国获得新用户的难度和成本都将有所提升，游戏研发、运营商可将游戏出口海外，通过优秀的游戏作品打开海外市场，获取海外游戏用户。

8.3.5 全球游戏市场概况

全球市场可以被分成两个大的市场来分析：①成熟市场，如欧洲、北美、日韩和我国港台等地区。成熟市场往往整体规模较大且用户众多，虽然投入成本较高，但是全球市场仍是各大发行商眼中的必争之地，因为一旦冲上畅销榜前列，意味着能获得高于其他市场数倍甚至数十倍的收入和忠诚玩家。不过进入成熟市场，面临着用户量基本饱和、用户市场增长较缓等现象，因此就需要和本土产品竞争来获取收益。②新兴市场，如印度、东南亚、中东和拉丁美洲等地区。这类市场往往表现为下载量的增长呈爆发趋势，并为游戏应用带来活跃度和营收的高速增长。新兴市场是出海游戏公司需要更多关注和不断开拓的蓝海市场。

2016—2020年，全球游戏市场规模呈增长趋势。根据Newzoo发布的《2020全球游戏市场报告》：2020年，全球游戏市场达到1 749亿美元的规模，同比增长19.63%；2016—2020年，全球游戏市场规模复合增速达到13.2%。具体分国别来看，中国和美国为全球最大的两个游戏市场，预计收入占全球总收入的 49%，中国收入 440 亿美元，美国收入 413 亿美元。此外，由于中国 6.37 亿玩家数远远大于美国 1.9 亿，所以玩家平均付费率相对美国较弱。日本和韩国分居第 3 名和第 4 名，收入分别为 195 亿美元和 71 亿美元。

全球移动游戏（智能手机 & 平板电脑）随着 2010—2013 年移动产业的爆发性增长，市场规模也急剧扩大。2020 年，全球移动游戏在游戏市场的份额接近五成。移动游戏出海成为各大游戏公司需要把握的趋势，某种程度上说，现在的游戏出海更多的是移动游戏的出海。

根据前面的介绍我们知道，游戏产业链主要可分为研发商、发行商、平台及渠道商等环节，一般一款游戏是研发公司开发出来，发行公司获得发行授权（版权金 + 分成），接下来发行公司和平台及渠道商合作将游戏发布，并通过广告和市场活动推广游戏产品，最终收益按照一定比例分配给研发商、发行商，以及平台和渠道商。由于游戏渠道十分多元并且分散，各类 App 应用皆为游戏的渠道，大型 App 渠道众多。游戏单独的发行商较少，研发商、渠道商甚至游戏公司都承担发行商的工作，形成研发和运营一体化、平台联运等多种游戏发行模式。图 8-2 展示了出海游戏产业链的特殊之处，呈现出以下几个特征。

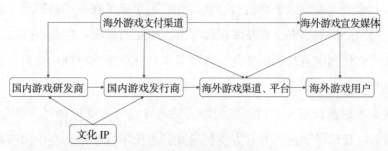

图 8-2　出海游戏产业链

1. 上游研发，中游发行：研运一体化

优质发行商不仅可以给移动游戏提供良好的推广和下游合作渠道，还可以凭借其专业的团队对游戏从开发到运营的各阶段都给出相关的建议，从而帮助游戏提升用户体验以及 ARPU（每用户平均收入），这能够帮助游戏延长寿命并提高游戏流水，使得游戏提供更长久而充沛的现金流。由于移动游戏寿命短、数量大，游戏研发商以及渠道方需要发行方进行推广以及筛选，这对于初期开拓市场非常重要。而随着行业发展过程中用户对游戏要求的提高，上游优质游戏研发商将逐

步提高分成，同时由于用户获取成本的提高以及渠道介入发行等，大部分发行商都会通过并购或者被并购来补充研发能力，充分发挥研运一体的优势来满足各个群体对游戏的需求。

2. 下游平台和渠道：主要集中在几个主流的渠道商

移动游戏数量众多，尤其是市场上大量同质化游戏产品的存在，导致了大多数游戏必须借助各类渠道快速有效地获取用户，渠道强大的推广能力特别是在游戏产品的初期在用户积累方面的贡献，对移动游戏是至关重要的，渠道是移动市场竞争的核心环节。值得注意的是海外地区文化较为开放，其移动游戏的渠道主要为社交网络分发（如 Facebook、Twitter 的游戏平台等）、Android 的 Google Play 及 iOS 的 App Store，另外还有 Amazon 等渠道。这些渠道本身较为中立，不进行流量、资源倾斜，在进行游戏发行时相比国内渠道要付出更多推广成本，即发行在海外市场需求将比国内更多。

3. 支付通道：能获得当地运营商费率上的支撑

出海公司需要和全球电信设备的运营商与基础网络的建设者，以及建设合作方，都达成战略合作协议。支付渠道或者是支付平台是初期必须关注的事情。打通支付渠道这件事从研发商的角度和从发行商的角度看是不一样的。与能够在全球覆盖六七十个国家的大平台进行合作，更有利于未来在费率的提升、服务质量的提升、用户分析的提升，在技术层面等方面也更有把握。但是现在，因为国内市场份额的变化和审查政策的变化，需要开发商在更短的时间内出海，在更短的账期收到出海的变现回报。

在欧美等成熟国家，支付不成问题，只需接入官方支付即可。但在东南亚、我国港澳台、日韩等地区，非官方支付模式的占比不容小觑。在中国游戏厂商出海的主流市场，如东南亚市场，由于信用卡普及率非常低，主要支付方式为预付费卡和运营商计费。预付费卡包括运营商话费充值卡、刮刮卡、游戏点卡等；运营商计费主要为短信扣费。以越南为例，用户支付方式比例为：国际信用卡 2%；国内付款卡 15%；充值卡、游戏卡 72%；短信 11%。如此一来，就将涉及支付渠道众多又复杂、回款慢、费率高等问题。全球化发行过程中，各出海公司应与 Facebook、Google、Twitter、Line 等国际知名公司建立长久、深厚、互信的合作关系。同时各出海公司通过在目标市场建立办公室或者分公司，可以在各地区组建当地团队，深耕细分市场，通过与当地支付渠道、广告渠道等本地化资源的合作，针对不同市场的历史背景、文化特点、玩家属性、用户偏好、付费习惯等制定营销和运营策略，真正做到深度本地化。

目前出海网络游戏的盈利模式与传统网络游戏较为相似，如图 8-3 所示，主要分为下载收费、购买游戏时间（点卡）、游戏内购三种，除此之外内置广告的收费模式以及国外游戏代理模式也是近年新兴的盈利模式。概括来讲，即为付费模式和广告模式，分别针对不同的受众。

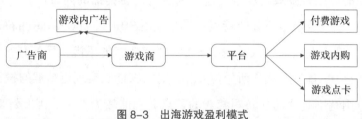

图 8-3　出海游戏盈利模式

1. 付费模式：高收入人群

高收入、高营收，以及用户基数比较大的国家有澳大利亚、加拿大、英国、俄罗斯、德国以及印度。尤其印度这个区域，增长速度是很快的。其在安卓设备中的用户增长量非常高，现在的手机设备量大于 2 亿。可见，它是一个用户设备量非常大的一个国家。但是当地的业务并不是很顺畅，所以对游戏中的付费平台来说，这里可能是个低谷。

下载收费。下载收费是单机游戏主要的收费模式，如苹果应用商店（App Store），按下载游戏的数量收费，或购买充值卡，到月底的时候，运营商与手机游戏厂商分成。除此之外，手机游戏厂商也会推出部分免费试玩版游戏，用户在试玩后选择是否购买正式版。

购买游戏时间（点卡）。购买游戏时间（点卡）通常是指用户以包月的形式购买游戏时间，此种模式在国外的手机网游产品中比较普遍，如 Gameloft 的《混沌与秩序》。除此之外，用户还可以购买虚拟点卡为游戏进行充值。中国移动开放手机游戏收费接口后，这种计费模式也将得到更多的采用。

游戏内付费。游戏内付费是指游戏运营商对用户免费开放游戏，不再以点卡为收入来源，而是销售虚拟道具的运营模式。用户免费下载客户端，免费进行游戏，但是用户如果需要享受更好的体验就要在游戏里面购买药剂、武器、增值服务、服装等虚拟物品，除此之外，厂商提供的 DLC（可下载内容）也需要用户付费购买。

2. 广告模式：低收入人群

部分游戏内变现能力强的游戏用户量大但是付费值低，可以通过一些变现途径来变现，如广告渠道或其他渠道。除此之外，有可能是国家人口数量大，也有可能是单体的价值很高，就算其整体价值有可能不是很高，也可能会是一个很好的发展区域。目前游戏内置广告主要出现在免费游戏上，厂商通过在游戏中内置广告向广告主收取费用或换取在对方产品中推广自己产品的广告位置。相较于 PC 游戏中出现的以结合游戏的场景、情节来进行广告传播的内置广告，移动游戏中出现的内置广告主要有以下几个特点：①多利用 SDK（software development kit，即软件开发工具包）将广告植入游戏中。②终端多为智能手机，具备 GPS（全球定位系统）定位能力，能够与用户所处位置相结合。③能够实现更精准的投放，由于移动互联网应用特别是移动互联网游戏的特点和功能较为专一，因此针对移动互联网游戏用户群体的 IGA（网游植入式广告）投放较互联网游戏更为精准。

8.4　电子竞技

8.4.1　电子竞技的概念

电子竞技（esports，又写作 electronic sports、e-sports 或 eSports），简称电竞，是指使用电子游戏来比赛的体育项目。随着游戏对经济和社会的影响力不断增强，电子竞技正式成为运动竞技的一种。电子竞技就是电子游戏比赛达到竞技层面的活动，利用电子设备（如电脑、游戏主机、街机、手机等）作为运动器械，操作上强调人与人之间的智力与反应的对抗。

电子竞技根据比赛的游戏种类主要可划分为两个大类：比胜负的对战类和比分数的休闲类。其中比较胜负的对战类电子竞技主要包括 FPS 类、即时战略类、运动类、卡牌对战类网络游戏，如英雄联盟、PUBG、Dota 2、星际争霸 2、魔兽争霸、守望先锋、CSGO、炉石传说、APEX、堡垒之夜、皇室战争等；比分数的休闲类电子竞技主要包括竞速类、音乐类、益智类游戏，如极品飞车、节奏街机、俄罗斯方块等。

8.4.2　电子竞技的发展现状

电子竞技是全球近年来最引人关注的赛事项目之一，全球泛电竞人群也在近年持续增长。根据前瞻产业研究院《2020 年度全球电竞市场报告》，2020 年，全球电竞观众总数增长至 4.95 亿，同比增长 11.7%，预计到 2023 年，电竞观众总数将达到 6.46 亿。其中，核心电竞爱好者 2.23 亿，年同比增长 2 500 万，且将以 11.3% 的复合增长率（2018—2023 年）在 2023 年达到 2.95 亿。电竞受众的基本盘将持续扩大，庞大的核心电竞爱好者群体，将为电竞市场带来传播和收入上的增量。2020 年，全球偶尔观看的非核心观众数约为 2.72 亿，并且将继续以 9.6% 的复合增长率增长，在 2023 年达到 3.51 亿。这意味着泛电竞人群也保持着同样的增长方向。核心观众与非核心观众占比在逐渐缩小，这意味着电竞正在成为具有普遍大众性的娱乐内容。2020 年，全球有 20 亿人知晓电竞市场，比 2019 年多了 2 亿，相当于巴西总人口数。中国作为对这一数字贡献最大的国家和市场片区，将拥有 5.3 亿人次的电竞人口。这种现象最直接的利好便是人口红利，在此基础上调动非核心观众的消费意愿，能为全球电竞市场带来更多收益。

2015 年中国电竞市场规模为 341 亿元人民币，到了 2018 年市场规模增长到 1 121 亿元人民币，同比增速为 23.46%。2018 年电竞行业市场收入中电竞游戏收入所占份额最大，占比为 86%；其次为电竞直播，收入占比为 9%。同时，2018 年，我国电竞用户达到 4 亿人，相比 2017 年同比增长 14.29%。而在整体的游戏用户中，电子竞技用户占比达到了 66.56%。电竞游戏无论在用户渗透率上，还是在游戏黏性上，都高于游戏市场的平均值。2015—2016 年，PC 电竞占据整个电竞行业的主导地位。随着互联网的发展和用户上网习惯的改变，移动电竞开始崛起，《王者荣耀》《全民枪战》等移动网游开始风靡，移动电竞的市场份额也开始超过 PC 电竞。2018 年，移动电竞的市场份额达到 54.5%，PC 电竞的市场份额为 45.5%；移动电竞的市场规模超过 600 亿元，同比增长 54.50%，为近年来最快增速。从目前的市场来看，移动电竞的市场份额占比将会进一步增加。

8.4.3　我国电子竞技发展历史

1998 年，CS、《星际争霸》等电竞游戏进入中国，中国电竞产业开始萌芽。经过多年的发展，电竞产业在中国已经逐步走向成熟，也逐渐走入主流视野，为大众所承认。2019 年电子竞技运动正式被国家承认，在 2019 年国庆节期间，《人民日报》在发布的《我刚在复兴大道 70 号遇见了你》一文中总结了新中国成立 70 周年来的一些大事件。其中，英雄联盟电子竞技赛事中由 iG 夺得中国第一个冠军的事件也有幸上榜。2019年4月12日，国家体育总局发布了"体育产业统计分类（2019）"，在这份报告内容中，正式将电子竞技归为职业体育竞赛项目。

我国电子竞技的发展，归根结底在于人们娱乐观念的转变，认同网络游戏在人们娱乐休闲生活中的巨大作用，不再将网络游戏视为"洪水猛兽"。同时，主流网络电竞游戏、电子竞技赛事以及新技术的喷发，极大地拉动了电子竞技的崛起。

1. 主流网络竞技游戏的融入

电子竞技对主流网络游戏的不断接纳，使得由游戏开发商和运营商牵头打造的第一坊赛事逐渐主导赛事市场，并逐渐形成单一项目下多赛事系统并行的阶梯形赛事体系，即国内业余赛事、国内职业赛事、国际赛事的递进型赛事体系。近年来，在国家政策鼓励下，第三方赛事发展迅速。《王者荣耀》《和平精英》等移动电竞项目的兴起，也为电竞赛事的繁荣发展注入了新鲜血液。

2. 娱乐观念的转变

电子竞技集科技、竞技、娱乐和时尚于一体，迎合了新时期人们低消费、易参与、强互动的娱乐需求，逐渐演变为青少年群体的主要娱乐方式，并迎来了井喷式的发展。

3. 电子竞技赛事的净化

依托于互联网平台的电子竞技赛事的表现形式和内容更为丰富与多元，如增设多线程同时观看、在线交流等新内容板块并开创订阅、众筹、打赏等新商业模式，增加营收渠道；另外，商业赞助和赛事版权售卖为其带来了巨额的赛事收入，加强了电竞行业与其他行业间的产业聚合效应，并促进其延伸至相关产业。

4. 新兴技术推动

移动互联网技术、云计算技术以及智能终端等互联网技术的快速发展和普及，为电子竞技产业的发展提供了技术保障。电子竞技产业在"互联网+"效能的推动下，产业内容和形式更为多元化，产业关联度进一步加深，经济效能持续放大。

中国电子竞技的发展历史是一部主流游戏变迁史，也是一部电子竞技概念逐步为主流接受的历史。从2000年左右至今的20余年中国电子竞技发展历史，可以划分为四个发展阶段。

1. 《星际争霸》，电竞初露头角

2000年，韩国三星公司出资700万美元举办了名为世界电子竞技的挑战赛WCGC，这就是后来广大玩家熟知的、被称为"电子竞技奥林匹克"的WCG前身。中国电竞选手的先驱，马天元与共同追逐电竞梦想的伙伴们顶着父母与社会主流群体的异样目光，在网吧里日复一日地练习着近乎枯燥的游戏操作，梦想着能够参加 WCG 争取奖金和荣誉。2001 年，马天元参加了第一届 WCG，但很快被淘汰。失败没有让他放弃，取而代之的是每日更加疯狂的训练。一年后，马天元重返 WCG 的舞台，一路杀到总决赛，最终在上千观众面前，拿下《星际争霸》全球冠军。

千禧年初，网络游戏在全国逐渐发展，各地的网吧也如雨后春笋般不断地涌现出来。"要想发，开网吧"这句口号，成为经营者的信条。然而，由于网吧和网络游戏发展速度过快而又缺乏系统性的监管，各种问题随之衍生出来，关于青少年沉迷网络以及网吧的各种负面新闻不断见诸报端。2004 年 4 月 12 日，国家广电总局发布了《关于禁止播出电脑网络游戏类节目的通知》，更是直接给电子竞技的前景以致命一击。禁播令发布后，电子竞技几乎就此从传统电视和传统媒体中绝迹。当游戏和电竞失去主流媒体的站台后，各种负面舆论和社会偏见已经无法压制，加之行业乱象丛生，电竞彻底被推入无尽黑暗的时代。

2.《魔兽争霸 3》与电竞重返视野

禁播令让游戏和电竞内容几乎与主流媒体永别，但在被冰封的水面下，庞大的市场需求仍然存在，玩游戏的年轻人越来越多。主流媒体的禁播，让数字电视以及网络视频服务成为拯救电竞内容的稻草。各大网站纷纷推出了各大电子竞技赛事的视频转播服务，成为电竞的主要输出窗口。

在 2005 年和 2006 年的 WCG 世界总决赛上，李晓峰（Sky）两次斩获《魔兽争霸 3》冠军，这是中国电竞第一个 WCG 单人项目世界冠军，Sky 也因此成为许多年轻人的新偶像。与此同时，在 WEG 的 CS 项目上，中国 wNv.GM 战队也包揽了两年的冠军。的确，世界冠军是当时中国电竞人面对负面舆论的一种抗争，也吸引了更多年轻人开始关注电竞赛事。即便如此，10 多年前的社会里，电竞的世界冠军也无法换取舆论认同。误解与偏见的执念太深，选手的生活仍旧水深火热。

2008 年金融危机爆发，波及了一大片海内外顶级公司，让严重依靠外部赞助支撑的中国电竞行业陷入混乱。在危机爆发后，很多俱乐部开始了大裁员。随后的两年里，金融危机蔓及全球，不少豪门俱乐部解体、赛事招商停滞——联想终止了已经举办两届的 IEST 大赛，Intel 全线削减品牌预算，NVIDIA 不再赞助 ESWC 赛事。品牌主抽身离去，本就收入模式单一的电竞行业则雪上加霜。中国电竞，几乎看不到明天。

2008—2010 年，中国电竞进入寒冬。2010 年，当金融危机的影响逐渐褪去时，他们发现虽然此时的电竞在吸引赞助的能力上仍困于时局，但项目背后愈加庞大的观众数字和热情是在不断上升的。在内容传播方面，尽管仍受限于电视禁播令，但国内的互联网环境相较彼时已经颇成气候。另外，若风等知名电竞选手，在退役后转型成为游戏主播。借助新兴网络直播平台的崛起，再结合电商店铺运营，将其积累的庞大粉丝量转化变现。

3.《英雄联盟》时代与电竞崛起

2010 年后的《英雄联盟》时代，WE 战队在 IPL5、IEM6、WEM2012 等全球大赛中拿到多个世界冠军。2011 年 11 月，包括 WE 在内的国内 12 家最大的职业电竞俱乐部共同成立了 ACE 中国电子竞技俱乐部联盟。该组织试图规范国内职业电子竞技战队注册、管理、转会、赛事监督等多方面工作，为电竞行业带来标准化的运营模式。但当时的电竞环境仍不容乐观，混乱和无序仍然是电竞行业的主基调。完备的运营管理制度是"草台班子"急需的。正因为如此，中国电竞呼唤强势的话事者，既需要对行业乱象重拳出击，又能带来更多的发展资源。

2010 年，QQ 用户数突破 10 亿，同时在线人数超过 1 亿。同年，腾讯始创 TGA 腾讯游戏竞技平台。TGA 的创立，摆脱了第三方赛事严重依赖赞助商所带来的不确定性，为玩家提供了游戏官方直接管理的规范赛事平台。同时，TGA 的模式也为未来厂商官方赛事的出现奠定了关键的试水基础——顶级项目通过 TGA 的历练，打磨出了职业电竞生态，先后成功孵化出穿越火线 CFPL、英雄联盟 LPL 等赛事。

与此同时，作为当时玩家关注度最高的项目，LPL 英雄联盟职业联赛在 2013 年诞生。同年底，皇族携手 OMG 征战 S3（第三届英雄联盟全球总决赛）的赛场，最终决赛落败，LPL 赛区开启了长达 5 年的"抗韩之路"。在这 5 年里，英雄联盟中国电竞队伍始终没有打破世界赛场上的"八强魔咒"。

2017 年，成为变化的节点。此时的 LPL 赛区，迎来了不小的变革，S 赛首次来到中国，决赛落地国家体育场鸟巢，联盟制度更加完善，传统品牌开始入局，豪华车企梅赛德斯奔驰更是首度成为赛事赞助商……电竞越来越成为一个大众热门的话题。俱乐部成绩方面，老牌俱乐部 WE 在春季赛王者归来，RNG 则是组建"全华班"阵容，点燃国人情绪。2017 洲际赛，LPL 战胜了梦魇般的对手 LCK，中国电竞力量开始不断展现出自己的光芒。年终的 S7, 鸟巢一票难求, RNG 最终落败, 但众多观众久久不愿离去, 现场高喊着 RNG 的队名。改革成功的 LPL 厚积薄发, 让此前捶胸顿足的中国《英雄联盟》电竞成绩有了新的突破。在 2018 年法国巴黎的 MSI 季中赛上, RNG 获得冠军, 在电竞世界里消失多年的多个官方媒体发文祝贺。在 S8 决赛, 韩国主场的舞台, iG 以 3 ∶ 0 碾压 FNC。一年后的 S9, FPX 续写了胜利的篇章。于是, LPL 彼时成为世界第一赛区。与体育一样, 最激动的永远是观众, iG 是首个夺得全球总冠军的 LPL 队伍, 获胜当晚, 全国各地特别是高校宿舍楼, 同时爆发出年轻人惊天动地的欢呼声。

4.《王者荣耀》及电竞繁荣

端游电竞发展迅速, 奠定了电竞文化繁荣的基础, 而随着移动互联网的发展, 移动电竞走向宿命般的历史舞台。

2016 年, KPL 王者荣耀职业联赛成立。在移动电竞还被外界认为"伪命题"之际, KPL 的快速成长出乎大部分人的预料。从 2010 年到 2017 年, 与互联网和移动互联网共同成长起来的中国电竞, 愈加焕发生机和活力。与此同时, 电竞的市场规模和用户量也在快速增长。2018 年的雅加达亚运会, 电竞被首次列为洲际顶级运动会的表演项目, 中国队在《AoV（王者荣耀国际版）》《英雄联盟》和《皇室战争》三个项目中拿到了两金一银的好成绩, 位列当届赛事电竞项目金牌榜榜首, 交出了一份完美答卷。几年间, 电子竞技已经从原先的"不务正业""小众项目", 成功突破圈层、强势成长, 成为一项"大众体育"和"未来体育"。原来对电竞态度不明确的各地政府, 也接二连三地推出了一系列扶持电竞产业发展的政策, 帮助各项赛事和俱乐部落地, 希望能够抓住这个"年轻人新经济"的机会。

数年时间, 从联赛到俱乐部, 赞助商数量呈指数级上涨, 奔驰、KFC、巴黎欧莱雅、vivo、麦当劳等大量传统品牌加码入局。电竞俱乐部生态从原先严重依靠注资投入, 开始向着商业化收支平衡的方向努力。很多新兴项目在游戏走红后, 很快循着前辈们的经验探索出了自己的电竞生态模式,《和平精英》就是其中一员。自 2019 年首届 PEL 联赛打响后, PEL 正在依靠其独特的多团队竞技特性, 不断创造和扩大自己的赛事版图。

2020 年, 新冠肺炎疫情席卷全球。短短几个月, 强烈依赖于线下场景的传统体育行业被迫停摆, 全球经济萧条, 奥运会、欧洲杯、欧洲五大联赛、北美四大联盟等顶级传统体育赛事纷纷宣布延期。与此同时, 凭借着线上灵活性的优势,电竞行业则进行了快速调整，率先复工。由于疫情期间被迫居家的原因，电子游戏的流量大幅上升，电竞赛事也受此红利，一度成为唯一运转的体育赛事内容。

《2020 年全球电竞运动行业发展报告》中显示，疫情期间中国电竞用户新增约2 600 万，中国贡献了全球收入的最大份额，成为最具商业价值的电子竞技市场。在传统体育赛事停赛的时间里，品牌方也失去了"出镜"的机会。漫长的疫情使得球迷的内容观看习惯被迫做出改变，品牌营销向线上场景转移刻不容缓。在这样的背景下，电竞赛事当仁不让地成为各大品牌商的"救命稻草"。在《英雄联盟》厂商、腾竞和上海市政府的共同努力下，S10 全球总决赛成功在上海落地举办，成为 2020 年度关注度最高的体育赛事之一。

8.4.4　我国电子竞技产业链

经过最近几年的快速发展，电竞产业已经初步实现成熟化运营，并形成了一个较为完整的产业链。如图 8-4 所示，主要包括上游游戏研发和游戏运营、中游赛事运营和电竞俱乐部、下游直播平台。

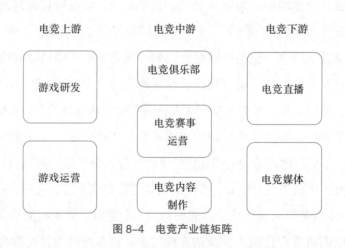

图 8-4　电竞产业链矩阵

上游是游戏研发和游戏运营，包括腾讯、网易、三七互娱和游族网络等游戏厂商，其作用是为市场提供高质量的精品游戏，形成用户基础，进而推动顶层电竞赛事设计。中游是赛事运营、电竞俱乐部和内容制作。中游是上游衍生的内容，即电竞赛事及职业联盟等。在整个电竞产业生态中，赛事是核心承载资源，具有强大的内容变现空间。下游是传播平台。下游则是负责传播内容的直播平台，赛事内容的火爆离不开大众传媒的传播。游戏直播作为电子竞技产业的重要一环，其热度随着电子竞技热度的提升而提升，直播平台也成为电竞赛事最主要的传播渠道。

其中，在电竞产业链上游的游戏开发运营方向，无论是《王者荣耀》还是《绝地求生》的火爆，都印证着更娱乐化、门槛更低的产品将会受到主流市场欢迎的趋势。电竞游戏产品也将向着更娱乐化、更低门槛的方向发展。

电竞产业链中游的电竞内容制作方向，随着电竞市场规模的提升，内容制作公司不断提升赛事制作投入以及新技术应用，内容制作水平大幅提升。如《球球大作战》的赛事就投入多种新兴技术提升用户观赛体验。而除了赛事外，相关的电竞短视频内容也随着用户媒体使用习惯的迁移而迎来增长。

电竞赛事则呈现出五大特征：①专业化发展。赛事分级愈发明显，并且通过大量数据分析平台对赛事进行分析与报道。②主场化发展。电竞赛事与俱乐部通过主场化发展到各个城市，以满足各地电竞爱好者的需求。③联盟化发展。赛事体系趋向联盟化，游戏版权方将赛事版权收益与俱乐部分享。④商业化发展。传统消费品与耐消品品牌主关注电竞领域，赞助商出现新面孔。⑤泛娱乐化发展。赛事与泛娱乐内容进行结合成为行业趋势，"电竞＋明星玩家、网剧、大电影、动画、动漫内容、音乐"等已经萌芽。

电竞俱乐部方向，小组化运营成为俱乐部拓展新项目的管理方式之一。俱乐部下放更多权力到新项目分部的领队，并且给予基本的后勤保障，在此条件下，不需要对其进行直接管理与控制的同时又能确保新项目布局。另外，由于电竞选手的明星化已经逐渐成熟，俱乐部更加注重选手的形象包装，这也为俱乐部增添了无形的品牌资产。

从电竞产业的盈利模式来说，当前电竞产业收入的主心骨来自赞助。2020 年全球电竞行业 11 亿美元收入中，赞助收入占比 57.9%，约为 6.37 亿美元。第二大收入来源为媒体版权，占全球收入的 16.9%（1.85 亿美元），周边商品和票务、虚拟商品和直播紧随其后。NEWZOO 报告数据显示，2019 年世界范围内共举办了

拓展阅读 8.2

885 场重大电竞赛事，门票收入总计为 5 630 万美元，高于 2018 年的 5 470 万美元。线下门票收入增长的同时，线上直播版权的收益空间更处于迅速的扩张状态。在 Twitch 和 YouTube 上，S9 是在线观看时长最长的锦标赛，总观看时长为 1.06 亿小时。守望先锋联赛则是在线观看时长最长的联赛，总观看时长为 1.04 亿小时。不断增

长的观看时长和关注度，让线上直播平台支付给赛事组织方以获得其内容转播权的款项、国外媒体平台为获得在其国家 / 地区展示该内容的权利而支付的款项，或者为获得某电竞赛事的视频或图片内容而支付的版权费用，这些媒体版权的价格持续走高。官方赛事之外，选手、主播、俱乐部直播在 2020 年带来 1 820 万美元的收入，并预计在 2023 年增长到 3 160 万美元。以官方赛事为首的媒体版权，已经成为线上直播平台的兵家必争之地，国内 B 站、快手、斗鱼、虎牙等也处于激烈竞争中。

 案例讨论

王 者 荣 耀

王者荣耀是由腾讯游戏开发并运行的一款运营在 Android、iOS 平台上的 MOBA（多人在线战术竞技游戏）类手机游戏，从 2015 年开发上线以来，深受当代年轻人的喜爱，常年蝉联国内手机游戏榜单第一，其游戏内营收规模排名世界各类游戏第一，是一款现象级的国内移动游戏产品。

王者荣耀是一款 5V5 公平竞技手游，高度还原 MOBA 端游的玩法和操作，并根据移动端特性进行合理简化，更适合用户的碎片化时间，以精美画面和流畅的游戏操作，赢得市场的认同。2015 年 10 月王者荣耀公测，这阶段手游用户规模逐渐扩大，已有用户逐渐成熟，对游戏品质要求变高，在手游市场精品化和重度化的需求转变中，王者荣耀的出现让手游行业更上了一个台阶。游戏上线一个月的日活跃用户量为 450 万，仅一年时间，它的日活用户超 5 000 万，注册用户 2 亿，超出大多数竞争对手的初期增速，创造了手游历史一个难以超越的纪录。

王者荣耀定位为国内 MOBA 类多人联机在线竞技手游，基于微信和 QQ 社交关系链，已形成成熟的游戏模式、商业模式和社交模式。游戏时间短，随时开黑，不做体力和养成，依靠个人技术和团队配合。王者荣耀的用户群体在 15 ~ 29 岁区间内，20 ~ 24 岁用户占比超 1/4，男女比例平均，相比全国网民分布更集中于二、三线城市，用户画像如下：MOBA 游戏爱好者：熟悉游戏模式，注重游戏公平性和竞技性，时间碎片化。休闲游戏玩家：愿意尝试新游戏，注重游戏的即时反馈。广大的女性手游玩家：追求精美游戏画面，热爱分享讨论，社交化需求高。王者荣耀的盈利来源主要有游戏内购、游戏内广告植入与电子竞技三种方式。

王者荣耀运营模式主要侧重于内容、活动、用户及电竞赛事。

（1）内容运营：在王者荣耀推出几年时间以来，腾讯游戏不断优化其成就系统、升级游戏画面效果、增加新英雄角色与皮肤数量，为忠实玩家带来新鲜感。此外，王者荣耀通过游戏官网、公众号、微博、贴吧等渠道推出大量娱乐化内容，如英雄玩法攻略、版本传播等，吸引游戏玩家外的群体，引起更多用户关注。

（2）活动运营：王者荣耀游戏保持高活动输出，定期推出游戏活动如周年庆、五五开黑节、长城小分队等。不同游戏带来的奖励与任务不同，活动目的在于带给玩家新鲜体验并制造用户回馈福利，以留住用户群体。

（3）用户运营：在玩家运营方面，腾讯游戏采用用户激励机制，不断优化设计系统，以延长用户游戏时间。企业在微社区建立游戏讨论平台，并通过"游戏助手"活跃论坛的气氛，给玩家提供有价值的信息。

（4）电竞赛事运营：2016 年，王者荣耀推出职业联赛（简称 KPL）。全年分为春季赛和秋季赛两个赛季，每个赛季分为常规赛、季后赛及总决赛三部分。2018年 KPL 赛事的观赛量达到 2017 年的 11 倍，而 KPL 也成功打入中国电竞市场。腾讯游戏通过将王者荣耀 KPL 赛事的直播权卖给虎牙 TV、熊猫 TV 等直播平台，获得并转换了大量第三方用户为玩家，进而有效延长游戏生命周期。

王者荣耀的官方电子竞技赛事：王者荣耀职业联赛、世界冠军杯赛、冬季冠军杯赛也从 2016 年开始设立，发展至今，也是世界上规模最大的移动电子竞技赛事。其游戏内购与周边电商的运营模式相当成熟，在世界范围内首屈一指。

王者荣耀作为国内受众最广、欢迎度最高的手机游戏，其自火爆之初就备受质疑。首先是王者荣耀游戏内英雄多冠以知名历史人物的姓名，同时其游戏内形象与人物历史形象相距甚远，甚至出现性别反转的现象，影响未成年人对历史的正确认知。其次是游戏内未成年人沉迷的问题。王者荣耀作为一款国民游戏，受到各个年龄段人的欢迎，其在未成年人中的流行度也相当高。由于游戏内机制的设计容易让人沉迷于游戏，乃至发生游戏内充值行为，未成年人因为自身特点更容易沉迷其中，从而影响未成年人的身心健康发展。自 2016 年王者荣耀大火以来，未成年人游戏内巨额充值的行为屡屡发生，未成年人长期沉迷其中的报道也屡见报端，王者荣耀被家长质疑为"精神鸦片"。2021 年 8 月，新华社旗下的《经济参考报》发布题为《"精神鸦片"竟长成数千亿产业》的文章，将网络游戏比作新型"毒品"，点名腾讯王者荣耀，认为"任何一个产业、一项竞技都不能以毁掉一代人的方式来发展"。上述问题是王者荣耀这款游戏面临的问题，也是我国游戏行业的一个缩影。游戏平台需要切实履行社会责任，加强对未成年人游戏沉迷现象的管理。

 案例思考

1. 王者荣耀为什么能够有这么高的热度？

2. 王者荣耀及其电子竞技赛事的发展对我国移动电竞发展有何启示？

 思考题

1. 网络游戏是什么？网络游戏和电子商务有什么联系？

2. 我国网络游戏的产业生态是什么样的？

3. 我国游戏产业的发展现状及趋势是什么？

4. 游戏产业配套教育怎么同游戏产业相匹配？

5. 电子竞技和网络游戏的关系是什么？

6. 电子竞技产业链有哪些组成要素？

7. 谈谈对"网络游戏是精神鸦片"这个观点的看法。网络游戏公司未来该如何转型？

 即测即练

第 9 章　人工智能

 本章学习目标

1. 了解人工智能的概念和发展过程。

2. 掌握人工智能的应用领域。

3. 掌握人工智能的研究方法。

4. 了解人工智能的伦理问题。

本章思维导图

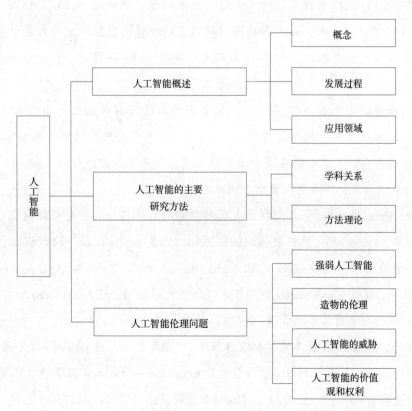

🔍 案例导入

Alpha Go：围棋机器里的幽灵

2016 年 3 月，一场比赛震惊世界，改写了人工智能和围棋这两个领域的历史。Google 公司的人工智能围棋程序 Alpha Go 以 4∶1 的成绩轻松战胜韩国九段棋手李世石。围棋起源于中国，这种古老的游戏，一向因其优雅、深奥、巨大的复杂度而被视为人工智能无法战胜人类的最后防线。这道智慧防线的丧失，再次引发了一轮人工智能热潮。

Alpha Go 拥有 1 202 个 CPU 和 176 个 GPU，那是它算力超强的大脑。它虽由人创造，但它的智慧却来自自身的学习。它阅读 10 万局棋谱，通过深度神经网络，学习了人类围棋手几千年来的经验。它左右互搏，与自己对弈 3 000 万局，用增强学习算法，修炼出自己的智慧。它在算法和数据的基础上，形成了自己的围棋直觉，可以从大局评估棋局走势。它深知取舍之道，凭自己的智慧，在浩瀚无穷的棋步中，搜寻出赢面最大的那一个落子。

Alpha Go 战胜李世石，世人震惊，然而对抗并未就此停止。2016 年 12 月 29 日至 2017 年 1 月 4 日，在中国的围棋网站上，神秘棋手 Master 与来自中日韩三国的几十名顶尖棋手鏖战，大胜 60 局而无一败绩。Master 就是 Alpha Go 的升级版，名为 Alpha Master。

巅峰对决发生在 2017 年 5 月，在中国的乌镇围棋峰会上，Alpha Master 坐在了世界围棋排名第一的柯洁对面，Alpha Master 三局全胜。至此，人类彻底认输，不再心存希望，人工智能在围棋上完胜人类成为一个共识。创造 Alpha Go 的团队 Deep Mind 宣布，不再与人类棋手比赛。

但 Alpha Go 并未停止，战胜人类并非它的最终目标，它开始挑战自己。2017 年 10 月，Deep Mind 团队发布 Alpha Zero，这是 Alpha Master 的升级版，只经过 3 天的自我训练，Alpha Zero 完胜 Alpha Master。Alpha Zero 与 Alpha Master 的本质区别在于，训练 Alpha Master 使用了人类所下出的棋谱，而 Alpha Zero 则自我训练，人类的围棋智慧对其毫无价值。

对于 Alpha Go，世界冠军柯洁评价道："在我看来，Alpha Zero 就是围棋上帝，能够打败一切。"而且柯洁认为："对于 Alpha Zero 的自我学习来讲，人类太多余了。"最高明的棋手，也在 Alpha Go 的智慧面前感到震惊。人们这才发现，研究了几千年的围棋，竟是如此深奥，Alpha Go 像是一位的老师，耐心地告诉人类，你们对围棋的理解还只是小学生的水准。

棋类游戏不仅是人类消遣的方式，更是发掘和体现人类智慧的手段。多年来，计算机学家和人工智能专家一直视棋类游戏为衡量机器和 AI 算法的首要实验。计算机在跳棋、国际象棋、中国象棋上对抗并战胜过人类棋手。而围棋因其复杂，成为所谓人类直觉和智慧的最后地堡，攻克下围棋后，这场机器和人类的棋类对抗，终于收官。

在之前的漫长战役中，还有几个重要里程碑：1997 年 5 月 11 日，国际象棋冠军，苏联特级大师卡斯帕罗夫败于机器，他评价机器超乎他的想象，具有一种类似人类的"危险"。战胜大师的是 IBM 的机器"深蓝"（Deep Blue）。在此之前，"深蓝"曾经与大师多次对决。"深蓝"屡次失败，大师曾经评价机器"没有洞见"，对机器颇为不屑。1996 年 ACM 年会上，大师 4∶2 再次战胜深蓝，但大师对深蓝刮目相看，认为深蓝已经有了洞见。在计算机工程师眼中，所谓洞见不过是在解决复杂问题时，人们因不理解算法原理而产生的神秘感，计算机并不理解下棋时的经验和直觉到底是何事物。1994 年，世界跳棋冠军马里恩·汀斯雷（Marion Tinsley）与跳棋程序对决，六局和棋，以汀斯雷的失败告终，之后汀斯雷患病而不能继续比赛。这个跳棋程序名为 Chinook，由加拿大阿尔伯特大学教授 Jonathan Schaeffer 开发。1995 年，Chinook 再次战胜国际跳棋大师 Don Lafferty，从此保持不败。

众多计算机和人工智能的宗师级学者都研究过下棋。最早发明机械计算机的巴贝奇，就考虑过机械下棋。图灵是计算机和人工智能的宗师，他写出了人类历史上第一个下棋程序，可惜这个程序水平有限。冯·诺依曼（John Von Neumann）和香农（Claude Shannon）都曾经写过计算机下棋方面的论文，这两位大学者在理论上已经指明了机器下棋的道路。1958 年，IBM 工程师伯恩斯坦开发出人类第一个可以下完全局的下棋程序。达特茅斯会议发起人，麦卡锡（John McCarthy）、塞缪尔（Arthur Samuel）、西蒙（Herbert Simon）等都主持和参与过下棋程序的研究与开发。司马贺于 1957 年预言十年内计算机下棋程序可以战胜人类，麦卡锡也赞成此观点，可惜两位大师过于乐观。几十年里，机器之间的下棋比赛很多，但挑战人类的机器和算法还没出现。直到 20 世纪 90 年代，机器开始发威，逐城逐镇抢夺人类的领地，最终，Alpha Go 在围棋上彻底击败人类最后的阵线。

9.1　人工智能概述

9.1.1　人工智能的概念

人工智能，英文是 artificial intelligence。给人工智能一个确切的定义，是一件困难的事，因为不同的研究者，对这个领域的见解并不相同，加之发展历史上的分歧，以及研究方法的不同，都为定义带来很大的争议。人工智能中有两个词："人工"和"智能"，对智能的理解，差别就很大，这里的智能指人类的智慧，还是指理性？智能是指思维，还是指行为？"人工"这个词也有歧义，指的是人造，还是模拟、假冒？

拓展阅读 9.1

由于存在这些争议，所以有人认为应该用"计算智能"（computational intelligence）一词，还有认为可以用复杂信息处理系统（complex information processing），最早的图灵时代，则用机器智能（machine intelligence）。但由于 AI 已经广为流传，也就难以更改，不过学者们在谈及定义的时候，还是要用长篇大论解释一番自己的理解。

1950 年，图灵在《计算机器与智能》一文中，提出"机器能思维吗"这个问题，在学术层面，机器智能的概念首次出现。然而，图灵在文中并未认可"能思维的机器"这样的定义，因为定义"思维"本身就很难，所以图灵提出了图灵测试，认为用"可以模仿人的行为"这样的机器，在研究中才是有意义的目标。计算智能（computational intellgence）的拥护者认为人工智能太过含糊，好像是假的智能，而且似乎把"自然智能"排除在研究之外。所以，在认定"理性就是计算"这样的假设前提后，用 CI 取代 AI 代表研究和设计智能体（intelligent agent）这样的研究。最主流的教科书之一，Russell 和 Norvig 的《人工智能》，从科研学者角度，更重视用具体的技术解决问题。所以，他们对人工智能的定义是：研究能够在一个环境中采取最好的可能行为的智能体，这里智能的意思是指理性的行为，而非人类的思维。AI 一词的确定来自达特茅斯会议，此次会议是人工智能作为一个学科的起点。在这次会议上，麦卡锡等会议组织者为人工智能所下的定义是：学习的每个方面或智能的任何其他特征，在原则上可被精确描述，以至于能够建造机器模拟它。这个定义中，强调模拟，与图灵的定义有沿袭一致之处。

还有一些其他定义，如尼尔逊教授对人工智能下了这样一个定义："人工智能是关于知识的学科——怎样表示知识以及怎样获得知识并使用知识的科学。"这是从人工智能的一个领域来定义的。美国麻省理工学院的温斯顿教授认为："人工智能就是研究如何使计算机去做过去只有人才能做的智能工作。"这个定义稍显模糊，人工智能在很多智能工作上早已超越人类，做的已经是人类做不了的工作。

某些百科上的定义是：研究、开发用于模拟、延伸和扩展人的智能的理论、方法、技术及应用系统的一门新的技术科学。我国《人工智能标准化白皮书（2018年）》中也给出了人工智能的定义："人工智能是利用数字计算机或者由数字计算机控制的机器，模拟、延伸和扩展人类的智能，感知环境、获取知识并使用知识获得最佳结果的理论、方法、技术和应用系统。"这两种定义，极力扩大范围，力求周全，涵盖甚广。

在讨论人工智能时，以上定义都有可取之处。

9.1.2　人工智能的发展过程

1956 年达特茅斯会议，是"artificial intelligence"这个词的起点，也是这门学科的起点。达特茅斯会议由约翰·麦卡锡、马文·闵斯基（Marvin Minsky）、克劳德·香农、艾伦·纽厄尔（Allen Newell）、赫伯特·西蒙等学者组织。会议所讨论的议题包括自动计算机（所指是可编程的计算机）、计算机编程语言、神经网络、计算规模理论（即计算复杂性）、自我改进（即机器学习）、抽象、随机性与创造性七个方面。从会议议题可以看到，此次会议已经把人工智能作为独立学科看待。人工智能从数学、控制论、运筹学等学科中分离，归属为计算机的一个分支。此次会议之后，参会人员以及他们的学生和同事，引领了人工智能这个领域，这也是此次会议成为人工智能起点的一个重要原因。

在达特茅斯会议之前，人工智能的理论最早由图灵于 1947 年在伦敦数学协会的一次演讲中提出，演讲标题为"智能机器"（intelligent machinery）。1950 年，图灵的文章《计算机器与智能》，进一步提出图灵测试、机器学习等概念，为人工智能这个学科拉开了帷幕。图灵所定义的概念中，以机器模拟人的行为做目标，图灵认为，去回答《机器能思维吗》是没有意义的。

与人工智能有关的最早设计，来自沃伦·麦卡洛克和沃特·皮茨，两位学者于 1943 年提出了人工神经元模型，之后 1949 年唐纳德·赫布设计了修改神经元之间连接强度的规则，称之为赫布型学习。这是今天神经网络的前身。1950 年，马文·闵斯基建造了第一台神经网络计算机，名为 SNARC，这台计算机使用了 3 000

个真空管模拟 40 个神经元构成的网络。

达特茅斯会议召开的前后几年中，人工智能的研究充满了乐观和惊喜。以纽厄尔、西蒙所提出的逻辑理论家为代表，学者们热衷用符号来模拟人类思维和解决问题的过程。西蒙在逻辑理论家基础上继续设计了"通用问题求解器"。1956 年 IBM 的格兰特（Herb Gelenter）实现了几何定理证明器。1958—1959 年，王浩在 IBM 704 机上证明了数学原理中的全部一阶逻辑和命题逻辑。塞缪尔开发了西洋跳棋程序，能够达到业余高手的水准。1957 年，康奈尔大学的实验心理学家罗森布拉特（Frank Rosenblatt）在 IBM 704 机上实现了"感知机"，这种简单的神经网络，可以做一些视觉处理任务。但随后，由闵斯基指出感知机无法解决"XOR"问题，这导致了第一次人工智能热潮的冷却。

20 世纪 70 年代，知识系统兴起，这是人们为了应对人工智能瓶颈的方法，用大量的领域知识武装人工智能算法，1969 年，斯坦福的费根鲍姆（Ed Feigenbaum）、李德伯格（Joshua Lederberg）、翟若适（Carl Djerassi）开发了 DENDRAL 程序，这个程序能够根据输入的分子式和质谱信息推断分子结构。DENDRAL 的成功，引发了人们对开发专家系统的兴趣。之后，DENDRAL 团队的成员布坎南（Bruce Buchanan）牵头，与肖特莱福（Edward Shortliffe）、费根鲍姆开发了 MYCIN 系统，用于血液传染的诊断，共有 450 条规则，诊断能力胜过医生中的专家。专家系统中 DEC 公司开发的 XCON 用于为订单自动配置零部件，是最成功的商用专家系统。

20 世纪 80 年代，以日本的五代机研发计划为代表，人工智能在研究和投资上掀起一股热潮。美国也组建了微电子和计算机技术公司，加强对 AI 的投资，英国重新启动了一些 AI 投资项目。五代机的目标是能够运行 Prolog 逻辑程序语言，终极目标是知识处理，也就是专家系统和自然语言处理。可惜这股热潮最终因为无法实现目标而垮掉，一个"人工智能的冬天"降临。

再次唤起人们的兴趣，是神经网络多年沉睡后的复苏。1969 年，马文·闵斯基的书指出感知机的弱点后，20 年里代表连接主义的神经网络处于低潮之中。其间，1974 年，哈佛博士生 Paul Werbos 的博士论文，指出反向传播（back propagation）用于深层神经网络，可解决感知机的问题。反向传播算法，在 20 世纪 60 年代就有多个团队发明过，但包括 Paul Werbos 的论文，都并未引起人们的注意。很多连接主义的支持者依然在坚持，其中物理学家霍普菲尔德（John Hopfield）于 1982 年提出新的神经网络模型，可以解决很多模式识别问题。1986 年，连接主义学者

James L. McClelland 和 Rumelhart 所出版的文集《并行分布式处理》真正启动了连接主义运动，对神经网络的研究再次掀起热潮。但这股热潮与互联网同期，互联网的蓬勃发展，掩盖了人工智能的风头。不过，互联网的大步发展积聚了海量的数据，无形间为人工智能的爆发提供了数据基础。

人工智能在研究上和工业上再次突破，达到今天这样的繁荣，起点是 2006 年辛顿的文章《深度置信网的快速学习方法》(*A Fast Learning Algorithm for Deep Belief Nets*)。2012 年，辛顿团队的深度学习，在图像识别国际大赛 ILSVRC 上，以惊人的 15% 错误率，遥遥领先之前的 26%，震惊业界。之后，深度学习在图形识别、语音识别、翻译等领域突飞猛进，人们普遍认为人工智能在这些领域已经成熟。深度学习在自然语言理解上也突破巨大，在大语料下的无监督学习给语音机器人、翻译等领域带来巨大进步。各大互联网公司、政府机构等在多年运营中积累了海量的数据，人工智能在今天已经成为技术库中常备的工具。

9.1.3　人工智能的应用领域

1. 图形识别和语音识别

人脸识别技术在深度学习的支持下，已经成熟商用。在金融领域的 KYC（了解客户）上，在智能楼宇和智能家居上，在安防系统中，都发挥了关键的作用。语音识别将声音转为文字，供计算机处理。

拓展阅读 9.2

2. 机器翻译

机器翻译是自然语言处理领域的一种应用。试图用机器来做语言翻译的历史，和人工智能的历史一样久。深度学习算法的出现，大规模语料和算力的提升，使机器翻译逐渐成为现实。

3. 游戏与博弈

人工智能历经几十年，最终在跳棋、象棋和围棋等游戏中战胜人类，改写了棋类游戏。人工智能带领人类重新认识各种棋类，这也是人类重新认知智能的机会。

4. 规划系统

大型机构和企业在生产中，需要对海量的要素进行处理和规划，传统的数据库和程序技术难以做到最优化处理。人工智能算法支撑下的规划系统，能够从数据中学习并根据策略自主规划。对于企业生产计划、后勤规划、车辆调度，乃至航空航天领域的自主规划和调度，都意义重大。

5. 无人驾驶

无人驾驶技术无疑是人工智能领域最令人期待的应用，不论是产业规模还是为用户带来的体验革命，都吸引了政府、企业和资本进入。人工智能将重新定义汽车，把汽车变得完美，它将赋予汽车智慧。无人驾驶汽车能够自己行驶，能够像人一样"看"懂红绿灯、车道线，更遵守交通规则，而且擅长规划出最佳的行车路线。

6. 机器人

智能的机器人在家庭生活中有着广泛的应用场景，在各种危险、紧急的作业环境下，也有巨大的需求。未来各种形态的机器人，将越来越多替代人的劳动。

7. 智慧医疗

人工智能已经进入各种知识和经验密集型行业。以医疗行业为典型，图像识别 AI 可以分析医疗影像做出诊断，在辅助诊疗方面，让计算机模拟医生的思维和诊断推论，根据病人的病历数据做出诊断，并提供诊疗方案。

8. 智能客服

机器与人的直接对话，从图灵开始就是人工智能领域的重要应用形式。但由于自然语言处理、领域知识库建设等问题还需突破，至今在智能客服领域上还并不完美。

9.2　人工智能的主要研究方法

人工智能虽然属于计算机学科，但因为人工智能的研究目标是智慧、思维、理性，这赋予了人工智能非常特殊的地位，使得它与很多学科都有关系，在具体领域上是跨学科的。

9.2.1　学科关系

1. 哲学

哲学是一切学科的源头，而哲学所延伸出的逻辑、数学、医学等学科是人工智能的基础。由于人工智能探索的是人的智能，这与哲学对意识的研究是同一范畴，所以，哲学一方面为人工智能提供方法，为人工智能的技术做分类；另一方面很多哲学家也喜欢对人工智能做宏观的点评。

亚里士多德的三段论是逻辑学的起点，也是人工智能符号派的源头。莱布尼茨是哲学家也是数学家，他希望设计一种人工语言来表达世间的所有知识，并可进行推理和演算，梦想以此为基础制造机器来做演算。笛卡尔、培根、洛克、休谟、罗素、卡尔纳普的学说和思想都深刻影响着人工智能。

2. 数学

数学中的逻辑、计算和概率对人工智能的影响最大，既是人工智能的工具，也反过来受到人工智能的影响和推动。要实现人工智能，方法之一就是假设人类思维是依靠逻辑和计算的，这是人工智能最大的前提之一。而概率则对不确定性和不完备性的处理提供了方法，类似贝叶斯、隐形马尔可夫等定理和模型，是人工智能算法中的重要学说。

布尔的命题逻辑、弗雷格的一阶逻辑是人工智能中逻辑推理的基础，之后的逻辑学家和数学家把一般的数学推理都形式化为逻辑演绎。1930 年，哥德尔的不完备性定理指明了逻辑和计算的局限，它们并非是无所不能的，这似乎让人对人工智能的前景感到失望。而图灵感兴趣的是，哪些是人工智能和机器能够计算的，图灵机由此诞生。计算复杂性和 "$NP=P$ 问题"则对人工智能处理问题的可行性提供指导。

3. 神经科学

人工智能的一个方向是对大脑思维的模拟，所以神经科学直接影响着人工智能。这是结构学派的学说，神经网络和深度学习都是受到神经科学的启发而来，这些学说在历史上有过跌宕起伏，但在今天是非常有效的人工智能技术。虽然有一些学者坚持认为，在神经科学没有彻底研究清楚大脑思维机制之前，谈人工智能是没有意义的，而另一派学者则认为结构学派（连接学派）没有理论支撑，没有学术价值，但 AI 领域的学者们以及工程领域的从业者越来越倾向于兼容并蓄。神经科学的进一步发展，对于人工智能肯定会有更大的推动作用。

4. 心理学

心理学用内省和实验两种方法去研究人类与动物的思考及行动模式。关注动物实验的是行为主义，但对人类并无理解。认知心理学则把大脑视为信息处理装置，并对心理现象进行建模，以实现信息处理，这导致了认知科学的诞生。纽厄尔和西蒙的逻辑理论家就是关于人类逻辑思维的程序模拟，而乔姆斯基的句法模型，则是对语言模式的建模。

5. 控制论

在达特茅斯会议之前，控制论曾经是研究人工制造智能机器的主要学科。其创始人维纳在《控制论》中探讨了制造智能机器的可能性。英国的 Ashby 也用控制论思想研究如何创建智能，其思路是设计恰当的反馈回路，以实现稳定适应行为的自动平衡装置。

从"设计最优化的函数系统"这个目标来看，控制论与人工智能的观点大致相同。区别在于，控制论使用微积分和矩阵代数等固定的连续变量集来描述系统。而创立人工智能的学者们意识到了控制论所用工具和方法的局限，希望引入逻辑推理、计算等工具。而且，人工智能意在创造智能，涵盖语言、视觉、听觉等领域，是控制论范围之外的。

6. 语言学

语言学看似文科，但实际上现代语言学与人工智能几乎是同期发展起来，可称为兄弟学科。从另一个意义上，由于语言是人类思维的工具和模式，所以语言机制又是人工智能研究的目标，语言学是人工智能的基础学科，科学家们要通过语言去探究人类思维的奥妙。乔姆斯基的句法结构是计算机编程语言和自然语言处理的基础理论，深刻影响了编程语言的设计以及自然语言处理领域。

为了获得智能，人工智能又必须把人类语言当作研究对象，去理解语言，并与人类交流。所以自然语言处理领域，包括语音处理、语义理解、对话机器人、搜索引擎、翻译、知识表示等方面，都是人工智能研究和工程的重要方向。

7. 计算机工程

人工智能属于计算机工程学科，一方面二者起源是一致的，另一方面计算机是人工模拟智能的工具，在今天，只有计算机，尤其是数字电子计算机才可担此重任，当然在理论上，机械计算机乃至生物计算机，对人工智能而言是一样的，只是可行的当前只有电子计算机。

巴贝奇在设计差分机的时候，便已经想到了模拟人工智能。图灵则把计算机理论和架构设计与人工智能放在一起讨论，一并推出了图灵机的架构和人工智能的理论基础。计算机本就在计算上属于人工制造的智能体。一方面，人工智能无疑要依赖计算机工程，计算机工程所提供的硬件、操作系统、编程语言是人工智能实现的必备工具。但另一方面，人工智能的研究也反过来回报了计算机工程，很多推动计算机工程发展的技术，如分时技术、面向对象、个人计算机等，都来自人工智能研究领域。

9.2.2　方法理论

人工智能领域所存在的方法上的争议，远大于计算机领域。至今，众多路线问题没有统一。例如，人工智能是否必须研究大脑神经或者研究人类心理？是否可用简单的逻辑理论来描述智能行为？

1. 控制论方法

人工智能一度与控制论关系密切，研究者不分彼此。控制论创始人维纳就认真考虑过为大脑建模，而麦卡洛克和皮茨最早提出的神经网络，其思想对控制论有很大影响。达特茅斯会议之后，人工智能与控制论分道，控制论方法在人工智能领域式微。

2. 计算神经科学

计算神经科学是用数学建模、物理分析、计算机模拟等方法综合研究生物大脑工作原理的学科，是神经科学的一个分支。正式成为学科是 Eric L.Schwartz 于 1985 年提出。在此之前，对大脑原理的研究也一直影响着人工智能，包括麦卡洛克和皮茨的神经网络模型，赫布的学习规则，以及乔姆斯基的句法模型，都是基于对大脑工作机制的研究。但人工智能并不局限于对大脑的模仿，而计算神经科学则坚持探索大脑工作的真实机制。神经建模、视觉原理、感知、记忆、认知等领域都是计算神经科学研究的方向，热门的脑机接口也属于计算神经科学领域。

3. 符号方法

人工智能最重要的有两派，一派是符号方法，一派是连接方法，以上两派又称为功能派和结构派。符号方法盛行于 20 世纪 50 年代，至 80 年代衰微。符号方法的基础理论是智能都是符号的推理和操作。所以，符号方法的工具是人类可读的符号，以描述知识、问题和逻辑。支持符号派的学者，一度对连接派颇为轻视，认为他们不优雅。而符号派自称"美好的古典 AI"（good old-fashioned artificial intelligence）。其代表是纽厄尔和西蒙的逻辑理论家、"AI 之父"麦卡锡的建议采纳者、乔姆斯基的句法结构等。

符号方法下，又分为几个小流派。

纽厄尔和西蒙的逻辑理论家属于"认知学派"，从人类的思考问题、解决问题的方法出发，模拟人类的思维。之后，西蒙等人在逻辑理论家的基础上，开发了"通用问题求解器"，这个程序可以处理一般的问题，如定理证明、下棋等。

"逻辑学派"以"AI 之父"麦肯锡为代表，麦肯锡认为 AI 不必模拟人类解决问题的程序和方法，而是应该从逻辑推理中找到解决问题的方法，不必去考虑这种方法与人类思维是否一致。麦肯锡在 1958 年的论文《使用常识的程序》中设计了"建议采纳者"程序，不同于其他符号系统，建议采纳者包含了世界的一般知识。在一般知识表示的基础上，建议采纳者自主规划和自主学习。知识表示可以描述世界，也描述人工智能体的行为对世界的影响，由此用逻辑推理可改写知识表示。

"反逻辑一派"由闵斯基带领的 MIT 团队发展而成，并非他们真的反对逻辑，而是他们不把逻辑和形式化放到第一位，他们更关注程序的运行效果。反逻辑学派并不在意逻辑的清晰和可证明性。MIT 的维森鲍姆于 20 世纪 60 年代设计的对话程序 ELIZA 和维诺格拉德设计的 SHRDLU 积木世界，就是反逻辑学派的产物。ELIZA 是世界上第一个机器人对话程序。供职于微电子与计算机技术公司（MCC）的雷纳特设计的 Cyc 也是这种思维方式的产物，Cyc 是世界上最早的知识图谱。

4. 连接主义方法

连接主义方法研究神经网络，用神经网络来解决一般逻辑无法解决的问题。最初这一派摒弃了知识表示和逻辑。连接主义最早是由麦卡洛克和皮茨发起的，后被学界冷落，至深度学习盛行之后，再次成为人工智能中的主导方法。

5. 统计方法

20 世纪 90 年代，在符号学派走弱之时，人工智能开始使用一些统计方法，如隐形马尔可夫模型、贝叶斯、决策树、信息熵等。与古典的符号学派相比，统计方法在一些实际问题中表现非常优异，而其弱点则是缺乏解释性。

6. 生物学方法

生物学方法研究人工智能，有两条路线，一条是计算神经科学，也就是神经网络；另一条来自冯诺依曼的自动细胞机，后发展成为遗传算法和强化学习。

7. 实体机器人方法

研究具有物理实体的机器人如何在环境中移动和生存，以及解决问题。汉斯·莫拉维克（Hans Moravec），罗德尼·布鲁克斯（Rodney Brooks），马文·闵斯基等人提出莫拉维克悖论（Moravec's paradox）。悖论认为，对人困难的事，机器做起来容易；对人简单的事，机器做起来反而很难。所以这一派在设计 AI 时，不再局限于逻辑和知识，而是重点模仿人类感觉与反应，研究机器人与物理世界接触。

9.3　人工智能伦理问题

9.3.1　强弱人工智能

论及人工智能的伦理方面，首要的问题是，人工智能到底能否像人一样思考。这个问题引出了强人工智能、弱人工智能两个概念。强人工智能，就是机器如人一样思考，具有人一样的思维，可以感知，具备自我意识，能够学习，并应对环境。而弱人工智能则并不回答机器是否如人一样思考，而是模拟人的智能行为，设计人工智能系统解决特定问题。当前所有实现的人工智能，都是弱人工智能。

人工智能的研究者和设计者，对于强人工智能并无兴趣，这个传统来自图灵，图灵建议人们只需关注人工智能的行为，也就是是否能够通过图灵测试，图灵认为"机器能思维吗"这个问题是没有意义的。至今，人类的思维是怎么回事，也并没有清楚的解释。达特茅斯会议中对人工智能的定义为：学习的任何方面或智能的任何特征可以确切描述为，可以制造一台机器来进行模拟。实际上，这个定义也是从弱人工智能的角度来描述的。

此外，人工智能能够实现吗？如果指的是强人工智能，那么这个问题从技术角度还无法回答。讨论只能从哲学角度来展开，且无法回避意识的本源问题，如笛卡尔的瓮中之脑、图灵的礼貌惯例、希尔勒的中文房间等。如果指弱人工智能，则存在争议。有一些学者坚定地持反面意见，认为弱人工智能也无法实现。代表人物为哲学家 Hubert Dreyfus，他出版了一系列的书，批评人工智能的弱点。但他所指出的不足和缺陷已经逐渐被克服。

最后，强人工智能与人的界限是什么？无数的科幻片都在讨论这个话题。一种"以人为本"的理论最流行，认为机器人即便拥有了自我意识，依然是工具，必须服务人类，听命于人类。所以，就有了科幻作家阿西莫夫提出的机器人三定律。另一种"以智慧为本"的理论则认为，只要具备了同等级的智慧，具备了自我意识，那么也就拥有了和人一样的权利。就如同人们不愿意虐狗，因为狗的智商近人，能够与人沟通。但问题的关键是，如何划分这条"智慧线"。我们清楚地知道现在的 Tesla 没有情感，但未来的机器情感和智慧该如何鉴定？一个粗暴的办法是，对机器安装自我意识的技术，必须制定许可制度或者备案制。给予机器自我意识，就意味着发放了居民身份证。

9.3.2　造物的伦理

人类制造人工智能，制造人机混合人，人体嵌入芯片，人脑操控机器，甚至半生命半机器的混合智能，是否有违伦理？反对的声音有两种：①信仰论，人类没有权利这样做，造人是上帝的权利。②功利论，担心人类过于冒失操切，造人会给人类带来巨大的危险。支持的声音很简单：人类要进步，人类要创造，人类要满足好奇心。

从人类心理角度而言，人工智能一旦具备智慧和情感，必然效率奇高，学习能力远超人类，这会造成人类的失落感。人类独一无二的优越感也将就此丧失，而且可能因此而导致失去责任感，失去人性。达尔文的进化论曾经对人类的优越地位造成冲击，而人工智能的发展可能也会带来类似的影响，甚至更加剧烈。

从对人工智能的控制而言，电影中对人工智能的恐惧比比皆是，人们担心失控的机器人对人类造成伤害，甚至毁灭人类。就当前人工智能的水准，这种担心有点超前，说是杞人忧天并不过分。人工智能的失控有两种情况：①因为技术故障带来的失控，如一台无人驾驶汽车撞伤行人，这类问题是技术问题，不是人工智能所独有的，是一个常规问题。②因为人工智能突破了一定的水准，达到了类似奇点，随之自我发展而人类则失去了控制权。有一些关于这方面的讨论，如阿西莫夫的机器人三定律，还有 Yudkowsky 建议应该设计"友好"的特性。然而，问题在于，当人工智能可以自我发展之后，当然可以自己改掉这些特性。至于人工智能会发展何种人机关系，似乎只能它们自己决定。如果几百年后真的出现这种失控的状况，也许最好的局面还是人类与机器融合一起，不分彼此，形成另外一种社会形态，这是当前的法律和道德难以预期的。

9.3.3　人工智能的威胁

人工智能会对人类造成威胁吗？有两种比较掩耳盗铃的观点：①机器再聪明强大，也是人类的工具。②人类可以在机器代码里设置法律，或者最后可以拔电源。但是这两种观点缺乏逻辑，一个更好的回答是，人类也会更强大、更聪明。而且，机器人并不会拥有族群凝聚力，即便有个体造反，也不会出现群体造反。最可能的情况是，人类和机器之间并没有明确的区分，已经你中有我、我中有你了。

还有一种骇人听闻的观点，认为人工智能一旦具备自由意志，也就是觉醒了，马上就会奴役或者消灭人类。这是有一点杞人忧天。人工智能可能发展迅速，也可能具备自由意志，但是，具备自由意志，就意味着个体是有各自的判断的，机器形不成统一的大军。需要担心的是，在某一个时点，机器智能的超越性发展被某个机构掌握，若该机构存心不良，那就麻烦大了。需要防备的，依然是人类自己。

人工智能短期给人类所带来的威胁就是失业问题。事实上，我们应该欢迎人工智能带来失业。站在短期和个别人群的立场，人工智能一定会带来令人不愉快的失业。但长期来看，人们有了人工智能，可以不必去做低端的工作，可以从事更多高级、有意思的工作职位。与失业的担忧相对的是，有人害怕由于人工智能承担了太多的工作，人类拥有太多的闲暇，以至于失去人生的意识。在 20 世纪就有过类似的担心，即计算机和机械化将导致人类的工作时间减少，当时的预测是人类在 2000 年工作时间减少 15%。然而实际情况相反，越是高科技从业者，工作时间越长。

9.3.4　人工智能的价值观和权利

人工智能中的价值观需要人类赋予，且用技术来实现。例如当无人驾驶汽车面临困境，要么撞向一个孩子，要么撞向一个老人，该如何判断。这个价值判断，依然是人类所面对的价值判断，只是需要输送到人工智能设备。相信在面对生命的判断时，一切生命都是平等的，判断的依据应该是造成伤害的概率。

人工智能发生事故和灾难，责任主体是谁？这个较为容易回答。需要厘清所有人和制造商各自的责任。从具体情况中，分析出责任主体。人工智能误闯民宅、人工智能窥探隐私、人工智能行骗、人工智能贩毒等问题，也都该追究主人的责任。所以人工智能设备的所有权非常重要，不可出现流浪的、无主人且具备活动能力的人工智能设备。

另外是有关人工智能的权利问题。生命、自由和对幸福的追求，机器人可以吗？从大部分的观点看，都是不赞同机器人拥有人类的权利的。但想想看，就在几百年前，奴隶制还盛行于世上。人类的心胸扩大的速度，不输于科技发展的速度。人类应该接纳具备自我意识的人工智能为我们群体的一员。人类所有的律法，应当一视同仁去保护具备自我意识的人工智能，包括不可凌虐杀害具备自我意识的人工智能，也不可未经其许可删除其"硬盘"。如果人工智能享有权力，那么权力的大小该如何判定？众生平等？到底谁该主宰？有一种理论是，智慧越高的生命或者智慧体，就享有越大的权利，也许现有的国际秩序、社会之力、司法体系是可以借鉴的。

🔍 案例讨论

自动驾驶：人工智能的未来？

"自动驾驶"，或称"无人驾驶"，并不是一个新鲜的词汇，认真追溯起来，其实早在 1925 年，就诞生了人类历史上第一辆"无人驾驶汽车"，至今已近百年。

近年来，以深度学习为突破的"人工智能时代"大风口下，自动驾驶被给予了前所未有的关注，包括互联网公司、传统车厂、新兴创业公司，各路资本争相竞逐，"热度"进一步提升。

自动驾驶汽车依靠人工智能、视觉计算、雷达、监控装置和全球定位系统协同合作，它是一个集环境感知、规划决策、多等级辅助驾驶等功能于一体的综合系统，它集中运用了计算机、现代传感、信息融合、通信、人工智能及自动控制等技术，是典型的高新技术综合体。

这种汽车能和人一样"思考""判断""行走"，让电脑可以在没有任何人类主动的操作下，自动安全地操作机动车辆。按照 SAE（美国汽车工程师协会）的分级，共分为驾驶员辅助、部分自动驾驶、有条件自动驾驶、高度自动驾驶、完全自动驾驶五个层级。目前，各厂商与公司的自动驾驶研究仍处于第二、第三阶段。

在自动驾驶技术方面，有两条不同的发展路线：第一条是"渐进演化"的路线，也就是在今天的汽车上逐渐新增一些自动驾驶功能，如特斯拉、宝马、奥迪、福特等车企均采用此种方式，这种方式主要利用传感器，通过车车通信（V2V）、车云通信实现路况的分析。第二条是完全"革命性"的路线，即从一开始就是彻彻底底的自动驾驶汽车，如谷歌和福特公司正在一些结构化的环境里测试的自动驾驶汽车，这条路线主要依靠车载激光雷达、电脑和控制系统实现自动驾驶。

自动驾驶究竟使用何种技术实现呢？其中的软硬件包括传感器、高精度地图、AI 算法等。人工智能在自动驾驶的实现中扮演了最重要的角色：结合机器学习算法处理传感器与地图数据，收集驾驶行为与周边环境信息，不断优化算法以识别并规划路线，操纵车辆正常驾驶。

　　然而，至今为止自动驾驶的相关交通事故也是层出不穷。2016 年 1 月 20 日，京港澳高速河北邯郸段发生一起追尾事故，一辆特斯拉轿车直接撞上一辆正在作业的道路清扫车，特斯拉轿车当场损坏。2020 年 10 月 11 日，广东东莞凤岗镇一辆无人驾驶出租车发生交通事故，与一辆横路汇入主道的白色 SUV 相撞。2021 年 1 月 25 日，在一辆空旷的高速公路上，一辆蔚来 ES8 开启 L2 级自动驾驶功能（NOP），先后撞上一名男子和一辆五菱宏光，两车严重受损。

　　尽管在绝大部分自动驾驶交通事故中，车企都指出己方并不需要负主要责任，被撞车辆的违规行驶、驾驶员的违规操作才是导致大部分自动驾驶事故的原因，但在部分自动驾驶事故中，车企方面也承认自动驾驶技术的确仍有缺陷。

　　滴滴出行总裁柳青曾表示："随着无人驾驶技术的完善，交通事故会降低甚至消失，而无人驾驶技术就像是交通领域的青霉素，发明后每年能挽救千万个因细菌感染而死亡的人。"百度创始人李彦宏指出："相信随着时间的推移，人们会越来越认识到，自动驾驶比人类驾驶更安全些。"同时李彦宏也表示自动驾驶在未来 10 年甚至 20 年都不会真正成熟，需要持续不断地投入。

　　目前以人工智能为基础的自动驾驶需要面对的困难不少，包括算法的可靠性问题、高性能传感器的成本问题、法律法规问题等。

　　除此之外，也有人认为自动驾驶会面临伦理上的难题。在面对前方可能撞车、两侧可能撞上行人时，人工智能或许需要抉择是拯救车上的乘客还是挽救路人。如果面对电车难题，自动驾驶能否做出选择？或许，在考虑尽可能避免发生这种情况的前提下，不能把人的生命交由人工智能来处置，但自动驾驶应秉持损害最小化原则。

　　驾驶是一种负担，这对于人和 AI 都是一个挑战。虽然完全的自动驾驶似乎还比较遥远，但是不少人仍然带着解决目前问题的勇气与智慧，努力让人与人工智能和谐相处的早日到来。

案例思考

1. 你认为目前的自动驾驶是弱人工智能还是强人工智能？
2. 你认为自动驾驶的伦理难题该如何抉择？
3. 你认为自动驾驶应该自由发展还是加紧限制？

案例分析思路

思考题

1. 举例辨析强人工智能和弱人工智能。

2. 举例说明现实生活中的"人工智能"。

3. 谈谈你对人工智能的看法,是期待还是担忧?

4. 数据是算法的依托,本身具有客观中立性,但人为设计的算法却不可避免地隐含偏见。试举例生活中的算法歧视现象,并谈谈你的看法。

 即测即练

第 10 章　电子商务与数字化转型

 本章学习目标

1. 理解数字经济的概念和发展。

2. 掌握数字化转型战略方法论。

3. 掌握数字经济和数字化转型行动路线。

4. 掌握电子商务与数字化转型的内在关系。

本章思维导图

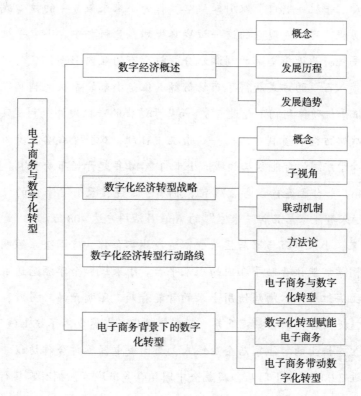

🔍 案例导入

小米智能家居：我向往的生活

早晨在智能语音助手的提醒下醒来，语音助手自动播放当地天气和最新新闻，同时窗帘自动拉开。走到卫生间，感应灯自动亮起，热水也已经根据睡眠时间设定加热完毕。白天，扫地机器人根据时间安排自动启动，清理家庭环境。晚上回家前，手机上远程开空调、设置智能卫浴，为回家做准备。以上这些场景，放在十年前可能还带有很强的科技色彩，不是那么容易布置在普通人家。如今，伴随着智能手机的普及和智能家居在家庭中的广泛布置，这些场景已经真切地走入寻常百姓家，逐渐成为城市生活的日常。智能家居的普及，既是科技进步和消费蓬勃发展的一个缩影，也是家居行业翻天覆地的数字化转型历程。

小米公司是最早将战略重点转移到 IoT（物联网）的一批公司，也是体量最大的一家公司。同时，小米也是国内最早一批布局智能生态链企业投资、打造智能家居产业集群的公司，并成功打造出"米家"这一智能家居第一品牌。2019 年，小米正式启动"手机 +AIoT"双引擎战略，作为小米未来 5 年的核心战略。回顾小米的发展历程，可以发现它的这一步战略规划在意料之中。小米手机的超低价格，挤出了手机行业近乎全部的利润水分，将原有的业内形态彻底打烂，以"杀人三千，自损八百"的方式获得了市场份额。但是小米的手机毛利润很低，官方招股书中保证手机硬件利润不超过 5%。而基于这样的手机硬件盈利现实，小米确定了全新的战略方向和盈利方式——"手机 +AIoT"双引擎战略。身为互联网科技公司，投身于广阔的智能家居领域。小米自 2014 年起开始布局 IoT。至 2020 年 6 月，小米 IoT 平台已连接设备 2.71 亿，拥有 5 件连接至 IoT 平台的设备的用户达 510 万，小米智能家居品牌"米家"的 App 月活用户达 408 万。

2018 年末，小米宣布与家居巨头宜家达成战略合作。宜家全系照明产品将接入包括小爱同学智能语音助手在内的小米平台。小米还和全季酒店达成合作，未来将在全季上海虹桥中心酒店使用小米的智能音箱、照明产品。另外，小米还与爱空间合作，提供智能家居安装服务。新零售时代，当然少不了线上线下的融合。同年，小米生态链上的智能家居企业绿米，与国美电器签订合作协议。国美电器在中国拥有近 2 000 家线下门店，覆盖全中国 400 多个城市，拥有零售行业最强大的线下销售体系。这次双方合作，国美将提供全国近 2 000 家线下门店资源及线上平台支持，绿米则组建了全国超过 3 000 人的专业服务团队，共同实现智能家居的服务落地。根据当时的计划，已在全国 13 个城市正式开业，未来将陆续覆盖至全国 100 个城市，2019 年入驻国美的所有门店。

通常而言，智能家居的盈利模式可分为硬件与软件两个层面。硬件层面主要通过销售产品赚取差价，可以面向 B 端与 C 端扩宽销售渠道；小米智能家居 C 端销售主要布局线上渠道，小米拥有的自营电商平台——小米有品。2020 年上半年，小米全网销售规模约 283 亿元。同时，小米发力 B 端，扩宽销售渠道。除了上文提到的宜家、全季酒店，小米还与必胜客、车和家、爱空间等企业展开合作。例如，小米与必胜客宅急送展开合作，通过小米智能电视，打造家庭消费场景的大屏订餐新模式。基于小米智能硬件产品与 IoT 平台相互协同，在 B 端有更多样化的合作模式。

软件层面盈利主要通过自有 IoT 平台来实现，包括平台变现、流量变现、数据变现等方式。平台变现是指通过为硬件厂商提供物联网、云计算等技术获取收益；小米的 IoT 平台开放性很强，在官网设置有 IoT 平台开放合作申请入口，合作对象多样。

（1）硬件制造企业。例如，宜家家居的照明产品，可以通过小爱同学、米家 App 等终端入口实现语音控制；同时，还可以与平台已接入的其他企业产品实现智能联动。

（2）酒店 / 地产行业。就像前面所讲的小米与全季酒店的合作，入住全季酒店的客户，可以用小爱同学调节灯光、温度，查询酒店信息等。

（3）智能硬件服务商。智能硬件服务商的角色类似于中介，一边对接各大 IoT 开发平台，一边对接各大企业产品。例如，小匠物联，获得了 2020 年度小米 IoT 平台服务商认证。

小米的智能家居软件盈利方式还有流量变现，以广告为主要渠道。小米的自有电商及新媒体渠道，可以为这些合作品牌的智能硬件产品进行推广。目前，小米向广告主提供了米家 App 产品百科、新媒体渠道新品宣发、米家精选内容推荐、米家试用活动、小米有品销售渠道等推广方式。以互联网起家的小米，在商业模式的探索上更开放。它是一个重要的生态连接者，而不是一个孤立的玩家。

小米打造的智能家居生态链，为家居行业带来了巨大变革，也对人们的生活产生了重大影响，让科技走进了更多人的生活，让未来，已经来到现在。

10.1　数字经济概述

10.1.1　数字经济的概念

20世纪40年代以来，电子计算机的发明与通信设备、信息网络等的快速普及，引发了科技与社会经济的剧烈变革，被称为"数字化革命"，亦被称为第三次工业革命或第三次科技革命。与这次科技革命相应的社会经济发展形态也发生了巨大变化。在农业经济、工业经济之后，一种以现代信息通信技术为依托、以网络尤其是互联网为载体，通过信息网络实现资源生产、分配、交换和消费的新型经济——数字经济（digital economy）诞生，开始成为全球关注的焦点。

数字经济尚未形成一个统一的定义，这里使用G20杭州峰会提出的表述，即数字经济是指以使用数字化的知识和信息作为关键生产要素、以现代信息网络作为重要载体、以信息通信技术的有效使用作为效率提升和经济结构优化的重要推动力的一系列经济活动。在云计算、物联网、人工智能等新一代信息技术的驱动下，数字经济的外延不断拓展，由狭义的数字产业化转向广义的产业数字化，涉足的行业由传统的基础电信、电子信息制造、软件服务、互联网等信息产业渗透至其他非信息行业，在智能制造、现代农业、"互联网+"等方面均发挥着重要作用。

"数字经济"这一概念的正式提出是在20世纪90年代中期。彼时克林顿政府执政带来的"新经济"（new economy）表现十分亮眼，而知识和技术创新被认为是新经济发展的直接动力，其中现代信息通信技术的高速发展发挥了关键作用。这一时期，互联网进入高速发展阶段，网络、搜索引擎和电子商务的发展引人注目。数字经济也在这一大背景下被提出并引起广泛关注。

1995年，加拿大学者唐·泰普斯科特（Don Tapscott）最早提出"数字经济"这一概念。由于新经济中信息是以数字方式呈现的，它们以字节形式储存在电脑中，以光速传播于网络中，利用二进制代码，所有信息和传输都可以用0和1这两个数字来体现和完成，所以称之为数字经济。此后，有关数字经济的论述逐渐增多。例如，计算机学家Negroponte认为，由于数字经济的推动和促进，人类的发展由原子加工过程转变为信息加工处理过程。美国学者Mesenburg则将数字经济分为三个组成部分：电子商务基础设施（硬件、软件、电信、网络、人力资本等）、电子商务（通过计算机网络实现的商务行为）、电子商业（商品的交易，如在线售书等）。随着信息技术运用的逐渐深入，数字经济的内涵和外延也在不断拓宽，除传统的电子商务外，社交媒体、搜索引擎等逐步也被涵括进这一领域。

在"数字化革命"浪潮的席卷下，数字经济作为世界经济创新和包容性增长的动力得到广泛认同，各国开始纷纷抢占数字经济的高点，出台一系列的数字经济发展战略。1997 年，日本通产省开始使用"数字经济"一词。1998 年，美国商务部发布《浮现中的数字经济》（*The Emerging Digital Economy*），并在接下来的几年中陆续推出系列报告，对数字经济进行了深入解读，在全球引起巨大反响。2008 年金融危机爆发以来，全球经济衰退，数字经济被视为未来的产业发展方向，受到各国高度重视。

10.1.2　数字经济的发展历程

作为一种经济业态，数字经济最早可追溯到 20 世纪 40 年代兴起的信息经济，已经经历了 70 多年的发展历程。通过对数字经济的发展历史进行梳理发现，数字经济的发展历程可以分为五个时期。

1. 萌芽孕育期

20 世纪 40—60 年代，是数字经济的起步阶段。1946 年，美国国防部研制出世界上第一台通用计算机埃尼阿克（ENIAC），标志着数字经济时代的正式开始。

早期计算机主要采用电子管技术，使用机器语言或汇编语言来编写应用程序，运用领域主要为科学计算和数据处理，应用场所主要是军事、科研院所和大中型企业。20 世纪 50 年代中期，晶体管的出现使得计算机开始朝小型化方向发展。1954 年，IBM 制造出第一台使用晶体管的计算机 TRADIC，计算能力有了很大提高。20 世纪 60 年代初中期，集成电路的发明引发了电路设计革命，IBM 在 1964 年研制成功第一台采用集成电路的通用电子计算机 IBM 360，1970 年采用大规模集成电路研制出 IBM S/370，并将硬件与软件分离出来，从而明确了软件的价值。1971 年，Intel 公司研制成功世界上第一款微处理器 4004，基于微处理器的微型计算机时代从此开始。在软件上也出现了标准化的程序设计语言和人机会话式的 BASIC 语言等。从技术发展特点看，随着集成电路设计与加工能力的进步，计算机核心处理和存储技术快速发展，计算机的体积不断缩小，价格也持续下降，可靠性增强，计算速度也更快。

2. 起步成长期

20世纪70年代中期至90年代中前期，随着大规模集成电路的出现，计算机的体积进一步缩小，性能进一步提高，开始普及中小企业及居民等生活领域。1981年，IBM推出第一台个人电脑IBM5150，采用英特尔的8088微处理器，搭载微软的MSDOS系统，标志着计算机正式进入个人电脑（PC）时代。计算机在商业领域开始广泛运用，由大企业向中小企业普及，并开始进入千家万户，以计算机为核心的IT产业初步形成。在硬件领域，苹果公司于1976年成立，并于1984年推出麦金塔电脑（Macintosh），首次将图形用户界面广泛应用到个人电脑上。康柏和戴尔先后于1982年和1984年创立，并在便携式电脑上取得进展。在软件领域，微软1975年创立，并于同年将BASIC语言移植到个人电脑上，1980年开发出DOS系统。1977年，甲骨文公司创立，并开发出商用的SQL数据库。日本企业也开始进入IT领域，NEC、夏普、东芝等企业以存储器为切入口在半导体芯片领域实现快速发展，东芝还设计出世界上第一台手提电脑，NEC和富士通向全球出口超级计算机。

3. 快速发展期

20世纪90年代中期至21世纪之初，伴随个人电脑和网络技术的发展，网络经济得到飞速发展。一般认为，从1995年开始，数字经济开始进入网络时代。互联网的出现最早可追溯到1969年美国国防部建立的ARPAnet，在之后的发展历程中逐渐形成NSFnet（1986）、万维网（1991）等主干网。1993年，美国克林顿政府执政后推出"信息高速公路"战略，大力推动信息基础设施建设，标志着计算机网络进入信息高速公路发展阶段。随后世界各国积极投入大量资金进行信息基础设施建设，促进本国信息高速网络的快速发展。

1994年，网景公司成立，开发出导航者浏览器，1995年上市首日股票市值即达数十亿美元，引发了IT产业的爆发式增长，以互联网为核心的信息技术开始渗透到社会经济的各个方面。在搜索服务上，雅虎和谷歌先后于1995年和1998年成立。在电子商务领域，1995年，亚马逊和eBay创立，开始挑战传统商务。Netflix于1997年成立，拓展了在线影片租赁。与此同时，网络硬件领域的三大供应商思科、3COM和海湾网络公司的营业收入达到10亿美元，成为主要的受益者。在中国，腾讯（1998）、阿里巴巴（1999）、百度（2000）等互联网公司也开始起步。在移动通信领域，20世纪70年代以后，移动通信技术开始得到快速发展，1985年，高通公司成立，将原有的军用通信技术 CDMA 迅速转化为民用。

网络经济发展的热潮在 2000 年达到顶点，由于个人电脑计算速度、存储规模和网速越来越成为新兴经济发展的桎梏，很多今天能够广泛应用的商业模式得不到有效的技术支撑，网络经济的发展速度远远超出实体经济的发展需要，最终导致 2000 年的网络经济泡沫破灭。

4. 全面覆盖期

2001 年后，美国相继爆发次贷危机（2007 年）和金融危机（2008 年），但随着个人电脑计算速度、存储规模和网速的几何级增长，移动通信技术的不断进步以及智能手机的出现，曾经破灭的网络经济在以移动互联网为代表的新技术驱动下迎来又一波繁荣，由 PC 互联网进入移动互联网时代。

在移动通信领域，3G、4G 等移动通信技术等逐步投入使用。在移动终端上，苹果公司于 2007 年推出 iPhone 智能手机，并于次年发布 iOS 操作系统，三星等企业迅速跟进，颠覆了以诺基亚、摩托罗拉为代表的传统手机制造商的地位。在互联网企业方面，以雅虎为代表的互联网 1.0 公司逐渐被 Facebook（2004 年）、Twitter（2006 年）等互联网 2.0 公司取代，互联网平台化的趋势越发明显。Airbnb（2008 年）、Uber（2009 年）等共享经济模式开始引领时代发展潮流。在新一代信息技术方面，云计算 2006 年被正式提出，云成为 IT 领域的发展趋势。

5. 转型调整期

2016 年，数字经济的技术基础走到关键的时代节点，一场新的数字经济变革悄然酝酿。信息技术的关键基础——以集成电路为核心的微电子技术，现阶段（2020 年）已经发展到 5 nm，且即将进入 3 nm 级别，制造工艺不断逼近物理极限。在传统的摩尔定律即将走到尽头的今天，数字经济将朝着物联网、云计算、大数据、物联网、智能化等方向发展。2005 年，国际电信联盟正式提出物联网的概念，经过 10 余年的培育和探索，全球物联网正从碎片化、孤立化应用为主的起步阶段迈入重点聚焦、跨界融合、集成创新的新阶段。经过前期的技术积累，云计算从 2016 年开始进入全面爆发阶段。根据 Gartner 的数据统计，2020 年全球云服务市场规模达 3 142.2 亿美元，同比增长 24.1%。云服务应用已经深入各行各业，并成为众多行业实现数字化转型的重要力量。2008 年，大数据被正式提出，现已在政府决策、交通、物流、金融、广告、电信、医疗、娱乐和农业等领域得到广泛运用。根据 IDC 的测算，大数据市场规模年增长率达 40%，2017 年市场规模约 530 亿美元。

智能化近年来得到迅速发展，从传统的手机、平板电脑向机器人、虚拟现实、可穿戴设备、智能汽车、智能家居、智能城市、人工智能等多维度发展。此外，区块链、平台经济、分享经济等新业态纷纷涌现。

2020 年初暴发新冠肺炎疫情后，数字经济更是表现出强劲的增长动能与抗压韧性，加速激发了全社会对数字经济的需求。

10.1.3 全球数字经济发展趋势

1. 产业数字化转型从被动到主动、从片段到连续、从垂直到协同

全球产业信息基础大幅加强，海量数据源源不断地持续产生，进一步推动劳动、技术、资本、市场等要素互联互通，带动数字化转型呈现三大转变。①从被动转变为主动，将数字化从用于提高生产效率的被动工具转变为创新发展模式、强化发展质量的主动战略。②从片段型转变为连续型，将数字化从对局部生产经营环节的参数获取和分析，转变为对全局流程及架构的诠释、重构及优化。③从垂直分离转变为协同集成，将数字化从聚焦于单一环节、行业和领域，转变为对产业生态体系的全面映射。

2. 产业数字化转型呈现平台化、共享化新特征

数字化转型加速推动产业链各环节及不同产业链的跨界融合，实现了组织架构和商业模式的变革重塑，构建起核心优势独具特色、运作体系不拘一格的各大平台，将企业间的竞争重点从产品和供应链层面推向生态层面，对数字化转型底层技术、标准和专利掌控权的争夺更为激烈。同时，数字化转型的快速推进为供需实时计算匹配提供了坚实基础，并通过高频泛在的在线社交，以及渐趋完善的信用评价体系，为部分产业提供了有效配置资源的低成本共享渠道，弱化"所有权"而强调"使用权"，促使共享经济快速兴起。

3. 产业数字化转型重塑开放协同的创新体系

产业数字化转型直接带动了技术开源化和组织方式去中心化，知识传播壁垒开始显著消除，创新研发成本持续大幅降低，创造发明速度明显加快，群体性、链条化、跨领域创新成果屡见不鲜，颠覆性、革命性创新与迭代式、渐进式创新相并行。产业创新主体、机制、流程和模式发生重大变革，不再受到既定的组织边界束缚，资源运作方式和成果转化方式更多地依托网络在线展开，跨地域、多元化、高效率的众筹、众包、众创、众智模式不断涌现，凸显出全球开放、高度协同的创新特质。

4. 产业数字化转型引导消费者技能和素养升级

产业数字化转型的快速推进带来新兴的数字化产品、应用和服务大量涌现，对消费者的数字化资源获取、理解、处理和利用能力提出更高要求。符合用户根本需求、具备完整商业模式、持续迭代完善的各类数字化新兴产物，已开始有效引导消费者数字化技能和素养的提升及更新，更好地发掘数字化价值和享受数字化便利，逐步培育、形成及发展起新兴的数字消费群体和数字消费市场。世界各主要国家日益高度重视对公民数字技能和素养的教育及培养，并逐渐上升到维护国家在新时代打造新型核心竞争力的战略高度。

10.1.4 我国数字经济发展趋势

全球的数字经济呈现快速上涨的态势。目前全球数字经济发展最好的是美国，美国数字经济占 GDP（国内生产总值）总量已经超过了 50%。随着中国数字经济的快速发展，中国数字经济已经占 GDP 总量的 30% 以上，而且这个数字在逐年增长。近两年研究数据表明，未来的数字经济，特别是到 2030 年左右，全球比重会高达 35% 到 40%，甚至更高。

当前数字经济发展对于全球经济增速贡献不可磨灭，而且是一个未来的趋势，用一个词语总结就是"未来已来"。面对着即将要到来的全球数字经济时代，必须抓住机遇，紧跟时代的脉搏，而且要与全球数字经济发展紧密联系在一起，同时要保证中国创新创业进一步提升，逐步地发展自主可控的数字经济产业，使中国的数字经济能够在全球的数字经济产业竞争中占据一个优势地位。

数字经济成为中国经济增长的新动能。《中国互联网发展报告 2018》显示，2017 年，中国数字经济总量达到 27.2 万亿元，占 GDP 比重达到 32.9%，数字经济对 GDP 增长贡献达 55%。其中，数字经济对服务业、工业和农业的渗透率分别达到 32.6%、17.2% 和 6.5%。这主要体现在，数字技术不仅改变着人们的生活，也改变着产业生态。目前，我国已初步形成数字经济发展的市场基础、政策体系与技术路线，数字经济的发展呈现出以下四大趋势。

1. 数字经济规模将进一步扩大

近几年来，我国数字经济高速发展。中国信息通信科学院发布的《中国数字经济发展白皮书（2021）》显示，2020 年我国数字经济规模达到 39.2 万亿元，较上年增加 3.3 万亿元，占 GDP 比重为 38.6%，占比同比提升 2.4 个百分点，我国数字经济增速达 GDP 增速的 3 倍以上，成为经济增长的新引擎。

"十四五"期间，在市场需求、技术创新与公共政策的协同推动下，我国数字经济发展规模将进一步扩大：①从增长速度上看，数字经济将继续以年均增长率高于 GDP 的态势保持高速增长，占 GDP 的比重将持续提高，作为推动经济高质量发展的新动能的作用更加凸显。②从区域发展上看，东中西部地区数字经济将呈现出不同的发展特征，东部省份依靠市场与创新的先发优势继续保持总量规模的高速增长，中西部省份也将呈现出多点突破的特点，在细分领域建立起具有区域特色的竞争优势。

2. 数字技术的扩散程度将进一步提高

在新基建的推动下，云计算、大数据、人工智能等数字技术将在各传统行业深度应用，与传统行业的融合发展进一步加深，体现出泛在、多元、高效、智能的渗透特征，推动各行业在生产方式、商业模式、管理范式等方面发生深刻变革，在生产与消费、供给与需求、管理与运营、线上与线下之间构建起基于数据要素和数字技术的一体化高质量循环结构。一方面，产业数字化程度将进一步加深。中国社科院测算数据显示，2020 年产业数字化规模占传统产业增加值的比重仅为 10.9%，数字技术在不同行业间的扩散渗透程度表现出显著的差异化。未来，数字技术将在数字产业化与产业数字化两股力量的推动下，更加全面和系统地向传统产业扩散与渗透。另一方面，具有行业通用性的解决方案逐渐成熟。经过近几年的探索与发展，制约传统产业数字化转型的共性因素逐渐清晰，对通用性解决方案的市场需求日益扩大。正如清华大学公共管理学院院长江小涓教授所说，未来将依托产业互联网的行业性解决方案为客户提供一站式的全程高效服务。

3. 数字生态的竞争优势将进一步凸显

数据要素已成为数字经济发展的关键生产要素。数据要素通过流动，串联起消费者、传统企业与科技企业之间的价值环节，最终带来传统经济中供求结构的变革：①传统企业和消费者之间的供求结构转变为生态系统之间的供求结构，因此推动商业竞争也由企业之间的竞争转向生态系统之间的竞争，如多家解决方案供应商组成的生态系统向产业园区或产业基地中多家企业组成的生态系统提供数字化服务。②依托数字生态系统的技术集成，系统内企业将深入更多细分领域研发解决方案，在催生出更多新业态新模式的同时，实现生产者和消费者之间的信息共享与价值整合，构建商品与服务的循环流通平台。因此，对生态系统的选择不仅意味着对市场竞争优势的选择，更本质上来看是对技术轨道的选择与对规模经济效应的应用。

4. 数字安全的底线意识将进一步增强

随着竞争主体由企业竞争转向生态竞争，产业安全主体也发生变化。生态系统中任何一个价值链环节被攻破，都有可能导致攻击技术沿着价值链"传染"，最终引发整个生态系统的连锁损失和崩溃，这就是一家企业的安全危机会链式引发更多企业安全危机的"多米诺骨牌效应"。因此，对数字安全的重视程度将随着数字经济的发展迅速提高。一方面，从数字化转型的潜在企业角度来看，对安全威胁的担忧已经成为阻碍企业采纳数字技术的主要因素之一，如果不能及时消除企业对数字安全的担忧，将严重阻碍产业数字化的转型进程。另一方面，从数字化转型的实践企业角度来看，安全技术成为企业生存和发展的关键技术之一，企业对数字安全的重视程度已提升到前所未有的高度，纷纷进行组织结构调整并设立首席安全官的职位，持续加大对数字安全的资金、人员、技术的全面投入。

当前，信息网络技术加速创新，以数字化的知识和信息作为关键生产要素的数字经济蓬勃发展，新技术、新业态、新模式层出不穷，成为"后国际金融危机"时代全球经济复苏的新引擎。各主要国家纷纷将发展数字经济作为推动实体经济提质增效、重塑核心竞争力的重要举措，并进一步推动数字经济取得的创新成果融合于实体经济各个领域，围绕新一轮科技和产业制高点展开积极竞合。

10.2　数字化经济转型战略

随着新一轮科技革命和产业变革迅猛发展，企业发展环境日益复杂多变，机遇挑战并存，数字化转型应当成为信息时代企业级核心战略。全球经济从增量发展转向存量竞争，资源环境刚性约束日益增强，企业仍面临多重不确定，我国产业发展亟须开辟价值创造新空间，由价值链低端向中高端跃升。深入推进信息技术和实体经济深度融合，推动产业组织逻辑和体系变革，全面提升企业可持续发展能力，以数字化转型化解不确定性，是当前战略转型核心。

10.2.1　数字化转型战略的概念

开展数字化转型，首要任务就是要制定数字化转型战略，并将其作为发展战略的重要组成部分，把数据驱动的理念、方法和机制根植于发展战略全局，围绕企业总体发展战略提出的愿景、目标、业务生态蓝图等大的战略方向，系统设计数字化转型战略，提出数字化转型的目标、方向、举措、资源需求等。以新型能力

拓展阅读 10.3

的建设、运行和优化为主线，有效串接起业务、技术、管理等相关内容，与职能战略、业务战略及产品战略等有机融合，有效支撑企业总体发展战略实现。

数字化转型战略要以价值导向，回归商业本源。要注重数字化转型的实效，把数字化转型的短期价值和长期价值有机结合；数字化转型要明确战略目标，把旗帜举起来，让企业明白向哪里冲锋，才能充分调动各方力量；数字化转型要与公司战略衔接并有效落地，需要用科学的方法，分步走，包括开展数字化转型关键问题研究，制定数字化转型战略纲要，制定数字化发展规划，并且要强调其整体性、协同性，更要体现其可操作性。规划数字化转型蓝图时要坚持价值导向、战略引领、创新驱动、平台支撑，形成组合拳，体现体系化的设计和系统化的思维。数字化转型规划不求大而全，不用面面俱到，不讲技术原理，最重要的是指明转型的发展方向和重点。数字化转型需要找准切入点去突破，快速见到实效才能更好形成共识，但这个切入点必须是端对端、全场景、全链条的，不能仅关注局部，否则难以在整体上见效，领导和业务部门也不会重视。

10.2.2　数字化转型战略的三个子视角

发展战略视角包括竞争合作优势、业务场景和价值模式三个子视角。组织应制定数字化转型战略，并将其作为组织发展战略的重要组成部分，把数据驱动的理念、方法和机制根植于组织发展战略全局。条件成熟的组织，应将数字化转型战略和发展战略合二为一，融为一体。

1. 竞争合作优势

为适应快速变化和不确定的市场竞争合作环境，增强竞争合作优势的可持续性和战略柔性，组织应逐步从过去的仅关注竞争转向构建多重竞合关系，将竞争合作层次从单一技术产品的竞争合作升维到智能技术产品（服务）群的竞争合作，从资源要素的竞争合作升维到新型能力体系的竞争合作，从组织之间的竞争合作

升维到供应链、产业链和生态圈之间的竞争合作。构建数字时代竞争合作优势应重点关注：①技术应用。包括广泛、深入应用新一代信息技术、产业技术、管理技术并实现其融合创新应用，以形成新技术、新产品（服务）。②模式创新。包括推动跨部门、跨组织（企业）、跨产业的组织管理模式、业务模式和商业模式等的创新变革，以形成支持创新驱动、高质量发展的新模式。③数据驱动。包括将数据作为关键资源、作为新型生产要素，改造提升传统业务，培育壮大数字新业务，以实现创新驱动和业态转变。

2. 业务场景

为形成支撑柔性战略的灵活业务，组织应打破传统的基于技术专业化职能分工形成的垂直业务体系，以用户日益动态和个性化的需求为牵引构建基于能力赋能的新型业务架构，根据竞争合作优势和业务架构设计端到端的业务场景。组织应从目标、内容、资源等方面统筹考虑，系统开展业务场景设计，主要包括三点。

（1）分析明确各利益相关者的业务场景需求以及可度量、可实现的业务目标。

（2）准确界定业务构成、业务过程以及面向各利益相关者的交付物。

（3）充分定义实现业务场景所需的人、财、物、数据、技术等资源。

3. 价值模式

为最大化获取价值效益，组织应顺应新一代信息技术引发的变革趋势，改变传统工业化时期基于技术创新的长周期性获得稳定预期市场收益的价值模式，构建基于资源共享和能力赋能实现业务快速迭代和协同发展的开放价值生态。价值模式分析主要包括：①价值创造模式。主要包括价值创造主体、主要价值活动及管理（合作）方式，以及价值创造和传递的过程与路径等。②价值分享模式。主要包括价值度量方式、价值分配机制以及价值交换模式等内容。

10.2.3　数字化转型战略的过程联动机制

组织应建立完善发展战略过程联动机制，对战略的分析制定、落地实施、动态调整等全过程进行柔性管控、迭代优化，以有效支撑组织可持续发展。发展战略过程联动机制包括"可持续竞争合作优势需求—业务场景—价值模式"的战略识别机制，以及"新型能力—业务模式—可持续竞争合作优势获取"的战略实现机制，战略识别机制用于生成价值主张，战略实现机制通过价值目标的分解、创造和获取，实现战略落地，并由此提出进一步改进需求。如图 10-1 所示。

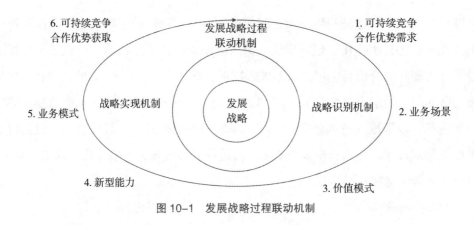

图 10-1　发展战略过程联动机制

1. 战略识别机制

（1）可持续竞争合作优势需求的识别。在制定以数字化转型为核心内容的发展战略过程中，结合内外部环境分析、数字化转型诊断对标结果，运用适宜的方法工具，充分考虑与外部相关方的竞争与合作关系，识别与其发展战略相匹配的、差异化的可持续竞争合作优势需求。随着内外部环境的快速变化，组织的战略应适时优化，组织确定的可持续竞争合作优势需求也应相应动态调整，组织间竞争关系也应逐步向竞争与合作关系转变。

（2）业务场景和价值模式的策划。结合组织业务现状，围绕可持续竞争合作优势需求，策划与其相匹配的业务架构和业务场景，明确业务体系及相互关系、价值效益目标、业务资源需求等，并进一步策划形成相应价值创造、传递和分享的具体路径与模式。在此基础上，进一步提出对新型能力（体系）建设的需求，作为新型能力过程联动机制的输入。

2. 战略实现机制

通过打造新型能力和创新业务模式获取可持续竞争合作优势。组织应按照价值效益目标，基于新型能力过程联动机制识别，打造新型能力（体系），并通过能力赋能业务创新转型实现价值获取。在新型能力建设及相应业务创新转型活动（即新型能力过程联动机制、业务创新转型过程联动机制）完成后，组织应综合采用诊断、评价、考核等手段，对新型能力建设、运行和优化情况，业务模式创新及其价值效益目标达成等情况进行系统分析和确认。在此基础上，基于所打造的新型能力、所创新的业务模式、所获取的价值效益等，诊断分析并确认可持续竞争合作优势的获取情况，以及战略的总体实现程度等。

10.2.4 数字化转型战略方法论

　　传统企业的战略方法论是割裂的，以部门为中心，导致企业内部有比较多的规划。CEO 通常关注的是企业的愿景、使命，目标、发展方向、运营模式、实施路线、预算投资以及价值评估等。这些方面在传统的战略里面是由商业战略规划来完成的；CIO（首席信息官）通常的需求是做 IT 规划，本质上，CIO 希望能够提升企业内部的 IT 定位，CIO 所需要的内容与 CEO 的层级是不一样的，一个是企业级的，一个是 IT 部门级的；而业务负责人关注业务场景，考虑如何改进产品、改进客户体验、提升企业内部的运营效率。

　　传统的战略方法通常会提供三套规划给客户，先为客户做好商业战略规划，之后做数字规划，然后再做 IT 规划。但有时也会把数字规划和 IT 规划融合在一起。按照正常的路线，即使把后两套规划合并，前一个规划需要 3 个月的时候，后两个规划又需要 3 个月，累计半年的时间就过去了。数字转型战略方法论主要强调以下两点。

　　1. "轻战略咨询"

　　因为很多的假设和机会点是无法说清的，因此，战略要做"轻战略咨询"，不要做非常长的商业战略规划、数字规划和 IT 规划，动辄需要三四个月，或者半年的时间，这是非常重的战略。而"轻战略咨询"的核心是个三角模型（图 10-2）。只需要回答四个问题：①利用什么数字技术？数字经济时代最大的影响是数字技术。如果你在战略制定的过程中没有考虑数字技术，实际上你做的就已经不是数字经济时代的战略了。因此，利用什么样的数字技术就是我们必须考虑的问题。②要颠覆什么样的客户价值？客户价值分为成本价值、体验价值、平台价值，这

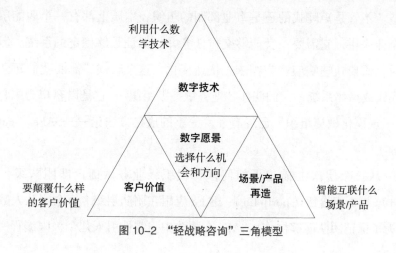

图 10-2　"轻战略咨询"三角模型

是大的分类。利用数字技术能颠覆什么样的客户价值呢？后面会举例说明，大家可以先大概地了解一下这个模型。③智能互联什么场景/产品再造？未来，我们需要智能与互联什么样的场景或者再造什么产品？④选择什么机会与方向？中间这个倒三角，是数字愿景，即选择什么样的机会和方向。它决定了未来数字化机会规模的大小。这四个维度可以作为一个"轻战略咨询"思考模型，可以快速地与客户或者与企业把思路理清，从而能够更好地利用数字技术创新价值，进行场景再造。

2. 共创落地，把价值做出来

制定"轻战略咨询"后，还需要检验想法是否真的成立。从小的场景来讲，当企业真的想要把我们的想法落地和实现，可以通过 MVP（最简可行性产品分析）快速验证，证明它是可以打造产品的。对于初创企业而言，还比较简单。但是，对于传统规模化的企业来说远远不够。传统企业往往认为，当这个数字化场景或者产品出来以后，没有数字化的人才，企业组织运营模式与企业 IT 架构也不能支撑这个场景和产品的打造。这就涉及传统企业的"组织运营模式转型"与"企业 IT 架构"重塑的问题。主要通过下面两个举措进行改造。

（1）建设"规模化敏捷组织"，打造"双模组织系统"。组织的发展有其生命周期规律。企业初创时都是以客户为中心，客户不买单，企业就不能成长到一定的规模。但是一旦成长到一定规模，公司的重心大都从客户转向内部的管理控制。从组织模式上解决组织内部惯性力量，就是要建设以价值网络为基础的第二套组织操作系统，即"规模化敏捷组织"。

"规模化敏捷组织"是一套双模组织系统。它不会对现有的组织模式进行颠覆式的改造。不管是矩阵式的还是事业部制的组织，本质上都有一个职能层级。对大多数企业来讲，它需要一套能够交付任务并且保证足够稳定的系统。但是，数字经济时代需要快速响应客户需求、快速变化。这个时候，需要我们建立起第二套组织模式或操作系统，我们叫作"业务敏捷型组织"。它是以客户为中心的价值流网络。"规模化敏捷组织"已经有一套完整的成熟方法论——SAFe（scaled agile framework）。

SAFe 从三个层次上描述了如何推行组织级业务敏捷，即团队级、产品级（program）、投资组合级（portfolio）。SAFe 应用在团队层级，每个团队人数在 5 ~ 11 人。为了保证团队能够协作，SAFe 在团队中强制性引入几个极限编程实践：持续集成、自动化测试、测试驱动开发。这些实践能够确保开发质量，提升交付速度。SAFe 应用在产品级，一个产品由 10 个左右的团队组成，总人数必须控制在125 人以内。在这个层级将客户、中层管理和非开发团队纳入敏捷框架，重新定义了其职责，并描述了这些角色与开发团队之间的关系和协作模式。SAFe 应用在投资组合级，则是描述了高层管理者应该如何管理企业未来 3～5 年的战略规划。获得预算的敏捷发布火车，按照战略规划制定的愿景和动态行动路线图，高速前进。同时，通过 SAFe 推荐的度量模型，高层管理者可以从员工参与度、客户满意度、生产效率、敏捷性、发布时间、质量等多个方面，通过看板可视化地感知团队和各产品级的运作状况。

关于敏捷开发的方法论有很多，如 LeSS、Nexus、SoS 等。但是，SAFe 是唯一适合被传统大中型企业在数字转型时借鉴和使用的。特别是 SAFe 5.0 已经扩展到了组织级业务敏捷。

（2）服务化的混合轻量级企业架构。今天的战略执行部分，如果只是聚焦于组织架构、关键举措、预算与绩效管理等方面，而不涉及企业 IT 架构的重塑，就不是数字时代的战略。数字经济时代就是把线下的业务搬到线上，需要数据架构、技术架构等支撑。就像盖房子一样，大量的线下业务转到线上，不重构企业 IT 架构，是搭不起来未来的数字化企业的。

传统企业是以 ERP（企业资源计划）为核心，特点是高耦合，缺乏弹性，开发运维效率低，业务响应慢。传统的以 ERP 为核心的企业架构，是工业时代以流程为中心的架构。而互联网企业以微服务架构为基础，具有良好的灵活性和弹性，普遍没有历史遗留系统的包袱。传统企业的数字化转型因为还有大量的线下生产活动，并不能完全转型为轻量架构。可以选择混合轻量级架构，实现灵活和弹性，保护已有的投资。数字技术支撑新的混合轻量架构，混合轻量架构支撑快速的场景式创新。

10.3　数字化经济转型行动路线

结合企业数字化发展现状、比对未来的发展目标，可以将企业数字化转型道路概括为覆盖战略、需求、数据、技术、运营和人才六大方面关键举措，以供企业在寻求适合自身发展的智能化转型路径上提供方向性参考。

1. 树立"拓荒 + 耕耘"式的数字化转型战略目标

企业数字化作为企业数字化转型的新篇章，将为企业带来大量新机遇，并真实地创造新的业务价值。这里，企业应当从认知层面将对数字化的定位超出技术应用的范畴，将其作为企业业务战略转型的重要支柱。因此，数字化转型目标应当契合企业发展的战略规划，并且进行前瞻性、贴合自身发展的顶层数字化转型规划，以明确企业的短期、中期、长期目标和转型路径。让数字化更好地支撑企业业务转型发展，保持企业发展的持续领先。

绝大多数企业都处在对数字化转型观望或者进行了初步尝试的状态，如何进行"拓荒"以赢在起跑线上以及如何进行"耕耘"以保持持续领先，都是企业需要面对和思考的课题。这是一局考验耐力的长跑，是对于赛道、配速、阶段补给的选择题，也是拉开与竞争者差距的残酷淘汰赛。从企业顶层战略层面重视数字化转型的引领作用，将数字化融入企业业务发展的 DNA，梳理企业数字化转型战略，是企业开展体系化的数字化转型工作的关键一步。

2. 开展细致验证的数字化初步尝试

企业应用数字化技术时，不仅需要考虑技术的匹配和落地，还必须转变经营思路。机器解决事情的思路和以往依靠人工完全不同。机器考虑问题是"面面俱到"，通过高维特征进行分析，即将事件刻画进行复杂化，以寻找细观层面事件之间的相似性。而人更擅长"抓大放小"、根据过往的事件总结成"规则"或者"定理"。后续执行相似的事件是通过总结好的规则进行对未来事件的预测和指导。虽然人工智能技术具有广泛的应用范围及突出的应用效果，但解决业务问题时也并非唯人工智能论，需中性客观地看待数字化对企业带来的需求应用。

企业在进行人工智能初步尝试的时候，应当避免太谨慎而错失时机，也当避免好大喜功而造成无功浪费。结合数字化方案市场化成熟度、自身数据积累度及业务需求价值度，是寻求企业数字化初步尝试的可行路径。这种尝试不仅仅需要考虑模型的产出落地，更应当从业务端视角进行全方位思考，包括对于现有流程的改造、效果的评估、未来运营的机制等。在完成初步尝试后，企业应当具备决心，进行企业层级的规模化应用落地，并且构建相适配的整体配套机制，真正实现多需求多场景的"生产线"级别，而不是重复多个"手工作业"。在技术、数据、人才等多方面要素成熟的情况下，应当从对现有企业经营的优化，提升到对业务转型的创新驱动层面上，高屋建瓴地提出对于未来数字化转型发展的洞见，并细化成一个个边界清晰、依赖关系明确的数字化需求。

3. 打造全面数据治理体系

数据是企业进行数字化转型的"新型石油"，加强对于数据资产的管理能力、定义面向"传统应用 + 数字化应用"的数据治理能力框架及数据架构，是为企业数字化转型提供持续动力的根基。现在企业普遍遇到数据积累不足、数据质量不佳、数据资产不清晰等问题，严重阻碍了数字化落地的步伐，让许多数字化应用的探索只停留在实验室级的尝试，而未能应用于实际业务中。建议可以通过数据流闭环持续更新、原始数据接入和存储以及解决数据一致性问题，突破智能化落地数据瓶颈。同时，注重数据服务能力，通过对服务的共享复用，以及开发流程的闭环化、标准化、自动化、规模化，培养前台业务数字化服务的快速构建能力。在此过程中，逐渐完善数据治理、厘清数据架构、沉淀数据资产，为企业的数字化转型提供坚实的基础。

4. 提前布局关键技术

数字化时代下的客户需求快速变化并注重个性化体验，数字化技术不断推陈出新，市面上的算法及算力产品也不断地更新换代。如何更好、更快及更稳定地提供数字化服务，是企业打造核心的技术竞争力需要考虑的重点问题。

针对"更好"的问题，企业可以考虑具有数字化全栈提供能力的平台级产品，提供智能应用构建与管理的全流程体系架构，打通数据、建模、部署、管理、监控的端到端闭环；同时，在算法层面，应该打破"越多越好"的迷思，在人工智能领域的"No Free Lunch"原则指导下，久经验证且适用于企业业务场景的算法才是企业真正需要买单的算法，贵精不贵多。

针对"更快"的问题，可以理解成两个层面，一个是智能化模型运行更快，另一个是构建模型的过程更快。对于前者，需要在模型层面上考虑对于实时性特征的支持，并且在功能层面上能将实时获得和实时反馈的能力应用在生产环境中，以响应客户需要及时的、个性化的反馈的需求，这种能力同时也能带来模型效果。对于后者，从成本角度考虑，企业去招聘数百个顶尖数据科学家的方式不太现实，采用自动化建模，即 AutoML 技术是解决这个困境的一种可行的技术手段，该技术降低数据使用门槛，实现快速与规模化落地。

针对"更稳定"的问题，需要从软件、硬件两方面的鲁棒性进行考虑。在软件平台定义上，定义智能训练引擎、智能推理引擎和智能特征存储引擎三大核心引擎，充分释放算力，为企业高效率、大规模构建数字化应用提供算力支持。在软件和硬件两者的融合上，可以采用软件定义算力的架构，将硬件算力平台与软件及应用结合一体，为短期内的算力负载选择最适配的底层架构，为中长期的算力负载做好资源规划，实现数字化算法和硬件的深度融合与优化。

5. 建立融合共生的智能适配性运营机制

面对数字化转型对企业现有业务和组织造成的冲击，企业不应该故步自封，同时也应该避免陷入邯郸学步的困局。理解变化、拥抱变化，在审视现有运营机制的基础上，加入新方法以应对数字化转型带来的新挑战，最终形成企业自身特色的数字化转型之路。赋能业务并引领业务创新变革是数字化的特色，在企业实践过程中应当避免闭门造车，构建调度更灵活、连接更紧密的数字化与业务联合弹性组织是企业真正融入数字化基因的关键举措。培养企业自上而下的全员"数字化"意识，并将其作为工作中自然考虑的必要因素，需要构建变革管理机制予以支撑，包括变革计划、执行及反馈。此外，企业在打造数字化内核的同时，也需要保持与外部生态的协作，通过借势借力实现数字化的乘势而上。

6. 培养和引进数字化人才

人工智能这个专业赛道上的人才，尚属于市场稀缺资源，为了实现数字化领域的突破和快速发展，首先需要注重外部输血工作，根据自身发展需求引入高端领军数字化人才，形成团队化、规模化的技术储备，并通过高层的影响将智能化的意识从技术领域扩展到企业管理层领域。此外，还需要注重企业内部的数字化能力培养，挑选有动力、有潜质的复合型人才进行数字化能力的补全及提升，在给业务带来发展的同时也给员工个人发展带来益处。同时，企业需要考虑通过设置合理的考核激励以鼓励创新，催生数字化人才。

10.4　电子商务背景下的数字化转型

10.4.1　电子商务与数字化转型

数字经济蓬勃发展，最为直观的例子便是电子商务的繁荣。从 1998 年"电子商务"这个名词在我国出现，到 1999 年中国的第一家 B2C 网站 8848 上线，到之后的阿里巴巴等广为人知的电子商务平台的涌现，电子商务在拥有巨大市场环境的中国迅速发展起来。根据 2020 年 9 月 CNNIC 发布的《中国互联网络发展状况统计报告》，截至 2020 年 6 月，我国网络购物用户规模达 7.49 亿，较 2020 年 3 月增长 3 912 万，占网民整体的 79.7%；手机网络购物用户规模达到 7.47 亿，较 2020 年 3 月增长 3 947 万，占手机网民整体的 80.1%。毫无疑问，电子商务正成为拉动国民经济快速增长的重要动力。

电子商务，一般是指在互联网上以虚拟数字形式进行的商务活动，是数字及数字化产品的流通和消费方式。数字经济是数字及数字化产品和服务的生产、流通、消费的总称。从概念关联上讲，数字及数字化服务是电子商务的核心内涵，电子商务是数字经济最主要的组成部分，发展电子商务是发展数字经济的重要抓手，是数字经济取得快速增长的引擎之一。在描述内涵相近的现象时，二者使用的范围不同，数字经济更多的是指代一个整体的经济系统，在这个系统中，数字技术被广泛使用并由此带来了整个经济环境和经济活动的根本变化。而电子商务，更多指代一种商务渠道和商务模式。

"数字化"是"信息化"概念的延续。1997 年，我国召开的首届全国信息化工作会议将信息化和国家信息化定义为："信息化是指培育、发展以智能化工具为代表的新的生产力并使之造福于社会的历史过程。国家信息化就是在国家统一规划和组织下，在农业、工业、科学技术、国防及社会生活各个方面应用现代信息技术，深入开发广泛利用信息资源，加速实现国家现代化进程。"信息化这个概念更偏重提取真实世界中的关键信息并将其放入计算机世界进行管理，这是由信息本身的定义决定的。20 世纪 40 年代，信息论的奠基人香农给出了信息的明确定义："信息是用来消除随机不确定性的东西。"这意味着信息本身是要排除噪声进行加工处理的。信息化从定义和实践两个方面看，都更偏重于信息的采集、加工和传递，通过对信息处理方式的持续改良提升生产力和生产效率。信息化最初是聚焦在人类行为中的片段上，而非整体。数字化是信息化基础上的延续，是基于信息化的成果产生的，更强调的是虚拟化，也就是通过数字化技术对人类社会的仿真，是将物理世界"数字化"。数字化是将真实世界完整地"放入"计算机世界中。数字化的目的是更大限度地释放个体人的潜力，最大限度抵消对真实环境，尤其是空间因素对人的限制，大量依靠可与人互动、协调的设备进行各项人类活动，从而将距离对人类活动的限制降至最低。

在数字化这个概念的基础上，数字化转型（digital transformation）是指通过利用现代技术和通信手段，改变企业为客户创造价值的方式。数字化转型通常需要客户的深度参与，因为转型一般涉及核心业务流程、员工，以及与供应商及合作伙伴的交流方式的变革。数字化转型通常使用的技术概念包括移动化、物联网、云平台、云计算、人工智能、互联网安全、SDCI（软件定义互联基础架构）等。

　　数字化转型和电子商务的关系，从概念上讲，数字化转型涉及数字化技术的应用，改造传统模式。而电子商务作为一种基于互联网的商务形式，受到数字化技术应用的影响，同时也反过来能够引领和带动数字化进程，二者是相互影响的关系。数字化转型赋能电子商务，电子商务带动数字化转型进程。

10.4.2　数字化转型赋能电子商务

　　数字化转型赋能电子商务，主要体现在企业数字化转型在驱动消费，改造生产、采购、仓储物流等方面的作用。

　　1. 数字化转型赋能消费驱动

　　过去的生产逻辑是规模化生产，制造商把货推给经销商，经销商推给消费者，所以制造商没办法知道消费者的需求，只能找咨询公司做调查，才能决定要不要生产订单，这中间的流程就会将库存压给经销商，而且存在利益博弈。数字化转型的核心逻辑，是以消费者为中心，捕捉到 C 端大量的数据和标签，从以产品为中心，转向数据加算法驱动的实时客户运营。改变上游，改变零售，改变批发与生产制造，改变产品的设计，改变整个价值链。现在越来越多的品牌选择电子商务这一路径，从而绕过渠道，直接触达消费者，品牌商借此可以获得品类数据、消费数据、评价数据。企业数字化转型的关键是价值链的重构，消费、营销、渠道；零售、品牌、设计；生产、交易、支付、物流都不断重组。运用数字技术实现的价值链重构，可以有效地驱动消费，推动电子商务不断进步。

　　2. 数字化转型赋能生产

　　数字化转型技术在生产领域的典型应用是"数字孪生"（digital twin）。数字孪生，也被称为数字映射、数字镜像，是充分利用物理模型、传感器更新、运行历史等数据，集成多学科、多物理量、多尺度、多概率的仿真过程，在虚拟空间中完成映射，从而反映相对应的实体装备的全生命周期过程。简单来说，数字孪生就是在一个设备或系统的基础上，创造一个数字版的"克隆体"。相比于设计图纸与实体的关系，数字孪生体最大的特点在于：它是实体对象的动态仿真，会根据实体对象的物理设计模型、实体传感器反馈的数据以及实体运行的历史数据实时变动。对于制造业企业来说,数字孪生为生产提供了许多好处。首先,它提供了对整个工厂的完整的可见性,使上自管理者、下至基层员工,对于工厂的性能更有信心。其次,它提供的流程视图清楚地说明了管理者应该关注哪些方面,以及可以在哪些方面进行持续的流程改进。最后,它实现了智能资源的实时分配,为虚拟现实和增强现实等技术提供了完整的实时数据。数字孪生和工业 4.0 为企业提供不断改进的生产流程和更高的生产效率,企业自然能够在市场中更具竞争力。此外,它们也被用来为企业创建新的业务线,提供优质产品以及更快速地推出产品,提高生产效率。

3. 数字化转型赋能采购

在数字化转型技术加持下,供应链数据的可视化实现了供应链上下游企业的需求到供应的一致性,而大数据分析则可以给出未来的交货趋势,为库存精益化提供有效保障。供应链的可视化与智能化技术的应用为推动产业链的商业价值提供了机会。在当前产业链的大趋势下,首先在供应链中实现可视化与智能化,使供应风险得到管控,同时提高灵活性、速度和质量,并降低供应链运营成本。电子采购解决方案,提供了降低采购运作管理成本和支出成本的途径。采购协同创造了提高员工与供应商采购与寻源效率的机会,也提高了供应链的速度和质量。自动化流程提高了生产率,并允许减少第三方成本比如第三方物流的费用。通过分析,可以确定在采购、税收以及运输职能方面新的节约机会。同时,数字化平台能够更好地进行风险管理。通过供应商和产品质量信息的有效结合,能够确保产品最终符合企业道德和国家质量标准。供应链自动化在世界各地提供标准化操作流程,使每一个跨境贸易都能根据不同国家的法规自动完成验证,确保满足所有监管条件。同时,自动化的供应链系统也能对任何供应链事件进行实时监控,减少交易延迟、降低供应链风险,创建更加敏捷可靠的全球供应链环境。

4. 数字化转型赋能仓储物流

数字化转型技术中,物联网无疑是近年来受到相当多关注的技术,物联网技术的蓬勃发展为"万物互联"时代奠定了基础,而这恰恰是物流迎来数字化时代的前奏。沿着"物流基础设施物联网化、供应链全链条数字化和物流全场景智能化"的发展方向,物流行业有望在"成本、安全、效率、体验"上取得进一步突破。

物联网化将保证物流数据被完整、全面地收集，让载具、货物、人员等各类物流要素可以被实时、透明地管理。同时，物联网设备极大限度地提高了物流过程的安全性，保障货物品质，维护货主企业的品牌形象。物联网化也为企业打造了巨大丰富的"数据资产池"，在此基础上，供应链全链条高度的数字化不仅能够提供"从源头到消费者"的安全管控，更为提升物流效率奠定基础。多种设备记录的位置、温度、湿度、光照等环境数据，和订单、运单、时间节点、各类费用等运营数据相结合，打通线上线下的物流活动，让企业实现整体优化成为可能。

10.4.3　电子商务带动数字化转型

从国内市场来看，2019 年网络零售对社会消费品零售总额增长的贡献率达45.6%，电子商务在促消费、稳外贸、助扶贫、扩就业，以及带动产业数字化转型等方面做出积极贡献，成为经济稳定增长和高质量发展的重要动能。从国际市场看，中国已与五大洲的 22 个国家建立了双边电子商务合作机制，"丝路电商"成为贸易合作新渠道，带动了伙伴国数字经济发展，在世界舞台上受到越来越多的关注。

2020 年以来，电子商务为我国对冲新冠肺炎疫情影响、保持经济社会平稳健康发展发挥了重要作用。在保障物资供应方面，电商平台千方百计扩大货源、畅通物流，有效保障了居民生活必需品供应和部分医疗物资配送；在助力复工复产方面，电商企业积极推出远程办公、在线会议、共享员工等新模式新工具，有效解决了劳动力短缺和人员聚集风险之间的矛盾。2020 年政府工作报告强调，"电商网购、在线服务等新业态在抗疫中发挥了重要作用，要继续出台支持政策，全面推进'互联网 +'，打造数字经济新优势"。

电子商务的快速发展能够对正在进行数字化转型的行业进行数字化赋能，通过发挥电商平台在数据和技术方面的优势，反向定制实现柔性化生产，满足消费者的多样化和个性化的需求，大幅降低制造企业打造自主品牌的门槛，帮助制造企业打造爆款，直接拉动行业中小企业销量增长。打造数字化行业，提高行业数字化能力，扩大行业企业的销售范围，将不同行业和电子商务深度融合。

随着全球信息革命和产业变革的不断深入，数字技术的广度与深度应用将进一步加速，电子商务在推动新旧动能转换、经济提质换挡、产业转型升级中将发挥更加重要的作用。

🔍 案例讨论

首汽约车的数字化转型

"2020 全球独角兽企业 500 强榜单"中，网约车领域头部企业首汽约车，凭借近年来在数字化转型发展方面的技术优势及实践成果，成功上榜。数字经济已成为各国产业变革、经济增长的关键抓手。作为智慧出行先锋，首汽约车近年来一直在通过科技创新，为司乘安全赋能，以数字化能力为用户带来更好的出行生活体验。首汽约车上线了 CI 车载智能硬件系统，为出行安全带来更多保障，其能实现"智能驾驶辅助、智能驾驶安全监测、智能乘车安全辅助、AI 语音交互、智能互动娱乐、智能行程管理、智能后台管理"等功能，在提升司乘安全和体验的同时，也能通过海量数据的积累，促进首汽约车数字化应用迈上更高台阶，助力交通行业加速数字化进程。

首汽约车在成立之时，就利用在商旅出行方面的优势，为用户提供即时、预约、接送机等服务，主要针对高端用户品质出行需求。随着市场消费特点及民生需求的转变，首汽约车又推出了出租车、国际用车、豪华车、巴士、无障碍车、城际用车、粤港澳、多日接送等特色产品。2020 年，首汽约车更是推出宝妈车、学生车、婚礼用车这类细分产品抢占市场，实现精细化、精准化、差异化的服务；推出特殊人群服务规范，为饮酒醉酒乘客、携带宠物乘客、行动不便乘客、视听障碍乘客、孕妇和儿童乘客提供更有针对性的精准服务；创新性地覆盖教育、医疗、购物、餐饮、住宿等更多的生态场景，构建一站式的出行生活闭环，满足用户对高品质出行生活的追求。

网约车行业，B 端市场同样蕴藏巨大商机，但是服务 B 端，更考验企业在服务、安全、智能化等方面的综合实力，尤其是重大活动和会议期间，大量乘客集中在同一时间段出行，再加上随时变化的出行需求等，对网约车企业的服务水平、智能调度等能力提出更高要求。

不同于一般网约车企业，首汽约车传承了首汽集团的"国宾级"服务及会议出行保障经验，这让其在国内外高规格会议活动出行保障中独具优势。据了解，目前为止，首汽约车已为中央及地方重大政治会议、达沃斯论坛、一带一路高峰论坛、G20 峰会、中非合作论坛、上合组织峰会、第十届残运会、第七届世界军人运动会等重大会议提供出行保障。

向更多 B 端客户输出高标准的产品和服务，赋能 B 端，也成为首汽约车的一项重点业务。据悉，首汽约车目前正通过智能化的一站式用车服务、定制化的出行解决方案，助力 B 端企业降本增效，实现自动化、数据化的出行管理，在最擅长的赛道上探索更广阔市场中的增长边界。

案例思考

1. 首汽约车的核心竞争力是什么？

2. 首汽约车进行数字化转型的思路是怎样的？

思考题

1. 数字化转型的意义是什么？

2. 数字化转型能给企业带来什么好处？

3. 企业如何制定数字化转型的战略？

4. 数字经济和数字化转型的联系是什么？

5. 数字孪生是什么？怎么应用在企业数字化转型中？

6. 企业实现数字化转型的路径有哪些？

即测即练

参 考 文 献

[1] CHENG X S, FU S X, DE VREEDE T, et al. Idea convergence quality in open innovation crowdsourcing: a cognitive load perspective[J]. Journal of management information systems, 2020, 37（2）: 349-376.

[2] CHENG X S, FU S X, DRUCKENMILLER D. Trust development in globally distributed collaboration: a case of US and Chinese mixed teams[J]. Journal of management information systems, 2017, 33（4）: 978-1007.

[3] CHENG X S, FU S X, SUN J S, et al. An investigation on online reviews in sharing economy driven hospitality platforms: a viewpoint of trust[J]. Tourism management, 2019（71）: 366-377.

[4] CHENG X S, HOU T T, MOU J. Investigating perceived risks and benefits of information privacy disclosure in IT-enabled ride-sharing[J]. Information & management, 2021, 58（6）: 1-15.

[5] CHENG X S, SU L L, LUO R, et al. The good, the bad, and the ugly: impact of analytics and artificial intelligence-enabled personal information collection on privacy and participation in ridesharing[J]. European journal of information systems, 2021. doi: 10.1080/0960085 X.2020.1869508.

[6] CHENG X S, SU L L, YANG B. An investigation into sharing economy enabled ridesharing drivers' trust: a qualitative study[J]. Electronic commerce research and applications, 2020（40）: 1-12.

[7] DAHLBERG T, GUO J, ONDRUS J. A critical review of mobile payment research[J]. Electronic commerce research and applications, 2015, 14（5）: 265-284.

[8] GROSSMAN S J, STIGLITZ J E. On the impossibility of informational efficient markets[J]. American economic review, 1980, 70（3）: 393-408.

[9] HE S, QIU L F, CHENG X S. Surge pricing and short-term wage elasticity of labor supply in real-time ridesharing markets[J]. MIS quarterly, 2021, 45（4）. doi: 10.25300/MISQ/2021/16367.

[10] HONG K Y, PAVLOU P A, et al. On the role of fairness and social distance in designing effective social referral systems[J]. MIS quarterly, 2016, 41（3）: 787-809.

[11] HUANG Y, JASIN S, MANCHANDA P. "Level Up": ieveraging skill and engagement to maximize player game-play in online video games[J]. Information systems research, 2019, 30（3）: 927-947.

[12] IANSITI M, LAKHANI K R. Competing in the age of AI[J]. Harvard business review，2020（1）：60–67.

[13] LI M X, TAN C H, WEI K K, et al. Sequentiality of product review information provision：an information foraging perspective[J]. MIS quarterly，2017，41（3）：867–892.

[14] SEAN H, JAMES B A. Electronic health records and the logics of care：complementarity and conflict in the U.S. healthcare system[J]. Information systems research，2020，31（1）：57–75.

[15] SMITH J M. Evolution and the theory of games[M]. Cambridge：Cambridge University Press，1982.

[16] WATTS D J, STROGATZ S H. Collective dynamics of "small world" networks[J]. Nature，1998（393）：440–442.

[17] 贲圣林，张瑞东，等 . 互联网金融理论与实务 [M]. 北京：清华大学出版社，2017.

[18] 陈冬梅，王俐珍，陈安霓 . 数字化与战略管理理论——回顾、挑战与展望 [J]. 管理世界，2020（5）：220–236.

[19] 陈金雄 . 互联网 + 医疗健康：迈向 5P 医学时代 [M]. 北京：电子工业出版社，2015.

[20] 陈丽 ."互联网 + 教育"的创新本质与变革趋势 [J]. 远程教育杂志，2016，34（4）：3–8.

[21] 陈梅君，张亦弛 . 物流国际化研究 [J]. 中国流通经济，2002（1）：15–17.

[22] 崔爱平 . 国际物流与货运代理运作 [M]. 上海：复旦大学出版社，2013.

[23] 邓倩 . 新媒体营销研究综述与展望 [J]. 科学决策，2020（8）：67–88.

[24] 傅龙海，黄斌 . 国际贸易概论 [M]. 北京：对外经济贸易大学出版社，2016.

[25] 麦斯可 . 颠覆性医疗革命 [M]. 北京：中国人民大学出版社，2016.

[26] 胡钦太，刘丽清，丁娜 . 教育公平视域中在线教育的困境与出路 [J]. 中国电化教育，2020（8）：14–21.

[27] 胡英帆，刘丽 . 国际贸易实务 [M]. 上海：上海财经大学出版社，2018.

[28] 蒋先玲，徐晓兰 . 第三方支付态势与监管：自互联网金融观察 [J]. 改革，2014（6）：113–121.

[29] 鞠雪楠，赵宣凯，孙宝文 . 跨境电商平台克服了哪些贸易成本？——来自"敦煌网"数据的经验证据 [J]. 经济研究，2020（2）：181–196.

[30] 赖勤，蒋文杰 . 跨境电商平台商业模式分析——以天猫国际为例 [J]. 经济研究，2018（46）：34–36.

[31] 李恒 . 在线教育生态系统及其演化路径研究 [J]. 中国远程教育，2017（1）：62–70.

[32] 李继尊 . 关于互联网金融的思考 [J]. 管理世界，2015（7）：1–7，16.

[33] 李有星，陈飞，金幼芳 . 互联网金融监管的探析 [J]. 浙江大学学报（人文社会科学版），2014，44（4）：87–97.

[34] 刘东民，宋爽 . 数字货币、跨境支付与国际货币体系变革 [J]. 金融论坛，2020，25（11）：3–10.

[35] 刘文歌，刘丽艳 . 国际物流与货运代理 [M]. 北京：清华大学出版社，2012.

[36] 刘寅斌，肖智戈，芦萌萌，等 . 我国网络游戏开拓海外市场现状及发展对策 [J]. 商业经济

研究，2018（24）：171-174.

[37] 刘有贵，蒋年云.委托代理理论述评[J].学术界，2006（1）：69-78.

[38] 罗佩华，魏彦珩，张冠男，等.电子商务法律法规[M].3版.北京：清华大学出版社，2019.

[39] 庞小凤，马涛.我国互联网信托发展及其业务思考[J].现代经济探讨，2016（7）：52-55.

[40] 戚聿东，肖旭.数字经济时代的企业管理变革[J].管理世界，2020（6）：135-152.

[41] 史成东，李辉，郭福利.国际物流学[M].北京：北京理工大学出版社，2016.

[42] 帅青红.电子支付与结算[M].大连：东北财经大学出版社，2011.

[43] 孙国强，李腾.数字经济背景下企业网络数字化转型路径研究[J].科学学与科学技术管理，2021，42（1）：128-145.

[44] 王晨，刘男.互联网+教育：移动互联网时代的教育大变革[M].北京：中国经济出版社，2015.

[45] 王卫兵.网红经济的生成逻辑、伦理反思及规范引导[J].求实，2016（8）：43-49.

[46] 吴晓求.互联网金融[M].北京：中国人民大学出版社，2015.

[47] 吴兴海，杨家诚，张林.互联网+大健康重构医疗健康全产业链[M].北京：人民邮电出版社，2017.

[48] 鲜军.电子商务概论[M].北京：机械工业出版社，2019.

[49] 谢富胜，吴越，王生升.平台经济全球化的政治经济学分析[J].中国社会科学，2019（12）：62-81.

[50] 谢平，邹传伟.互联网金融模式研究[J].金融研究，2012（12）：11-22.

[51] 新华三大学.数字化转型之路[M].北京：机械工业出版社，2019.

[52] 徐晋.平台经济学——平台竞争的理论与实践[M].上海：上海交通大学出版社，2007.

[53] 许小年.商业的本质和互联网[M].北京：机械工业出版社，2020.

[54] 杨波，王刊良.电子商务创新创业案例[M].北京：中国人民大学出版社，2017.

[55] 杨晓宏，周效章.我国在线教育现状考察与发展趋向研究——基于网易公开课等16个在线教育平台的分析[J].电化教育研究，2017，38（8）：63-69，77.

[56] 余胜泉，王阿习."互联网+教育"的变革路径[J].中国电化教育，2016（10）：1-9.

[57] 余胜泉.互联网+教育：未来学校[M].北京：电子工业出版社，2019.

[58] 云亮，赵龙刚，李馨迟，等.智慧教育：互联网+时代的教育大转型[M].北京：电子工业出版社，2016.

[59] 张劲松.网上电子支付与结算[M].北京：人民邮电出版社，2011.

[60] 张路霞，段会龙，曾强.健康医疗大数据的管理与应用[M].上海：上海交通大学出版社，2020.

[61] 张晴，于津平.投入数字化与全球价值链高端攀升——来自中国制造业企业的微观证据[J].经济评论，2020（6）：72-89.

[62] 张思颖，胡西华.国际物流[M].武汉：华中科技大学出版社，2015.

[63] 张伟年 . 网络经济与传统经济 [J]. 经济管理，2004（15）：38-40.

[64] 张夏恒 . 跨境电子商务概论 [M]. 北京：机械工业出版社，2020.

[65] 赵放 . 体验经济的本质及其成长性分析 [J]. 社会科学战线，2010（3）：24-27.

[66] 赵华伟 . 互联网金融 [M]. 北京：清华大学出版社，2017.

[67] 赵元铭，高南虎，边洁英 . 国际贸易与电子商务战略研究 [M]. 长春：吉林人民出版社，2017.

[68] 周曙东 . 电子商务概论 [M]. 南京：东南大学出版社，2015.

[69] 朱岩 . 新思维下的医疗产业生态重构——互联网医疗发展趋势前瞻 [J]. 人民论坛·学术前沿，2017（24）：8-14.

网 络 资 源

[1] 中华人民共和国中央人民政府 . 2015 年政府工作报告 [R/OL].（2015–03–16）. http：//www. gov.cn/guowuyuan/2015–03/16/content_2835101.htm.

[2] 中华人民共和国中央人民政府 . 2018 年政府工作报告 [R/OL].（2015–03–16）. http：//www. gov.cn/zhuanti/2018lh/2018zfgzbg/zfgzbg.htm.

[3] 互联网医疗健康产业联盟 . 5G 时代智慧医疗健康白皮书（2019）[R/OL].（2019–07–21）. https：//max.book118.com/html/2019/0724/7124162156002042. shtm.

[4] 36 氪研究院 . 2020 年中国互联网医疗研究报告 [R/OL].（2020–04–23）. https：//36kr.com/ p/676303112844290.

[5] 艾媒咨询 . 2020 年中国互联网医疗行业发展专题研究报告 [R/OL].（2020–12–11）. https：// www. iimedia. cn/c400/75770. html.

[6] 艾瑞咨询 . 2020 年中国 AI+ 医疗行业报告 [R/OL].（2021–01–14）. http：//www. 199it. com/ archives/1190050. html.

[7] 动脉网 . 2020 年全球医疗健康产业资本报告 [R/OL].（2021–01–28）. https：//www. cn- healthcare. com/articlewm/20210118/content–1181658. html.

[8] Fastdata 极数 . 2020 中国互联网医疗行业报告 [R/OL].（2020–12–29）. http：//www. 199it. com/archives/1180515. html.

[9] 国家信息中心 . 中国共享经济发展报告（2021）[R/OL].（2021–02–19）. https：//www.ndrc. gov.cn/xxgk/jd/wsdwhfz/202102/P020210222307942136007.pdf.

教师服务

感谢您选用清华大学出版社的教材！为了更好地服务教学，我们为授课教师提供本书的教学辅助资源，以及本学科重点教材信息。请您扫码获取。

▶▶ 教辅获取

本书教辅资源，授课教师扫码获取

▶▶ 样书赠送

电子商务类重点教材，教师扫码获取样书

 清华大学出版社

E-mail: tupfuwu@163.com
电话：010-83470332 / 83470142
地址：北京市海淀区双清路学研大厦 B 座 509

网址：http://www.tup.com.cn/
传真：8610-83470107
邮编：100084